ShuZi XinXi JianSuo Yu ChuangXin

现代信息资源创新与
发展丛书

数字信息检索与创新

金晓祥◎主编

中国书籍出版社
China Book Press

图书在版编目(CIP)数据

数字信息检索与创新/金晓祥主编. —北京:中国书籍出版社,
2012.9

ISBN 978 - 7 - 5068 - 3098 - 0

Ⅰ.①数…　Ⅱ.①金…　Ⅲ.①数字信息—情报检索
Ⅳ.①G252.7

中国版本图书馆 CIP 数据核字(2012)第 205464 号

责任编辑/ 于建平
责任印制/ 孙马飞　张智勇
封面设计/ 中联华文
出版发行/ 中国书籍出版社
　　　　　地　　址:北京市丰台区三路居路 97 号(邮编:100073)
　　　　　电　　话:(010)52257143(总编室)　　(010)52257153(发行部)
　　　　　电子邮箱:chinabp@ vip. sina. com
经　　销/ 全国新华书店
印　　刷/ 北京彩虹伟业印刷有限公司
开　　本/ 710 毫米×1000 毫米　1/16
印　　张/ 22.5
字　　数/ 405 千字
版　　次/ 2015 年 9 月第 1 版第 2 次印刷
书　　号/ ISBN 978 - 7 - 5068 - 3098 - 0
定　　价/ 85.00 元

前　言

21世纪的今天，人们正处于大变革、大创新、大发展的时代，以知识创新为灵魂的知识经济逐渐成为这个世纪社会发展的主流。而知识经济是建立在以知识和信息的生产、分配和使用的基础上的经济。在知识经济社会里，"知识就是财富，信息就是生命"，学习和更新知识变得越来越重要，学习、吸收和应用新知识、新信息、新技术的能力已经构成竞争力的关键因素。为了迎接知识不断更新的挑战，人们需要终身学习，而终身学习、知识更新都依赖于信息的获取和利用。

从20世纪末开始构筑的互联网，为进入21世纪的人们带来了信息交流和资源共享的极大便利，同时也不断冲击和改变着社会环境和人们工作、生活的方式。社会信息化已成为不可阻挡的历史潮流，技术工作者应具有丰富的知识，是善于掌握信息和高技术的现代人，劳动的对象主要是信息和知识，劳动的工具是由计算机控制的高度信息化和智能化的机器和现代工具，建立在信息和知识的生产、分配和使用基础之上的知识经济、信息经济将成为社会经济的主体，信息产业将成为主导和支柱产业。

然而，在网络信息数字化的时代，科技文献前所未有的增加，信息数量急剧增长，大有"泛滥"、"污染"、"过剩"之势，知识挖掘加速、加深，导致人们深陷于信息知识海洋之中。人们获取信息的难度增加了，获取信息的代价提高了，这使得人们利用信息的能力已转变为一种重要的工作能力，这种能力同时成为了决定劳动者智能的关键因素。因此，要想从浩瀚无际的信息海洋里捕捉到有价值的情报，就必须学会掌握科技信息的检索方法。科学实践和历史

任何一个人不论他水平有多高，智慧多么超群，多么富有研究能

在前人研究、探索和积累的已有知识成果基础之上的，不可

新的发明出来，创造和成功在极大程度上取决于对信息的综合

功者的智慧正是在于能敏捷、有效地获取信息，谁最早掌握了

有价值的信息，谁就率先掌握了事物的主动权。

对于在校大学生而言，真正理解并掌握了信息（尤其是网络环境下的数字信息）检索的基本原理、检索工具、检索方法、检索步骤，就能让你无论在面对当前的大学学习、科技创新活动时，还是今后的择业、就业和工作时，都大有裨益，并终生从中受益。因此，无论是进行科研还是学习新知识，掌握信息检索的方法和技术非常重要。《信息检索与利用》课程正是顺应这一趋势而开设的，它是培养我们学习、吸收和应用新知识、新信息、新技术能力的一门重要的基本技能课程，是工科和工程专业学生的必修课程。

面对浩如烟海的信息潮，我们所需要的知识和信息在哪里？我们怎样才能查全、查准所需要的信息？我们又如何利用所获得的信息进行知识创新呢？带着诸如此类的问题，在总结前几次教材编写和多年教学实践经验的基础之上，特编写了教材《数字信息检索与创新》。本教材共9章，从信息需求入手，系统地介绍信息基本理论、各种信息源，阐述了信息选择、数字信息检索技巧、国内外多种主要检索工具、常用信息及数字信息数据库检索、信息的知识创新加工利用技巧等等，尤其对特种数字信息及其检索应用作了详细介绍。在内容编排上，突破现有信息检索教材的内容和结构形式，注重理论与实践相结合、中文信息检索和外文信息检索相结合。突出实用性，以数字信息检索方法与技巧以及各种数字信息数据库的使用方法为重点，对国际、国内著名的数据库检索系统的检索方法与步骤进行了图文并茂的详细介绍，使读者能"按图索骥"，较为便捷地学会使用各种检索工具和数字信息数据库系统，从而拥有把传统的文献检索变成现代数字信息查询的能力，而教材本身是真正把培养现代人才的信息能力和信息素质放在首位。

本教材可用作高等院校"信息检索与利用"课程的教学用书，也可供图书情报单位工作人员、科研工作者和对信息检索有需求及感兴趣的人员自学或参考使用。

本教材由武汉科技大学金晓祥和武汉理工大学曾丹联合编写，其中金晓祥负责进行全书的组织策划、体系拟定、统稿审定工作，并完成第1、2、3、8、9章以及第7章中的7.3、7.4、7.5、7.6、7.7等共计22.2万字的编写；曾丹负责完成第4、5、6章以及第7章中的7.1、7.2等共计15.3万字的编写。

本教材得以顺利面世，得到了许多人的关怀和帮助，首先要感谢合作者曾丹老师的默契配合与协作；其次本教材的完成还得益于武汉科技大学鄢百其教授的关怀和帮助——在百忙中认真审阅了教材初稿；再次要感谢家人在本教材的筹划、选题、以及出版运作等过程中给予的富有建设性的建议和支持。

此，对所有给予关怀和帮助的人们谨致诚挚的谢意！

在本教材的编写过程中，参考和借鉴了大量的中外文相关专著、论文、数据库和网站资料，在这里我们向所有参考文献的作者表示谢忱和敬意！当然，由于篇幅所限，此教材中所列举的参考文献并不是全部，还有许多其他文献，也同样对我们的写作有很大帮助，在此向这些作者一并表示感谢。

囿于作者的认知和学识所限，加之数字信息（特别是网络数据库）的日新月异、信息检索领域本身的不断丰富和发展，书中难免有疏漏及不当之处，恳请各位前辈、同仁和读者不吝赐教！

金晓祥
于武汉科技大学

目 录
CONTENTS

前　言 ·· 1

第一章　信息与信息检索 ··· 1
1.1　信息概述 ·· ／1
1.2　信息源 ·· ／3
1.3　数字信息检索 ·· ／10
1.4　数字信息检索原理、方法、途径、步骤和效果评价 ／12

第二章　信息检索工具 ·· 18
2.1　检索工具概述 ·· ／18
2.2　中文检索工具 ·· ／20
2.3　中文检索工具编排及其检索途径 ································ ／22
2.4　国外检索工具简介 ·· ／28

第三章　计算机数字信息检索与搜索引擎 ······················· 40
3.1　计算机数字信息检索概论 ·· ／40
3.2　计算机数字信息检索技术 ·· ／44
3.3　搜索引擎简介 ·· ／48
3.4　常用的搜索引擎及应用 ·· ／51

第四章　中文数据库数字信息检索 ······························· 71
4.1　中国知网（CNKI）及其数据库 ································ ／71

4.2 维普资讯《中文科技期刊数据库》 / 86

4.3 万方数据资源系统 / 94

4.4 人大复印资料数据库 / 98

4.5 读秀学术搜索平台 / 105

第五章 文摘型外文数据库数字信息检索 ········· 118

5.1 美国《化学文摘》（CA）数据库 / 118

5.2 美国《工程索引》（Ei）数据库 / 129

5.3 美国剑桥科学文摘（CSA）数据库 / 135

5.4 ISI Proceedings（国际科技会议录数据库） / 145

第六章 全文型外文数据库数字信息检索 ········· 154

6.1 Springer Link 电子期刊全文数据库 / 154

6.2 Elsevier SDOS 全文电子期刊数据库 / 161

6.3 EBSCO 全文数据库 / 171

6.4 High Wire Press 全文数据库系统 / 190

第七章 电子图书及数字信息综合检索平台 ········· 194

7.1 《超星数字图书馆》电子图书检索方法 / 194

7.2 《书生之家数字图书馆》电子图书检索方法 / 205

7.3 CALIS 联合书目信息检索平台 / 210

7.4 国家科技图书文献中心检索平台 / 217

7.5 中国高校人文社会科学文献中心检索平台 / 219

7.6 湖北省高等学校数字图书馆检索平台 / 220

7.7 OCLC 联合书目信息检索平台 / 228

第八章 特种数字信息检索及其利用 ········· 237

8.1 学位论文检索及其利用 / 237

8.2 标准数字信息检索及其利用 / 247

8.3 专利数字信息检索及其利用 / 266

8.4 会议数字信息检索及其利用 / 282

8.5 科技报告检索及其利用 / 300

8.6 政府出版物检索及其利用 / 307

第九章　信息的知识创新･････････････････････････････････ 312

　9.1　信息获取与加工　　　　　　　　　　　　　　/312

　9.2　信息知识创新研究的加工步骤与方法　　　　　/316

　9.3　信息知识创新成果的撰写　　　　　　　　　　/322

　9.4　知识创新中专利申请文件的撰写　　　　　　　/332

　9.5　知识创新研究课题报告的撰写　　　　　　　　/337

参考文献･･･ 343

第一章

信息与信息检索

1.1　信息概述

现代信息技术迅猛发展，信息已成为人类社会发展的一种驱动力，人们越来越重视对信息资源的有效开发与利用。信息是一种极其重要的社会财富，信息同物质、能量构成了人类社会的三大重要战略资源，成为社会进步的强劲推动力。物质提供材料，能源提供动力，信息提供知识与智慧。因此信息已成为促进科技、社会、经济发展的新型资源，它不仅有助于人们不断地揭示客观世界，深化人们对客观世界的科学认识，消除人们在认识上的某种不确定性，而且还源源不断地向人类提供生产知识的原料。

1.1.1　信息、知识、情报、文献的定义

信息（Information）是什么呢？早在唐朝就有"梦断美人沉信息，目穿长路倚楼台"的诗句，这里的信息就是消息的意思，通常理解为信号和消息。随着科技的不断发展和人类的不断进步，信息的概念也有所深化。

信息与人类社会密切相关，一切信息来源于自然界，来源于人类社会。从广义上讲，信息是事物运动时发出的信号所带来的消息，是事物存在方式和运动规律的一种表现形式。不同的事物具有不同的存在方式和运动规律，从而构成了各种事物的不同特征。信息普遍存在于自然界、社会界以及人的思维之中，是客观事物本质特征千差万别的反映。自然界、人类社会和思维领域中存在着大量的自然信息、生物信息和社会信息，同时通过一定的媒体（如文字、图像、声波、电磁波等）进行传播。

知识是人类社会实践经验的总结，是人的主观世界对于客观世界的概括和如实反映，是人的大脑通过思维对客观事物本质与规律性的认识和掌握，是人们通过对客观事物不停地运动与变化产生的信息的感知和处理后所形成的感性认识。信息是大脑思维的原料，而知识是大脑对大量信息进行加工后形成的产品。信息不等于知识，知识是从信息中提炼出来的，是信息的一部分。

情报是人们在一定时间内为一定目的而传递并能产生效能的有使用价值的知识或信息。情报是对特定的人而言的，对需要它的人而言是情报，对不需要的人而言它只是信息与知识。知识与信息转化为情报必须经过传递，只有将特定的知识与信息传递到特定需要的人那里，它们才能成为情报。传递是情报的一个基本特征。

文献是知识的载体。知识本身是抽象的，它必须依附在物质载体上，才能体现它的存在。如果对它作精确的描述，那就是：凡是用文字、图形、代码、符号、音频、视频等方式记载在一定载体上的每一件记录，均称为"文献"。由此可知文献由三个要素构成，即知识、载体、记录方式，它们三位一体，不可分割。

1.1.2　信息、知识、情报、文献之间的关系

信息、知识、文献之间的关系是：事物发出信息，信息经人脑加工形成知识。只有将自然现象和社会现象的信息经过加工，上升为对自然和社会发展客观规律的认识，这种再生信息才构成知识。知识信息被记录在载体上，形成文献。文献与知识既是不同的概念，又有密切的联系。文献必须包含知识内容，而知识内容只有记录在物质载体上，才能构成文献。文献经过传递、传播，应用于理论与实际而产生信息。将有使用价值的信息和知识向一个特定的对象进行传递形成情报。由此可见：信息是最大的概念，情报、知识、文献这三者之间相互交叉且包含于信息之中。如图 1－1 所示：

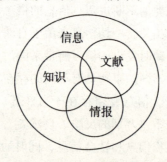

图 1－1　信息、知识、情报、文献之间的关系

1.2 信息源

联合国教科文组织出版的《文献术语》一书认为："个人为满足其情报需要而获得情报的来源，称为信息源。"前苏联出版的《俄英情报学词典》则定义为："产生消息或为了传递而持有情报的任何系统，均称为信息源。"可见，信息源就是人们为满足信息需要而借以获得信息的来源。信息源既可以是产生和持有信息的个人和机构，也可以是负荷信息的载体。

信息载体又可分为信息表征载体和物质载体两类。所谓信息表征载体是指信息内容赖以存在的文字、符号、声波、光波等用以记录信息的载体，亦称第一载体。所谓物质载体则是指信息载体赖以存在和传递的纸张、胶片、磁带、光盘等物质材料，亦称第二载体或硬载体、载体的载体。只有第一载体和第二载体有机结合，才能保证信息内容得到完整地保存和有效地传递。随着信息科学、材料科学的不断发展，信息载体也会相应地发展变化。

1.2.1 现代信息源的特征

（1）信息量大、内容庞杂。由于科学技术的飞速发展，信息收藏机构收藏的信息资源不仅包括传统信息资源（包括纸质文献、各类光盘、缩微胶片等），目前更多的是要收藏网络信息资源。由于要涉及社会生活的各个方面信息，所以数量多，且内容纷繁复杂。特别是信息网络化后，信息具有跨地区、分布广、多语种、高度共享等特点，信息资源包括成千上万种电子期刊和报纸以及政府、学校和公司等机构和个人的最新详细信息，同时也充斥着大量毫无价值的冗余信息。

（2）信息快速更新。随着科学技术的快速发展，各类文献资料及网上信息不断淘汰和更新。新知识、新理论、新技术、新产品层出不穷，加速了信息的新陈代谢。不同学科和类型的文献的更新速度不一样，但总的说来，所有文献的"半衰期"都在缩短，有的网络文献几乎瞬间就更新。

（3）信息类型多、范围宽、用途广。近年来，信息资源建设得以快速发展，信息类型越来越多。其有代表性的有图书、工具书、电子期刊及大量的书目数据库、联机数据库、软件资源以及个人主页、电子邮件等种种形式，既有文字、符号、表格，还有声音、动画、图像等信息。凡此种种，可以方便人们进行人文科学、自然科学的信息交流。

（4）新型信息资源——电子信息。随着计算机技术和情报资源相结合产生了一种新型的信息资源——电子信息，这种信息资源以数字形式存储，通过计算机或网络检索或传输，加快了信息流通和信息资源共享。以书目、索引、文摘、全文数据库、多媒体信息、电子刊物等形式为用户提供服务。但是这类信息组织特殊，控制性差，信息质量良莠不齐，所以其优势还没有完全发挥出来。

（5）信息内容交叉重复。现代科技综合交叉、彼此渗透的特点，导致知识的产生和文献的内容也相互交叉、彼此重复。同一内容的文献以不同文字发表，同一内容的文献以不同的形式出版，许多文献既出版印刷版的，又有缩微版、电子版的。在激烈的商业竞争中许多畅销书内容雷同，选题重复。此外再版、改版文献数量不断增多。

（6）文献信息污染严重

在文献信息爆炸性增长的情况下，信息污染严重，不管是印刷版的还是电子版的，经常有陈旧的、过时的、错误的，甚至有害的信息。

1.2.2　文献信息源

文献是记录知识的一切载体。不同载体的文献信息源，其特点和划分标准都不一样。

（1）按文献信息源的载体形式划分，可分为：

①印刷型，又称纸介型。它是指以纸张为存储介质，以印刷为手段所形成的传统文献信息形式。其优点是便于阅读和流传、容易获取；缺点是：存储密度太低，体积篇幅大，占据空间多，整理时费时费力，管理较为困难。

②缩微型，即缩微复制品。它是指一种以感光材料为存储介质，以缩微照相为记录手段，将手写或印刷型文献信息中的文字、图形、影像等符号按比例缩小若干倍的文献形式。包括缩微胶卷、缩微平片等。其优点是体积小、缩微度大、再现度高、传递方便。缺点在于：不能直接阅读，使用时必须借助于专门的机器设备；保存条件高，为延长其寿命，对存放环境的湿度、温度有较高的要求。

③电子型，又称机读型。它以一磁性材料为存储介质，通过编码和程序设计，把文字、资料转化成数字语言和机器语言，采用计算机等高新技术为记录手段，将信息存储在磁盘、磁带、磁鼓或光盘等载体中，形成多种类型的电子

出版物，可采用下载或套录的方法把检索中的记录复制到用户的磁盘或硬盘上。其优点是存储密度高、存取速度快、查找方便、寿命长、内容可以更改或更新等，但必须配置计算机等高档设备才能使用，相应设备的投入较大，成本比较高。

④视听型，又称声像型。它是一种非文字形式的文献，以感光材料和磁性材料为存储介质，借助特殊的设备，使用声、光、电、磁等技术将信息表现为声音、图像、影视和动画等形式，给人以直观、形象的感受。其优点是存储密度高，直观、真切。但其阅读须借助一定的设备。

（2）按文献信息源加工的深度划分，可分为：

①一次文献（primarydocument）：是指作者以本人的科学实验、研究成果为依据创作的原始文献，如期刊论文、科技报告、专利说明书、会议论文、学术论文等，它通常反映了著者的创见，是对知识的第一次加工。

②二次文献（secondarydocument）：是指将大量分散的、无组织的一次文献，进行浓缩、整序，加工成有系统的、条目化且便于管理和利用一次文献而编辑、出版和累积起来的工具性文献，如目录、文摘、索引、网上搜索引擎等检索工具。二次文献不对一次文献的内容作学术性分析与评价，只提供一次文献的线索。

③三次文献（tertiarydocument）：即在一次、二次文献的基础上，经过综合分析而编写出来的文献。如专题述评、动态综述、学科年度总结、进展报告以及数据手册、百科全书等参考工具书。三次文献主要是情报研究的产物和成果。

也有研究者将文献加工分为四个层次，即零次文献、一次文献、二次文献和三次文献。零次文献是指未经发表的或未进入社会交流的最原始的文献，如私人笔记、底稿、手稿、个人通信等，其特点是内容新颖但不成熟；不公开交流，不易获得。

以上四级文献的关系是，零次文献是一次文献的素材，一次文献是二次、三次文献的来源和基础，二次、三次文献是对一次文献进行组织、加工、综合后形成的，它们编写的目的明确，专指性强。所谓"文献检索"主要是对二次、三次文献的检索。从一次文献到二次文献，再到三次文献，是一个由繁到简、由分散到集中、由无组织到系统化的过程。文献内容有很大的变化。二次文献和三次文献的产生并没有增加知识总量，但对于一次文献的形成和再生产有着很大的推动作用。一次文献、二次文献、三次文献之间的关系，如图1－2所示：

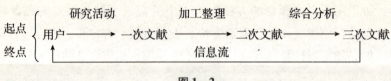

图 1-2

（3）按文献的出版类型划分，可分为：

①图书（Book）。图书是一种论章成册、页数在 49 页以上的印刷品，它大多是对已发表的科研成果、生产技术和经验或者某一知识领域系统的论述或概括。它往往以期刊论文、会议论文、研究报告及其他一次文献为基本素材，经过作者的分析、归纳，重新组织而编写成的，不少科技图书的内容还包含一些从未发表过的研究成果或资料。科技图书包括专著、教科书、参考工具书和检索工具书等。图书一般给人们以系统性、完整性、连续性的知识和信息，但因图书出版周期较长，知识的新颖性较差，传递信息的速度较慢。图书的显著特征是它有"ISBN"号。

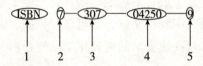

"ISBN"是"International Standard Book Number（国际标准书号）"的简称。它是因图书出版、管理的需要，并便于国际间出版品的交流与统计的一套国际统一编号，由一组冠有"ISBN"代号的 10 位数码所组成，用以识别出版品所属国别地区语言、出版机构、书名、版本及装订方式的图书代表号码，如：ISBN7 - 307 - 04250 - 9，一个国际标准书号只有一个或一份相应的出版物与之对应。如上所标示："1"→国际标准书号代码；"2"→出版品所属国别地区语言代码；"3"→出版社代码，由其隶属的国家或地区 ISBN 中心分配，允许取值范围为 2~6 位数字。出版社的规模越大，出书越多，其号码就越短；"4"→是书序号，由出版社自己给出，而且每个出版社的书序号是定长的。因为在 ISBN 号码的 10 位数中，语种代码和最后一位是固定了的，只有中间的 2 段数字可以变化，所以出版社代码最短的 2 位，最长的 6 位。出版社的规模越大，出书越多，书序号就越长；"5"→是电子计算机的校验码，也叫做核对符号，是通过计算得来的，固定一位，分别用 0~9 和 X 共 11 个数字，其中 10 由 X 代替。通过对它的计算，可以判断一本书是否为盗版。对核对符号的计算方法如下：

10 位数 ISBN 核对符号的计算方法

标准书号的核对方法是加权法

ISBN 7 – 307 – 04250 – 9

第一步：即用 10 至 2 这 9 个数分别去乘标准书号的前 9 位数，求其乘积之和

$7 \times 10 + 3 \times 9 + 0 \times 8 + 7 \times 7 + 0 \times 6 + 4 \times 5 + 2 \times 4 + 5 \times 3 + 0 \times 2 = 189$

第二步：用乘积之和再除以常数 11

$189 \div 11 = 11 \cdots\cdots 2$　　　　得到的余数是 2

第三步：用 11 减去 2 后，所得到的数就是我们所求的核对符号。

$11 - 2 = 9$

所以上述书号是正确的，ISBN 7 – 307 – 04250 – 9 为有效书号，该书为正规出版物。

13 位数 ISBN 核对符号的计算方法

第一步：用 1 分别乘书号的前 12 位中的奇数位，用 3 乘以偶数位（位数从左到右为 13 位到 2 位）；

第二步：将各乘积相加，求出总和；

第三步：将总和除以 10，得出余数；

第四步：将 10 减去余数后即为校验位。如相减后的数值为 10，校验位则为 0。

例子：前缀号、国别语种识别代号、出社识别代号、书名代号、校验位

ISBN　　　9 7 8 – 7 –　　8 1 0 9 0 – 0 2 1 –？

加权数乘　1 3 1　　3　　　1 3 1 3 1　　3 1 3

乘积求和　$9 + 21 + 8 + 21 + 8 + 3 + 0 + 2 + 70 + 0 + 2 + 3 = 102$

$102 \div 10 = 10 \cdots\cdots 2$　　得到的余数是 2

校验位 $= 10 - 2 = 8$

所以上述书号是正确的，ISBN 978 – 7 – 81090 – 021 – 8 为有效书号，该书为正规出版物。

②期刊（Journals or Magazine or Periodical）。期刊是指有一个固定名称、统一的出版形式和装帧，有一定出版规律，每年至少出一期，每期载有两篇以上不同作者写的论文，按一定的编号顺序连续出版的一种出版物（因而又叫连续出版物）。因其内容丰富多样，故国内又称之为杂志。科技期刊按内容性质分为学术性、通讯性、消息性、资料性、科普性等多种形式。其特点是出版周期短、报道文献速度快、内容新颖、发行及影响面广、能及时反映国内外发

展水平等。据统计，来自期刊的信息量，约占整个信息源的 70% 左右，被人称之为"整个科学史上最成功的无处不在的科学情报载体"。期刊的显著特征是有"ISSN"号。

ISSN 是"International Standard Serials Number（国际标准连续出版物号、也叫国际标准期刊号）"的简称。是国际标准号的另一个部分。ISSN 的结构比较简单，由 8 位数组成，其中前 7 位由计算机自动生成，最后一位也是核对符号，由计算得来。

例如：ISSN 1008 – 0252

第一步：即用 8 至 2 这 7 个数分别去乘标准期刊号的前 7 位数，求其乘积之和

$1 \times 8 + 0 \times 7 + 0 \times 6 + 8 \times 5 + 0 \times 4 + 2 \times 3 + 5 \times 2 = 64$

第二步：用乘积之和再除以常数 11

$64 \div 11 = 5 \cdots\cdots 9$ 　　得到余数是 9

第三步：用 11 减去 9 后，所得到的数就是我们所求的核对符号。

$11 – 9 = 2$ 所以最后核对符号是 2

所以上述刊号是正确的，ISSN 1008 – 0252 为有效刊号，该刊为正规出版物。

③科技报告（Technical reports）。科技报告是报道科学研究和技术开发成果或进展情况的一种文献类型。其内容详尽专深，有具体的篇名、机构名称。其出版形式比较特殊，每份报告自成一册，篇幅长短不等，有连续编号，装订简单，出版发行无规律；大多数属于保密或控制发行，仅少数公开或半公开发表。主要依据报告号加以识别，著名的科技报告有美国政府的 AD、PB、NASA、DOE 四大报告，英国的 ARC 报告，法国的 CEA 报告和德国的 DVR 报告等。

④会议文献（Conferences）。会议文献指在国内外重要学术会议上发表的论文和报告，也包括一些非学术性会议的报告。会议文献的特点是：文献针对性强，每个会议都有其特定的主题，因而会议文献所涉及的专业领域集中，内容专深；信息传递速度快，一些重要的研究成果或新的发现，通常首先通过会议文献向社会公布；能反映具有代表性的各种观点，学术会议通常带有研讨争鸣的性质，要求论文具有独到的见解，这有助于了解有关领域的新发现、新动向和新成就。主要依据著录项中的会议名称、时间、地址、会议录出版单位及其地址、出版年份、会议录提供单位及其地址、页码等加以识别。

⑤专利文献（Patents）。专利文献通常是指个人或单位为了获得某项发明

的专利权，在申请专利时向专利局呈交的有关该项发明的一份详细技术说明书。专利文献必须阐述发明的目的、用途、特点、效果及采用何种原理或方法等等。专利文献在形式上具有统一的格式，在文字上它是一种法律文件。在内容上具有广泛性、详尽性、实用性、新颖性、独创性以及较强的系统性、完整性和报道的及时性等特点。主要依据著录项中的专利号、专利国别、专利权人、专利优先日期（公开日期）、出版时间等加以识别。

⑥标准文献（Standards）。标准文献是指对工农业产品和工程建设的质量、规格及其检验方法等方面所作的技术规定。它作为一种规章性的文献，有一定的法律约束力，同时也有一定的时间性，需要随技术的发展而不断地修订、补充或废除。标准文献一般可分为国际标准、地区标准、国家标准、专业（部）标准和企业标准（地方标准）等5大类。在目前的国际贸易中，技术标准常被某些国家作为阻挠别国产品进入本国市场的技术壁垒，而通过建立和运用国际性的标准，则可排除上述的技术壁垒。

⑦产品资料（Products data）。产品资料是对定型产品的性能、结构、用途、使用方法和操作规程、产品规格等所作的具体说明。包括厂商介绍、产品目录、产品样本和产品说明书等，其特点在于技术上比较成熟，数据比较可靠，有较多的外观照片和结构图，直观性强，它对科技人员选型和设计、引进国外设备仪器都有参考价值。

⑧政府出版物（Government publication）。政府出版物是由政府机构，包括国际组织（如联合国、联合国教科文组织、世贸组织等）和各国中央政府及省或州、市、乡等级地方政府组织，以及它们所拥有的官方或半官方机构及其所属的专门机构所发表、出版的各种文献资料。其内容可分为行政性文件（如政治法律文件、政府决议报告等）和科技文献（如统计资料、科普资料等）两大类。它对了解一个国家的方针政策、经济状况及科学技术水平等都具有一定的参考价值。

⑨技术档案（Technical file）。技术档案是指在生产建设中和技术部门的技术活动中形成的，有一定工程对象的技术文件的总称。包括任务书、协议书、技术经济指标和审批文件、研究计划、研究方案、设计图纸、试验记录等。它是生产领域、科学实践中用以积累经验、吸取教训和提高质量的重要文献。其特点为翔实可靠，具有一定的保密性。

⑩学位论文（Dissertation or Thesis）。学位论文是高等学校、科研机构的毕业生、研究生为获得学位所撰写的论文。可分为学士论文、硕士论文和博士论文。学位论文具有内容比较专一，阐述较为系统、详细等特点，对科学研究

和后来者撰写学位论文均有参考价值。早先的学位论文一般不公开出版，因而要取得原件比较困难，目前通过《万方数据库》和《中国期刊网》（CNKI）可以得到部分收录的学位论文。可从学位、论文名称、颁发学位的单位及其地址、授予学位的时间等方面加以识别。

以上为主要的 10 类文献信息源，此外，还有报纸、新闻稿、科技译文、手稿、科技电影、出国考察报告、技术座谈记录等文献信息源。不同类型的文献往往为不同的研究工作所需要，或为某工作的不同阶段所需要。例如：定型产品的设计，往往侧重于标准文献；基础理论的研究，主要利用期刊论文；搞发明创造或技术革新，应当借鉴专利说明书；了解科研进展及成果，可检索科技报告；掌握学科动态，可以利用会议文献。

（4）按文献的公开程度划分，可分为：

①白色文献。指一切正式出版并在社会上公开流通的文献。

②灰色文献。指未公开发行的内部文献或限制流通的文献。

③黑色文献。主要指处于保密状态或不愿公布其内容的文献。

1.2.3　数字信息源

数字信息源是指以数字、代码方式将图文、声像等信息存储在磁、光、电介质上，通过计算机或者类似功能的设备阅读使用，并可复制发行的一种文献。可分为磁盘型、光盘型、网络型文献。传统的图书、期刊、报纸、检索工具等都可以制作成电子型信息，既可以单机使用，也可以通过网络的形式去阅读。电子信息源具有存储量大、体积小、便于检索、保管和共享等特点。现在各种信息机构已经非常重视电子文献的收藏和利用。随着技术的不断发展，电子型信息越来越重要，发展前景越发广阔。

1.3　数字信息检索

1.3.1　数字信息检索概念

信息检索是从各种信息的集合中识别和获取信息的过程及其所采取的一系列的方法和策略。从信息检索是对信息集合与需求集合的匹配和选择的这一原理来看，它包括信息的储存和检索两个方面，即是指将信息按一定的方式组织和存贮起来，并根据信息用户的信息需求查找所需信息的过程和技术，所以信息检索的全称又叫"信息存贮与检索"。狭义的信息检索，仅指从信息集合中找出所需信息的过程，也是利用信息系统、检索工具或数据库查找所需信息的过程。信息检索又叫情报检索或文献检索，文献信息检索是指从文献信息集合中查找所需文献或文献中包含的信息内容的过程。

1.3.2 数字信息检索语言

检索语言，是指用于描述信息系统中信息的外表特征、内容特征及表达用户信息提问的一种专门语言。信息检索语言是适应信息检索的需要，并为信息检索特设的专门语言。信息检索语言也称标引语言、索引语言等，是人与检索系统对话的基础，它使文献的标引者和检索者取得共同理解，从而实现检索。

检索语言的主要作用是：保证不同标引人员表达文献的一致性；保证检索提问与文献标引的一致性；保证检索结果和检索要求的一致性。

检索语言依据不同的划分标准有不同的类型：按文献的有关特征划分可分为内容特征语言和外表特征语言；按构成原理划分可分为分类语言和主题语言；按适用范围划分可分为综合性语言、专业性语言和多学科语言；按标识形式划分又可分为先组式语言和后组式语言等等几种类型。其中分类语言和主题语言是最常用的检索语言。

（1）分类语言。分类语言指以号码为基本字符，用分类号表达文献主题概念的检索语言。按分类号的构成原理，分类语言可分为等级体系分类语言（采用对文献信息概念层层划分、层层隶属的办法来形成一系列专指的分类标识，按照科学体系将分类标识组织成具有隶属、并列关系的概念标识系统）和分析综合分类语言（在等级体系分类语言的基础上，基于概念的可分析性和可综合性，通过概念组配将有限的类目扩充组配成无限的主题概念标识系统）。

在我国，目前常用的分类语言主要有《中国图书馆图书分类法》（下称《中图法》）、《中国科学院图书馆图书分类法》和《中国人民大学图书馆图书分类法》等几种，其中以《中图法》使用最为广泛。

（2）主题语言，又称主题法，是指直接采用某一学科中表达某一事物或概念的名词术语来描述、组织和检索文献的，并将这些名词术语按字顺排列，并使用参照系统来间接表达各种概念之间的关系。包括标题词语言、关键词语言、叙词语言和单元词语言。

①标题词语言是以标题作为文献内容标识和检索依据的一种主题词语言，是最早出现的一种按主题来标引和检索文献的传统检索语言。标题词语言是来自自然语言中比较定型事物的名称，并经过规范化处理、能表达文献主题内容的词、词组或短语。规范化，是指对标题词进行多方面优选，使标题词能够满足准确性和通用性的要求。标题词语言的基本构成单元是主标题、副标题和说明语。全部标题词是按字顺排列成标题词表，通过字顺序列直接提供主题检索文献的途径。美国《工程索引》早期使用的《工程标题词表》就是一种标题词。

②关键词语言是由直接从文献的篇名、文摘或全文中抽取出来，未经规范化处理的自由词汇构成的，这些词中除了禁用词，如冠词、介词、副词等，几乎所有具有检索意义的信息单元都可以用作关键词。标引文献时根据文献内容选择恰当的词汇进行组配，以表达文献的内容特征。例如，美国《化学题录》就是关键词索引。

③叙词语言是主题语言的高级形式，其基本成分是叙词。叙词是从文献内容中抽选出来的、从概念上不可再分的基本概念的单元词汇。检索时利用这些表达概念单元的叙词进行组配，以表达一个复杂的概念。叙词语言是近代用途广泛，既适用于手工检索又适用于计算机检索的后组式检索语言。常用的叙词表有"INSPC 叙词表"、"ASM 冶金叙词表"。

④单元词语言是以单元词作为文献内容标识和检索根据的一种主题语言。单元词是从文献中抽选出来的，从字面上不可再分割的最基本的概念单元的词汇。检索时，可根据检索提问内容选用适当的单元词进行组配，所以它是一种后组配式检索语言。

1.4 数字信息检索原理、方法、途径、步骤和效果评价

1.4.1 数字信息检索的原理

信息存储工作包括文献收集、信息加工整理，最后形成有序的、具有存储标志的文献信息数据库；信息检索工作则包括用户提出课题检索要求，通过分析形成检索标志，然后到文献信息数据库中进行检索标志与存储标志的匹配，凡是匹配成功的，相应信息款目即为中选检索结果。

因而，所谓数字信息检索原理，简单地讲，就是检索提问标志与存储在检

索工具中的文献特征标志进行比较或匹配，然后提取相符合的文献信息的检索方法。在机检中所采用的检索原理通常是依靠逻辑运算的布尔检索方式，这种方法是运用以"与"（and）、"或"（or）以及"非"（not）为主的逻辑运算来检索所需信息的。

1.4.2　数字信息检索的方法

查找信息的方法分为如下三种：

（1）直接法

直接法是指直接利用检索工具（系统）检索文献信息的方法。这是文献检索中最常用的一种方法，它又分为顺查法、倒查法和抽查法。

①顺查法。顺查法是指按照时间的顺序，由远及近地利用检索系统进行文献信息检索的方法。这种方法能收集到某一课题的系统文献，它适用于较大课题的文献信息检索。例如，已知某课题的起始年代，现在需要了解其发展的全过程，就可以用顺查法从最初的年代开始，逐渐向近期查找。

②倒查法。倒查法是由近及远，从新到旧，逆着时间的顺序利用检索工具进行文献检索的方法。此法的重点是放在近期文献上。使用这种方法可以最快地获得最新资料。

③抽查法。抽查法是指针对项目的特点，选择有关该项目的文献信息最可能出现或最多出现的时间段，利用检索工具进行重点检索的方法。

（2）追溯法

追溯法是指不利用一般的检索工具，而是利用已经掌握的文献末尾所列的参考文献，进行逐一地追溯查找"引文"的一种最简便的扩大情报来源的方法。它还可以从查到的"引文"中再追溯查找"引文"，像滚雪球一样，依据文献间的引用关系，获得越来越多的内容相关的文献。

（3）综合法

综合法又称为循环法，它是把上述两种方法加以综合运用的方法。综合法既要利用检索工具进行常规检索，又要利用文献后所附参考文献进行追溯检索，分期分段地交替使用这两种方法。即先利用检索工具（系统）检到一批文献，再以这些文献末尾的参考目录为线索进行查找，如此循环进行，直到满足要求时为止。综合法兼有直接法和追溯法的优点，可以查得较为全面而准确的文献，是实际中采用较多的方法。对于查新工作中的文献检索，可以根据查新项目的性质和检索要求将上述检索方法融会在一起，灵活处理。

1.4.3 数字信息检索途径

检索工具有多种索引，可以提供多种检索途径。根据文献所提供的内容特征和外部特征不同，检索途径也可以分成下面两种：

（1）以所需文献的内容特征为依据

以所需文献的内容特征为依据的检索途径包括分类途径和主题途径。

①分类途径。是指按照文献资料所属学科（专业）类别进行检索的途径，它所依据的是检索工具中的分类索引。分类途径检索文献关键在于正确理解检索工具的分类表，将待查项目划分到相应的类目中去。一些检索工具如《中文科技资料目录》是按分类编排的，可以按照分类进行查找。

②主题途径。是指通过文献资料的内容主题进行检索的途径，它依据的是各种主题索引或关键词索引，检索者只要根据项目确定检索词（主题词或关键词），便可以实施检索。主题途径检索文献关键在于分析项目、提炼主题概念，运用词语来表达主题概念。主题途径是一种主要的检索途径。

（2）以所需文献的外表特征为依据

以所需文献的外表特征为依据的检索途径包括题名途径、著者途径和其他途径等。

①题名途径。是根据已知书名、刊名、文献篇名按字顺排列规则在检索工具中查找所需文献的途径。

②著者途径。是指根据已知文献著者来查找文献的途径，它依据的是著者索引，包括个人著者索引和机关团体索引。

③其他途径。它包括利用检索工具的各种专用索引来检索的途径。常见的有按号码顺序排列的各种序号索引（如专利号、入藏号、报告号等）、专用符号代码索引（如元素符号、分子式、结构式等）、专用名词术语索引（如地名、机构名、商品名、生物属名等）。

1.4.4 数字信息检索步骤

数字信息检索过程是一个通过检索实践逐步完善检索方法的过程。信息检索通常按以下五个步骤进行：

（1）分析检索课题。检索课题是根据查找文献资料或查解疑问的需要所拟定的问题。所谓分析检索课题，就是要辨明检索课题的内容和要求。分析研究课题要注意以下三点：①弄清课题研究的目的性和重要性，明确课题所属的学科范围。②掌握与课题有关的专业知识。③明确课题的检索范围和要求，检索范围包括学科范围和年代范围等等；检索要求则指对文献水平、类型、语种等方面的要求。分析研究课题是整个检索过程的准备阶段，所做的工作越细致、越充分，检索就越顺利，越可获得较佳的检索结果。

（2）选定检索工具。检索工具选择是否恰当直接影响检索质量。应根据已确定的检索范围和要求来选定检索工具。一般来说，应从本单位、本地区现有的检索工具的实际情况出发，少而精地选择专业对口、质量高的检索工具。而检索工具的质量主要由以下指标来确定：文献的收录量、文献的摘录或标引质量、文献报导的时效、使用的难易程度、索引是否完善等等。在选择检索工具时，一般先选用综合性的检索工具，然后以专业性检索工具加以补充。根据所收录的文献类型的倾向，还可以选用收录单一类型文献的检索工具；在检索工具语种方面应先考虑选用中文检索工具，其次考虑英文检索工具，最后再考虑使用其他语种的检索工具。如果对检索工具专业范围不太熟悉，可借助介绍检索工具的工具书。

（3）找出检索标识。检索标识是检索课题包含的、具有检索意义的语言，包括：所属学科、类型、主题词和关键词以及时间范围等等。每一检索课题都包含一个或多个甚至一系列的标识，应选择主要的、有检索意义的标识进行检索。找出检索标识须注意以下两点：①如采用分类号、标题词、叙词等规范化的检索语言作标识，则必须注意使用相应的分类表、标题词表、叙词表等检索词典，以便正确选定检索标识。②如采用关键词等非规范化的检索语言作为检索标识，则对自然语言中的同义词、近义词、多义词等要有所认识和掌握，尽可能把有关的同义词、近义词等考虑周全，以免漏检。

（4）确定检索途径。在利用检索工具查找资料时，要确定检索的入口，即通过哪种检索途径来查找文献的线索。检索工具的检索途径种类很多，一般来说，如果对要检索文献的专业学科分类比较明确，常使用分类途径；若对所查文献专业学科分类不了解或涉及多个学科，以及回溯查找往年的过期检索期刊，则多使用主题途径；在已知著者（个人著者、团体著者、公司、机构）的名称的情况下，著者途径则是最佳的选择；若已知文献的序号，无论是专利号、标准号、报告号、合同号、文献登记号还是文献入藏号，则应选择使用序号途径。

（5）获得原始情报资料：我们利用检索工具查找出了有关文献的线索，进而了解到所需资料的题目、作者、类型等信息，由此可判断该文献的收藏地点，从而可通过借阅或复印获得该资料。

1.4.5 检索效果评价

评价一次信息检索过程的效果，是广大专业检索人员密切关注的问题。评价指标主要有质量、费用和时间，其中质量标准主要通过查全率与查准率进行评价。费用标准即检索费用，是指用户为检索课题所投入的费用。时间标准是指花费的时间，包括检索准备时间、检索过程时间、获取文献时间等。查全率和查准率是判定检索效果的主要标准，而后两者相对来说次要些。

（1）信息检索中的查全率和查准率

对于检索效果的评价，我们首先必须考虑的是对检索结果进行评价。目前比较通用的方法是用"查全率"和"查准率"来判定信息检索效果的两个常用标准。为了清楚起见，用以下表格来显示检索结果：

表 1.1　检索结果明细表

系统判定　　　用户判断	相关	非相关	合计
已检出	a	b	$a+b$
未检出	c	d	$c+d$
总计	$a+c$	$b+d$	$a+b+c+d$

表中：a 为检出的相关信息数。

b 为检出的非相关信息数，为误检出的信息，也称检索噪声。

c 为未检出的相关信息数，为遗漏的信息。

d 为未检出的非相关信息数，为系统根据检索提问正当拒绝的信息。

当用户要全面检索某一信息库时，检出的成功度可用检出的所有相关信息在信息库所有相关信息中所占的比例来表示。这种对信息库检索全面性的测量指标即为查全率，可定义为：

查全率 = ［检出的相关信息数/信息库中相关信息总数］×100%

或根据表 1.1　　　　　查全率 = ［$a/(a+c)$］×100%

当用户要对检索到的结果进行分析时，检出的相关信息数在所有检出信息中所占的比例往往成了较重要的评判指标。这种对检索结果中的相关信息的测量指标即为查准率。可定义为：

查准率 = ［检出的相关信息数/检出的信息总数］×100%

或根据表 1.1   查准率 = ［a/ (a+b)］ ×100%

高查全率和高查准率难以同时获得，两者必须结合使用，单独使用其中的任何一个都不能全面说明检索效果的好坏。

查全率和查准率是评价检索效果好坏的指标，而漏检率和误检率则是测量检索误差的指标。

误检率为检出的结果中不相关信息占检出信息的比例，可定义为：

误检率 = ［检出的非相关信息数/检出的信息总数］ ×100%

或根据表 1.1   误检率 = ［b/ (a+b)］ ×100%

漏检率为系统未检索出的相关信息占库中相关信息总数的比例，可定义为：

漏检率 = ［未检出的相关信息数/信息库中相关信息总数］ ×100%

或根据表 1.1   漏检率 = ［c/ (a+c)］ ×100%

其实，查全率和漏检率是互补的；而查准率和误检率也是互补关系。即：

查全率 + 漏检率 = 1；查准率 + 误检率 = 1。

尽管查全率和查准率在信息检索效果评价中是非常通用的，但它们都有一定的局限性，不同的用户对查全率和查准率的要求都有不同。如一个正在从事某项研究的用户，可能需要高查全率，允许较低的查准率，以保证不遗漏任何重要的信息。而对于查新人员来说，为了找到与查新项目查新点内容一致的信息，他可以要求高查准率。不同的用户，根据从事工作的性质不同，以及研究阶段的不同，对查全率和查准率将有所侧重。在一般的情况下，不必过分地求全求准，以免造成顾此失彼的结果。

第二章

信息检索工具

2.1 检索工具概述

2.1.1 检索工具的涵义

检索工具是根据一定的社会需要，以特定的编排形式和检索方法，为人们迅速提供查找某方面的基本知识或信息线索，并附有检索标识的某一范围文献条目的集合，是二次文献。

一般说来，检索工具应具备以下五个条件：明确的收录范围；有完整明了的文献特征标识；每条文献条目中必须包含有多个有检索意义的文献特征标识，并标明供检索用的标识；全部条目科学地、按照一定规则组织成为一个有机整体；有索引部分，提供多种必要的检索途径。

2.1.2 检索工具的类型

目前可供人们使用的检索工具有很多，除了书本式检索工具以外，还应该包含网络上应用十分普遍的搜索引擎和各种数据库检索系统。不同的检索工具各有特点，可以满足不同的信息检索的需求。

检索工具有不同的分类方法，按加工文献和处理信息的手段不同可分为：手工检索工具和计算机检索工具。按照著录格式的不同可将检索工具分为以下四种类型。

（1）目录型检索工具

目录型检索工具是记录具体出版单位、收藏单位及其他外表特征的工具。

它以一个完整的出版物或收藏单位为著录单元，一般包括录文献的名称、著者、文献出处等。目录的种类很多，但应用于信息检索的目录，其中有国家书目、联合目录、馆藏目录等尤为重要。

（2）题录型检索工具

题录型检索工具是以单篇文献为基本著录单位来描述文献外表特征（如文献题名、著者姓名、文献出处等），无内容摘要，是快速报道文献信息的一类检索工具。它与目录的主要区别是著录的对象不同。目录著录的对象是单位出版物，题录的著录对象是单篇文献。

（3）文摘型检索工具

文摘型检索工具是将大量分散的文献，选择重要的部分，以简练的形式做成摘要，并按一定的方法组织排列起来的检索工具。

按照文摘的编写人，可分为著者文摘和非著者文摘。著者文摘是指由原文著者编写的文摘；而非著者文摘则由专门的熟悉本专业的文摘人员编写而成。

就其摘要的详简程度，可分为指示性文摘和报道性文摘两种。指示性文摘以最简短的语言写明文献题目、内容范围、研究目的和出处，实际上是题目的补充说明，一般在 100 字左右；报道性文摘以揭示原文论述的主题实质为宗旨，基本上反映了原文的内容、讨论的范围和目的、采取的研究手段和方法、所得的结果或结论，同时也包括有关数据、公式，一般在 300～500 字左右，重要文章可多达千字。

文摘型检索工具的作用有三：

一是供读者判断文献的参考价值；二是节省用户的时间和精力，浏览文摘就可以了解原文内容；三是由于对各国出版的文献均有统一文字的英文摘录，消除了读者的语言障碍，可扩大信息源。

（4）索引型检索工具

索引型检索工具是根据一定的需要，把特定范围内的某些重要文献中的有关款目或知识单元，如书名、刊名、人名、地名、语词等，按照一定的方法编排，并指明出处，为用户提供文献线索的一种检索工具。索引的类型是多种多样的，在检索工具中，常用的索引类型有：分类索引、主题索引、关键词索引、著者索引等。

2.2 中文检索工具

2.2.1 中文检索工具概述

一个国家建立科技信息检索刊物体系情况的完善与否，是衡量该国科技情报工作水平高低的标准之一。每个国家都根据本国的实际需要，用本民族的语言，有选择有重点地搜集、整理、报道国内外的科技文献，编制各种类型的检索工具，使之成为本国广大科技工作者获得所需信息的重要手段。

在我国，中文检索工具经过几十年的发展，目前已经基本形成了一个较完整的检索刊物体系，并逐步走向计划化、标准化和协调化，具备如下特点：①出版形式和内容有了统一规划；②学科覆盖面越来越广，专业范围越分越细；③标引工作和著录格式日趋标准化；④检索手段和检索途径逐渐完善；⑤一批专门报道国内文献的文摘刊物出现；⑥报道量持续增长；⑦编辑单位由专职信息机构部分转向专业信息机构，提高了检索刊物的内在质量；⑧计算机和网络技术广泛应用。

2.2.2 中文检索工具体系

目前中文检索工具由目录、题录、文摘三种类型构成，可用于检索国内外科技图书、期刊论文及特种文献（如专利、标准、科技报告、学位论文、会议论文等）。但从中文检索工具检索刊物体系来看，我国检索刊物体系按收录国内、国外文献不同，分为两大系列，每一个系列又按学科和专业的不同，分为若干个分册，报道文献的内容涉及图书、期刊、科技报告、会议论文等方面。除了上述两大系列外，专利、学位论文、标准等又单独报道，成为中文检索工具的辅助系列（见表2-1）。

表 2-1 中文检索工具体系

	国内文献查找	国外文献查找
图书	全国新书目、全国总书目	国外新书通报
期刊	中文科技资料目录、中国 XX 文摘	国外科技资料目录、国外 XX 文摘
报刊	全国报刊索引	国外报刊目录
标准	国家标准、行业标准	各国标准目录
专利	中国专利公报	国外专利文献通报

（1）国内科技文献检索刊物体系

本系列主要用于检索国内文献，由《中文科技资料目录：XX》、《中国XX文摘》及六种辅助刊物类型组成，其中"XX"表示学科名。

①《中文科技资料目录：XX》：收录国内公开和内部的科技期刊论文、科技资料和译文，不收录密级资料。报道方式以题录为主，有些分册配有少量文摘或简介。它们的编辑出版，初步改变了国内科技文献资源管理混乱和使用不便的落后状况，为充分发挥中文科技文献的作用作出了重要贡献。

②《中国XX文摘》：主要收录国内公开的科技期刊论文，不收录密级资料，是我国检索刊物的主体。最多时设有31个分册，报道方式以文摘为主。

③六种辅助系列：为了更加广泛的获取各类文献，还编制了以下六种辅助索引，它们是：科学技术成果公报，专利公报（分发明、实用新型、外观设计三个分册），中国学位论文通报，中国学术会议文献通报，台湾科技书刊通报，科学技术译文通报。

（2）国外科技文献检索刊物体系

该系列主要用于检索经国内翻译处理的国外文献，由《国外科技资料目录：XX》、《国外XX文摘》及《国外科技资料馆藏目录》、《专利文献通报》、《国外标准专利报道》等辅助类型刊物组成。

①《国外科技资料目录：XX》：收录国外公开发行的科技期刊论文、科技资料。最多时设有20个分册，报道方式以题录为主，有些分册配有少量文摘或简介。

②《国外XX文摘》或《XX文摘》：主要收录国外公开的科技期刊论文。最多时设有84个分册，报道方式以文摘为主，个别刊物也少量报道国内文献。

③《国外科技资料馆藏目录》：共11个分册，主要报道中国科技情报研究所收藏的国外各类文献资料。

④《专利文献通报》：共计45个分册，主要报道国外专利文献。

⑤《国外标准专题报道》：报道国外主要国家的技术标准文献。

（3）综合类

①《全国报刊索引》：它是上海图书馆编辑出版的一种综合性题录检索刊物，也是目前检索中文科技、社科文献最为重要的印刷型检索工具。

②《全国新书目》：它由国家版本图书馆编辑出版，主要报道当月全国各出版社的新书，并有书评、邮购等栏目。与其类似的还有年度本《全国总书目》。

2.3 中文检索工具编排及其检索途径

2.3.1 中文检索工具结构

在我们所使用的常见中文检索工具中，其编排的内容，一般由使用说明、目次、正文、索引和文献来源五个部分构成，如（图 2 - 1）所示。

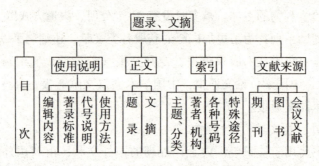

图 2 - 1 中文检索工具结构示意图

（1）目次：目次的主要内容是正文条目的分类类目与页码，所以又称分类目次表。检索刊物一般都是按分类的方法组织编排的，因此，可利用该表从分类途径查找文献条目。

（2）使用说明：它既是检索工具的编辑说明，也是检索工具编辑者为读者提供的必要指导。它一般包括：工具的沿革、编辑内容、编辑方法、使用举例等。因此，认真阅读使用说明，是了解并学会使用不同类型检索工具的基础。

（3）正文：正文是检索工具的主体部分，是由描述文献外表特征（题名、著者、出处等）和内容特征（分类号、主题词和文摘）的各种具体文献条目按照一定规则组成的，是存储和检索文献的对象。

（4）索引：索引是检索工具的辅助部分，是从正文各文献条目中选出的词或代码的顺序表。索引主要由检索标识和文献条目顺序号两部分组成。灵活掌握检索工具索引的使用，是学会使用检索工具的实质。

（5）文献来源：文献来源是检索工具内容的必要补充，它含有许多使用检索工具所必须参考的情报。其内容包括引用文献一览表、文献收藏单位代号及附录等，一般刊载于检索工具的后部。

2.3.2　中文检索工具的编排

中文检索工具的正文均按分类编排，并按照国家标准（GB3793－83）《检索期刊条目著录规则》规定的格式进行著录。下面以期刊论文和专著著录格式为例，分别简要予以说明。

期刊论文著录格式：

分类号

顺序号　中文题名＝外文题名［刊，文种］/作者//刊名（国别或地名）. ＿＿年，卷（期）. ＿＿所在页码。

提要……图　×　表　×　参　×（文摘员）

主题词　　　　　　　　　　索取号

图书专著著录格式：

分类号

顺序号　中文书名＝外文书名，卷（册、编）次；卷（册、编）的书名［著，文种］/著者或编者. ＿＿版本/与版本有关的责任者. ＿＿出版地，出版者、出版日期. ＿＿总页码. ＿＿，开本. ＿＿（丛书项）. ＿＿附注项. ＿＿标准书号。

提要……图　×　表　×　参　×（文摘员）

主题词　　　　　　　　　　索取号

2.3.3　中文检索工具检索途径

中文检索工具均按学科分类进行编排，大部分附有主题索引、著者索引和分类目次表。现刊一般都用分类途径进行检索，过刊检索一般用主题途径检索，如已知著者姓名，则可以用著者索引途径进行检索。因此，其检索途径主要有三种：分类途径、主题途径、著者途径。各种检索途径及其检索步骤见图2－2所示。

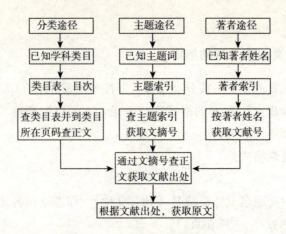

图 2 - 2　中文检索工具检索途径

2.3.4　常用的中文检索工具

任何一个读者或信息工作者，在进行信息检索时，根据要求的不同最终所获取的文献是不一样的，因而所用的检索工具也不尽相同。

（1）中文图书检索工具

图书是最常见的文献类型之一。检索中文图书，主要利用一些综合性书目和各图书馆的藏书目录。常用的图书目录主要有以下几种：

①《全国总书目》和《全国新书目》

这两种书目创刊于 1949 年，由国家出版事业管理局版本图书馆编，中华书局出版。它们是根据全国出版单位向版本图书馆缴送的样本书编成，是我国的国家书目。它是检索我国出版图书的主要检索工具。用它可查到公开出版的科技图书和部分内部出版的科技图书。

《全国新书目》是及时报道全国新书出版情况的刊物。1958 年第 9 期以前为月刊，后改为旬刊。"文化大革命"期间中断，1972 年 5 月开始恢复，试刊 5 期，1973 年起正式出版，为月刊。

《全国总书目》基本上按年度收录报道我国各正式出版单位出版并公开发行的各种文字的初版和修订版图书。其编排分为三部分：分类目次、专题目录和附录。附录包括全国报刊杂志目录、出版社一览表、丛书索引等。该书目除 1949 - 1954 年合订为一册外，从 1955 年至 1965 年期间每年出版一本，1966 - 1969 年中断，1970 年起又每年出版一本。

《全国新书目》的职能在于及时报道新书。《全国总书目》是《全国新书目》的累积本。此外还有《科技新书目》等征订目录，读者可根据需要到新华书店办理订阅手续来获得。

②《科技新书目》

《科技新书目》由新华书店北京、上海发行所主办、北京发行所编辑出版，主要报道京、沪、津、渝等地出版的科技图书信息。它编入的科技图书占国内出版的科技图书的 70% 左右，包括新书预告、征订书介绍、存书介绍、重要图书出版消息等栏目。

《科技新书目》通报即将出版的图书信息，为图书订购提供依据。虽然它属于非检索类刊物，但通过它可以了解国内科技图书的出版动态，为读者提供检索的线索。

③《外文新书通报》

《外文新书通报》是检索外文图书的检索工具，报道馆藏外文新书。有中国科学院图书馆、北京图书馆、安徽省图书馆、江苏省图书馆等单位编辑的不同版本。中国科学院图书馆为报道最新馆藏的外文图书，编辑出版了《外文新书通报》，1973 年创刊，主要报道西文、俄文、日文的社会科学、自然科学和工程技术方面的图书。

另外，外文图书的检索工具还有《上海市外文新书联合目录：自然、技术、科学部分》，由上海图书馆编辑出版，报道上海市有关图书情报单位所收藏的外文原版图书，包括西文、俄文、日文等文种。

（2）中文期刊资料检索工具

期刊资料是极其重要的信息源。据估计，来自科技期刊的信息占整个信息来源的 70% 左右。目前，世界上出版的科技期刊有 45000 多种，每年发表的期刊论文达 300 万篇以上。而我国目前经国家正式批准出版的科技期刊约有 5000 种。科技期刊的检索工具已成为科研人员进行科学研究的重要工具。

①《全国报刊索引》

《全国报刊索引》由上海图书馆编印，1951 年创刊，为月刊。其前身为山东省图书馆编印的《全国主要期刊重要资料索引》。从 1955 年起由上海报刊图书馆（现为上海图书馆）接办，1956 年改名为《全国主要期刊资料索引》，在 1966 年以后停刊，1973 年 10 月复刊，改为现名。

1980 年，《全国报刊索引》分为自然科学技术版（科技版）和哲学社会科学版（哲社版）。它是根据当月的报纸和当月收到的期刊中的重要资料编辑出版的。该索引收录国内公开和内部发行的全国性、专业性报纸 149 种，中文期刊达 3000 余种，成为报导和检索国内中文报纸和期刊论文的重要工具。

《全国报刊索引》(哲社版)采用分类编排,共分 11 个大类:马列、毛泽东思想;哲学;社会科学总论;政治;法律;军事;经济;科学文化;语言文学;文学;艺术;历史;地理等,大类以下再分为二级类、三级类。在同一类资料中,编排原则采用先动态资料后论文资料;动态资料中又采用先国内后国外;国内动态资料先中央后地方编排。

科技版的《全国报刊索引》报道了国内发行的 3193 种中央期刊和 3 种报纸上发表的科技资料,也采用分类编排,它包括 10 个大类:自然科学总论;数理科学和化学;天文学;地球科学;生物科学;医药卫生;农业科学;工业技术;交通运输;航空航天;环境科学等,大类下再分二级类、三级类。它的著录项目有文献篇名、著者姓名、文献出处、出版年份、期号、页码等。

《全国报刊索引》全面系统地报导了国内报刊文献,为科技人员和图书情报人员掌握国内文献提供了方便的条件。但它所提供的检索途径却只限于分类的一种,尚缺辅检工具,是其不足之处。

该索引每年 1 月和 7 月附有"引文报刊一览表",可以查找文献的出处。

②《中文科技资料目录》

《中文科技资料目录》是在 1977 年石家庄"全国科技情报检索刊物协作会议"的推动下,通过统一协调和有关单位的努力,由一些专业情报所联合编辑出版的、报道国内科技文献的一套题录性刊物,最多时达到 22 个分册(详见表 2-2)。

表 2-2　《中文科技资料目录》分册明细表

序号	分册名称	编辑单位	创刊年	刊期
1	综合科技、基础科学	中国科技情报所	1978	6
2	测绘学	陕西省测绘科学研究所	1978	4
3	地质	地质部全国地质图书馆	1978	6
4	医学	中国医学科学院医学情报所	1978	6
5	中草药	湖南医学工业研究所	1978	4
6	农业	中国农业科学研究院情报研究所	1978	4
7	农业机械	中国农业机械化情报研究所	1978	4
8	林业	中国科学林业科学院情报所	1979	4
9	矿业	辽宁省科技情报所	1978	4
10	冶金	湖北省科技情报所	1978	6
11	机械、仪表	四川省科技情报所	1978	6

续表

序号	分册名称	编辑单位	创刊年	刊期
12	电力、电工、原子能	陕西省科技情报所	1978	4
13	电子技术	四机部情报所	1978	12
14	化学工业	吉林省科技情报所	1978	6
15	轻工、纺织	天津市科技情报所	1978	4
16	建筑工程	中国建筑科学研究院情报所	1978	6
17	建筑材料	国家建筑材料工业局	1978	4
18	水利水电	水电部科技情报所	1978	6
19	铁路	铁道部科技情报所	1978	6
20	公路、水路运输	交通部科技情报所	1978	4
21	船舶工程	船舶工程工程索引编辑部	1979	4
22	环境科学	中国科技情报所	1978	6

《中文科技资料目录》各分册主要报道各编辑单位收藏的文献，报道形式采用题录、简介、文摘相结合，以题录为主的方式。其报道的文献以国内期刊论文为主，兼有少量会议论文、专利、标准。各分册基本按《中国图书资料法》的分类编排，采用国家标准著录格式。各分册在每年第一期刊登"引用期刊一览表"。有的分册出版年度主题索引和其他辅助索引。该套目录的出版，初步改变了国内科技文献管理混乱、使用不便的落后状况，对充分发挥中文科技文献的作用作出了重要贡献。

（3）《国外科技资料馆藏目录》

它是由中国科技情报所编辑出版的定期报道该所新入藏的各国政府报告、会议资料、学位论文、研究机构与学术团体著作等国外科技信息资料（特种文献）的检索刊物，共分12个分册。各分册的正文部分按分类编排，著录的内容包括：中文题名、原文题名、文献出处、出版年份、页码、文种等。它按学科编辑出版，共分理、农、医、工、综合等12个分册。

（4）《国外科技资料目录》

该目录是1977年全国科技情报检索刊物协作会议统一组织协调，由全国各大专业研究所、情报所及专业图书馆分别编辑出版的一套题录性刊物，是查检国外期刊论文与其他文献类型的重要检索工具，共有36个分册。

《国外科技资料目录》各分册主要报道国外各学科专业的期刊论文、学会出版物、科技报告等文献类型，报道方式一般采用题录，部分辅以文摘形式。

各分册的编排方式大都采用《中国图书资料分类法》的分类体系。

2.4 国外检索工具简介

2.4.1 美国《工程索引》

美国《工程索引》（The Engineering Index，简称 Ei）是一种特大型的综合性信息检索工具，由美国工程索引公司（The Engineering Index Inc.，USA）编辑出版，创刊于 1884 年，至今已有 120 多年的历史。《Ei》概括报导工程技术各个领域的文献，还穿插一些市场销售、企业管理、行为科学、财会贸易等学科内容的各种类型的文献，但不收录专利文献。

《Ei》系统的出版物主要有以下六种形式：a.《工程索引月刊》（The Engineering Index Monthly），1962 年创刊；b.《工程索引年刊》（The Engineering Index Annual），创刊于 1906 年，它除了月刊的全部内容外，还有《工程出版物索引》等内容；c.《工程索引累积索引》（The Engineering Index Cumulative Indexes），自 1973 年起编纂；d.《工程索引卡片》（Card-A-Lert CAL），1962 年开始编制，快速报道所摘用的最新文献；e.《工程索引》缩微胶卷（Micofilms），1970 年开始摄制，以缩小收藏体积，便于保管；f.《工程索引》磁带（Compendex），1969 年开始发行，供电子计算机检索使用。

以上六种出版物中又以 a、b 两种最为常用，我国订购的工程索引系统出版物也只限于这两种。《工程索引》名为"索引"，实为指示性文摘刊物，其中各条文摘是按照主题词的字顺编排的，这些主题词选自美国工程信息公司（Engineering Information Inc.）编的"工程主题词表"（Subject Headings for Engineering，《SHE》）。

"工程主题词表"由主题词表和另一些附录组成。主题词表按主题词字顺排列，主题词下再展开以字顺编列的各个副主题词。《Ei》的文摘条目遵循 SHE 的排检顺序。主题词的构成采取了正叙式、倒叙式和并列式等多种形式，并设置许多参见事项和注释说明，借以扩大检索范围和正确使用词表查找文摘。但实际上在查阅年和月刊本时，主题词是按 SHE 选定的，而副主题词变化大，故在选用时应扩大副主题词选词范围，SHE 仅作参考用。

《工程索引年刊》由正文和一些辅助索引（Supplemental Indexes）组成。正文就在按主题词及其副主题词字顺排列的后面，正文的著录事项较为详细，基本上可分为三大部分：文摘号和文献标题、文摘正文（包括参考文献的数量和原文文种）、著者项和文献出处等（这一部分与文摘正文空开一行，以示醒目）。

《Ei》年刊的辅助索引主要有以下几种：

（1）"著者索引"（Author Index），按著者姓名字顺排列，其后仅附列文摘号，供从著者途径查找文献；

（2）"著者单位索引"（Author Affilation Index），按著者所在单位的缩写名称字顺编排，后注明单位所在地和文献号。该索引可供了解某些相关单位尤其是竞争对手历年来所发表的科研和生产成果，并可分析其动向，预测其趋势，以制定对策。或者，在熟悉著者单位的情况下可直接通过本索引查找文摘内容。

（3）"文摘号码转换索引"（Number Translation Index），只附于年刊中，其作用仅是把年刊的文摘号转换成月刊的文摘号，以供读者快速查找所需文献。

（4）"工程出版物索引"（Publications Indexed for Engineering，简称 PIE），是《Ei》所摘录的出版物的总汇编。它主要有编码出版物（CODEN-Designated Publications）和非编码出版物（Non-CODEN-Designated Publications）两种。前者又分成从出版物缩写名称和从出版物名称代码途径查找两部分。它主要收录那些被《Ei》摘用的期刊、定期会议出版物、年鉴手册、各部门机构的报告等出版物，可供从出版物缩写名称查找其全称使用；同时在出版物全称的右侧编列有一组出版物名称代码，由 6 位字母和数字组成，以供电子计算机排检使用。"非编码出版物索引"不包括会议文摘，其英文名称为："Non-CODEN-Designations Exclusive）"，列出当年《Ei》所引用的不包括会议录的没有编码的出版物，如专题论文、报告、图书及其他出版物，即仅收录那些零星的、不定期的、无固定文献来源的出版物，这些出版物未给出代码，或者在《Ei》所引用时还没有出版代码。在最后的括号内分别注明月刊和年刊的文摘号。

除以上主要索引以外，还有以下一些小索引："新增和改名的编码出版物索引"（New and Changed CODEN-Designation Publications）、"编码出版物相互参照物表"（Cross-References to CODEN-Designation Publications）、"Ei 数据库中摘录的会议出版物索引"（Conference Publications Abstracted and Indexed in the Ei）、"机构名称、缩略语、字头语索引"（Organization Names：Acronyms，Initials and Abbreviations）、"缩写词、单位和略语索引"（Abbreviations，Units and Acronyms）等。

另外，从 1987 年开始又新增了年度主题索引。它按主题词字顺编排，在每一主、副主题词后给出有关文献的题目和在年刊本（A）和月刊本（M）中的文摘号。主题索引中除列入了在年、月刊本中出现的主、副题词外，还大大增加了其他的词以扩大检索入口（此索引中凡在年、月刊本中出现的词用黑体字），故在使用该索引时除可用 SHE 中的主题词外，还可用其他相关词。

Ei 的检索途径主要有主题途径和著者途径，其检索程序和方法如图2-3所示：

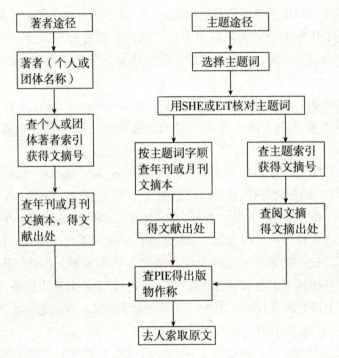

图 2-3 Ei 检索途径、检索程序示意图

2.4.2 美国《化学文摘》

美国《化学文摘》（Chemical Abstracts，简称 CA）是由美国化学会的"化学文摘服务部（Chemical Abstracts Service，简称 CAS）"编辑出版的一种化学化工专业文摘刊物，创刊于 1907 年。CA 广泛收集世界各国各类型的化学化工文献，目前选收的期刊已达 15000 种。据称其文献报道量覆盖全世界化学化工文献总量的 98%。CA 是查找化学化工及相关领域文献的最重要工具，也是当今享有盛誉的文摘刊物之一。

CA 为周刊，每年出版两卷，每卷 26 期，另外还出版有各种卷索引和五年累积索引本。

CA 的文摘是按类编排的，目前共有 5 个大类，80 个小类目。单期号文摘本刊载 1～34 小类，双期号文摘本刊载 35～80 类。

另外，在每一类文摘的末尾还设置了参见条目，分为论文参见和专利参见两部分，指示出与本类有关的交叉学科的文摘分类号和文摘号，以扩大检索范围。

CA 不但以收录文献学科多、范围广、数量多而著称于世，更以索引系统完备、检索途径众多而为人们所广为推崇。目前 CA 的索引体系按出版形式分有期、卷、年度索引和多年累积索引。按索引内容分又有以下几种索引：

（1）"关键词索引（Keyword Index）"，是附在每期文摘后的主要索引，是 CA 各种索引中使用较多的一种。关键词索引在选词标准和索引条目结构上与主题索引不同。它是将文献篇名中或文摘中各个能表示文献实质内容的原文用词作为关键词。关键词的选取比较自由，它不受检索名词规范化的约束，且其附加说明语并不考虑语法联系，而仅仅是将数个词简单地组合在一起。关键词下列有文摘号，供查阅当期文摘使用。

（2）"著者索引（Author Index）"，包括个人著者、团体著者、专利权人、专利受让者等，以姓在前、名在后的方式按字顺组排，合著者用"See"引见到第一著者名下。CA 每期的著者索引，只有姓名和文摘号，而它的卷索引和多年累积索引则还著录有文献篇名。

（3）"专利索引"（Patent Index），按专利国别代号字母顺序编排，同一国家下再按专利号的数字顺序排列各条专利。在专利号的右旁注有相同专利或相关专利的国别代号和专利号，在被 CA 摘录过的专利号后给出卷次和文摘号，其他相同专利则不再重复摘录，而是通过以上专利对照引见到被摘录的文摘条目。专利索引在 1981 年第 94 卷前是由两个单独出版的部分构成：专利号索引（Numerical Patent Index）和专利对照索引（Patent Concordance），各自行使相应的职能。

（4）"普通主题索引（General Subject Index，简称 GS）"，按主题词和副主题词的字顺排列，其下列出各条说明语和文摘号。在每一类文摘的末尾还设置了参见条目，分为论文参见和专利参见两部分，指示出与本类有关的交叉学科的文摘分类号和文摘号，以扩大检索范围。普通主题索引包括所有不适合列为特定化学性质的主题词，例如某一类物质，成分不完全明确的物质和材料，物理化学概念和现象、性质、反应，工艺设备和操作、应用、生物化学、动物和植物的普通科学名词等。

（5）"化学物质索引（Chemical Substance Index，简称 CS）"，按化学物质名称字顺排列，每一索引条目后都注明 CAS 登记号和副主题词，下面给出片断式一级和二级说明语及有关的文摘号。

（6）"索引指南（Index Guide，简称 IG）"，是一种通过参见指示、同义词注释、结构图解等方式指导读者正确使用普通主题索引和化学物质索引的辅助工具，也是按主题词字顺编排，是索引的索引。每年还出版有年度补编（Index Guide Supplement），及时报道该年内修改和增删情况。

（7）"分子式索引（Formula Index）"，是从化学物质的分子式角度查找文献内容的一种索引。该索引的分子式均按 Hill 规则编排：无机物按分子式英文字顺（如 HCl 应排为 ClH）和原子数多寡排列；有机物依照先碳后氢，然后再按其它元素符号的字母顺序排列，元素符号相同者再按原子数多寡排列。在每一种分子式下，著录有该分子式的所有同分异构体的化学名称、结构名称、CAS 登记号，最后列出文摘号，可以直接查找文摘内容。由于每一种分子式索引条目的著录事项都十分简单，因此一般都在找到化学物质名称后再去查找相应的化学物质索引，看其是否切题，再行查阅文献。

（8）"环系索引（Index of Ring Systems）"，是专门为查找环状有机化合物文献编制的一种索引。该索引先按环数分类，同环数下再以环体上的原子数目和主要元素的成分排列，只列出该环状物质的名称，不著录文摘号，因此，它只是化学物质索引的一种辅助工具。

（9）"杂原子索引（Hetero-Atom-in-context Index）"，按分子式中杂原子的元素符号的字母顺序和原子数目顺序排列，前后只编了 5 年，现已停刊。

（10）"登记号索引（Registry Number Index）"，是按 CAS 所给的每一种确定化合物的登记号的数字顺序编排，主要用作计算机检索化学物质的存取标识。本索引在每一登记号下给出化合物名称和分子式，而无具体的文摘号，故应配合化学物质索引或分子式索引使用。"登记号索引"现已改为"登记号手册（Registry Number Handbook）"单独出版。

（11）"CAS 来源索引（CAS Source Index，简称 CASSI）"，按照出版物（被 CA 所收录的期刊等）名称的字首缩写字母顺序排列。CAS 每隔几年编写一册从 1907 年创刊至编写年所摘用过的出版物来源索引的几十年累积本，另外还单独出版有 CAS 来源索引的季度补编，以反映发展变化的情况。

CA 的查找方法可有以下一些途径：

①关键词途径：由每期 CA 的期末关键词索引查得文摘；

②普通主题索引途径：自选普通主题或由"索引指南"得到规范普通主题，在"普通主题索引"中查文摘号后得到文摘；

③化学物质索引途径：由化学物质名称（可利用"索引指南"得到规范的 CA 命名，或由"分子式索引"得到命名，或由"环系索引"得到命名，或由"登记号索引"得到命名）在"化学物质索引"中查得文摘号后得到文摘。

另外还可由著者、专利号等途径查找文摘。

CA 的索引系统十分完备，有多种检索途径可供检索者选择。主要有主题途径、分类途径、著者途径、分子式途径、序号（登记号和专利号）途径等五种途径，这些途径的检索步骤和方法如图 2-4 所示：

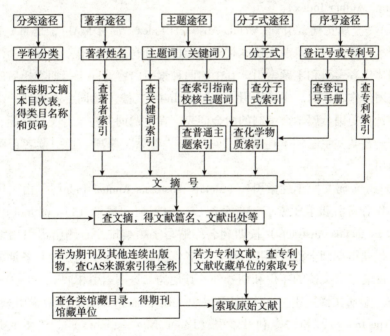

图 2-4　CA 检索途径与方法示意图

2.4.3　美、英《金属文摘》

《金属文摘》（Metals Abstracts，简称 MA）是由美国金属学会（American Society for Metal，ASM）和英国金属学会（The Institute of Metals）共同编辑出版的专业性检索刊物，1968 年创刊，其前身是美国金属学会主办的《金属文献评论》（Review of Metal Literature）和英国金属学会主办的《金属学文摘》

（Metallurgical Abstracts）。MA 所报导的文献基本上覆盖了金属各专业学科领域，是有关金属各专业科研人员必须熟悉的一种检索工具。

《金属文摘》体系包括五种单独出版的刊物，各具不同的职能和特点，应相互配合使用。

（1）《金属文摘》（MA），是 MA 系统的文摘本，月刊。其文摘条目按金属专业分类编排，共分 33 个类目。全年各期文摘的每一类都编有统一流水号，各文摘条目的著录详简不一，但都给出了分类号、文摘号、文献标题、文摘、著者、出处和原文出处等内容。另外还在每一类目的末尾列有交叉参考条目"X-REF"。

每期文摘末尾附有当期的作者索引（Author Index）和团体作者索引（Corporate Author Index）。

（2）《金属文摘索引》（Metals Abstracts Index，简称 MAI），是 MA 系统的期索引本，其内容与每期文摘本相对应，也为月刊。它共有三种索引：作者索引、团体作者索引和主题索引。其中前两种索引内容等同于每期文摘后的作者索引和团体作者索引。主题索引（Subject Index）按主题词字顺排列，这些主题词均选自美国金属学会编制的冶金词表。在主题词下注录有文献标题、分类文摘号。在某些主题词下还编有"见"和"参见"事项，指引读者正确使用主题索引。

（3）《金属文摘年度索引》（Metals Abstracts Annual Index），由引用期刊目录、作者索引和主题索引三部分组成。引用期刊目录（List of Journals Abstracted by metals Abstracts）按期刊名称缩写字顺编排，右侧给出引用期刊的全称，供获得期刊全称时使用。年度作者索引和主题索引则是全年各期的累积索引，除著录有文摘的年份和期号外，其他均与每期索引相同。

在《金属文摘索引》和年度索引中，还增加了"文献类型索引（Document Type Index）"和"专利号索引（Patent Number Index）"。"文献类型索引"按专利、综述等分类排列。

（4）《合金索引》（Alloys Index），1974 年创刊，是 MA 系统中专门用来从金属合金的角度查找文献的检索工具，每年一卷，每期均与文摘本相对应。卷首有合金分类索引（Alloys Classification Index），指导读者从合金成分或名称角度来确定正确的合金分类类名。分类索引按照合金分类类名排列，著录有参见事项及按合金成分或名称的字母顺序排列的各合金索引条目，各个索引条目的著录事项依次是：合金成分或名称、文献标题、分类文摘号、作者、原文出处和语种。通过分类文摘号即可在当年的文摘本中查找文摘内容。

MA 的检索途径有很多种，如下图 2 – 5 所示：

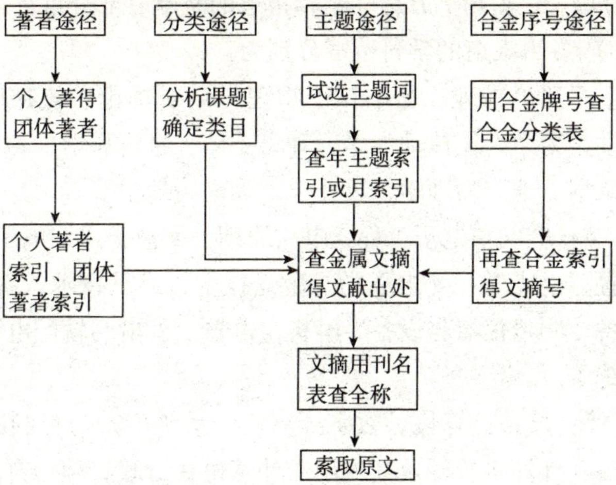

图 2 – 5　MA 的检索途径与检索程序流流程图

2.4.4　英国《科学文摘》

英国《科学文摘》（Science Abstracts，简称 SA），创刊于 1898 年，是一种查找和检索物理学、电气电子学、计算机与控制领域综合性的科技检索刊物，现由英国电气工程师学会（The Institute of Electrical Engineers，简称 IEE）下设的"国际物理与工程情报服务部（International Information Services for the Physics and Engineering Communities，简称 INSPEC）"编辑出版。

《SA》创刊时刊名为《科学文摘：物理与电气工程》（Science Abstracts：Physics and Electrical Engineering）。经过多次调整与充实，1969 年起由 INSPEC 负责编辑成现在读者们使用的三个分辑：

A 辑（Series A）：《物理文摘》（Physics Abstracts，简称 PA），半月刊。

B 辑（Series B）：《电气与电子学文摘》（Electrical and Electronics Abstracts，简称 EEA），月刊。

C 辑（Series C）：《计算机与控制文摘》（Computer & Control Abstracts，简称 CCA），月刊。

半月刊或月刊形式出版的《SA》A、B、C 三辑称之为期文摘，是《SA》的主体内容。每隔半年或 3 ~ 5 年，《SA》还出版配套的半年或多年累积索引。

《SA》报道的文献来自世界 50 余国各种文字的期刊论文、会议文献、技术报告、学位论文、图书专著、标准资料等。1971 年前《SA》还曾经报道过专利说明书。目前，《SA》每年报道文献量约为 30 万篇。其中 A 辑约 15 万篇，B 辑约 8 万篇，C 辑约 7 万篇。三辑报道的文献有部分重复。

《科学文摘》各辑报道的学科范围分别为：

A 辑《PA》：理论物理、基本粒子物理与量子场论、核物理、电学、磁学、光学、声学、力学、流体动力学、等离子体、材料科学、物理化学、生物医学工程、气象学、地球物理学、天文学、天体物理学等。

B 辑《EEA》：电气与电子工程、电路原理、微波技术、电子器件和材料、超导材料与装置、电光学、光电子学、激光技术、通讯技术、雷达、无线电、电视、声频设备、测量仪器与设备、电机与电器、发电与输配电、工业电力系统及其控制系统等。

C 辑《CCA》：模拟计算机、数字计算机、系统理论与控制论、计算机硬件及其外围设备、计算机软件及其应用、计算机在行政管理、自然科学、工程等方面的应用、自动化与控制技术等。

这三个分册，除印刷版本外，还有缩微胶片、计算机检索磁带和光盘。这套文摘出版历史悠久，内容丰富，有多种检索途径，是查找物理、电工技术、电子学、计算机与自动控制等方面文献的重要检索工具。

《科学文摘》各分册每期正文前都有"分类简目"（Summary Classification），供查大类（一级或二级）类目之用。

"分类细目"（Classification and Contents），供查详细类目（三级、四级、五级）之用；"主题指南"（Subject Guide），供从主题途径检索之用。该"主题指南"的主题词下不提供文摘号，只标明分类号，根据分类号转查"分类细目"，方可查到所需文摘号。因此它是"分类细目"的辅助索引。

《科学文摘》三个分册的正文中文摘均按"分类细目"的类目顺序编排，其摘要的著录款目和格式大体相同。如来源文献为期刊论文的文摘著录顺序均为：文摘号（年度统编）、著者姓名及其所在单位、文摘出处、内容摘要、参考文献篇数。其他性质文献的著录内容略有不同，但读者不难识别。在每一类目的末了列有与该类目相关的跨类文献题目和文献号，以扩大检索范围。

此外，在正文后附有著者索引和几种小索引：

① "引用文献目录索引"（Bibliography Index）。能被该索引收录的文献，其后面所列的参考文献必须在 30 篇以上。利用该书目索引可以一次查到大量相关参考文献，起到小型专题索引的功用，这对了解所研究课题的广泛情况很有帮助。

② "图书索引（Book Index）"，供查找新出版图书之用。

③"会议文献索引（Conference Index）"，用于查找近期召开的有关会议文献。

④"团体著者索引（Corporate Author Index）"，通过它查找某机构科技工作情况。

《科学文摘》各分册还出版有以上索引的半年度累积索引。半年度著者累积索引之后附有"引用期刊一览表（List of Journals）"。

此外，还出版有半年度"主题索引"（每期无主题索引，只有帮助查分类细目用的"主题指南"）和"多年累积主题索引"，它们是普查文献的主要检索工具。

"INSPEC 主题词表（INSPEC thesaurus）"是检索《科学文摘》的辅助词典。它帮助读者了解和正确选择主题词及其有关副主题词。

SA 的检索途径有分类途径、主题途径和著者途径，如（图2-6）所示。

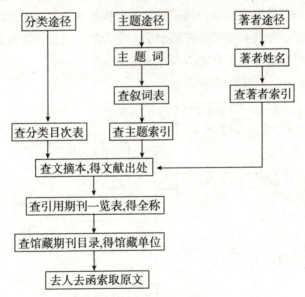

图 2-6 SA 检索途径与检索步骤示意图

2.4.5 美国《科学引文索引》

《科学引文索引》（Science Citation Index，简称 SCI）创刊于 1961 年，是美国费城的科学情报研究所（Institute for Scientific Information，简称 ISI）编辑出版的一种世界著名的多学科文献检索刊物，初始为年刊，自 1979 年起为双月刊。其出版形式包括印刷版期刊和光盘版及联机数据库，现在还发行了互联网上 Web 版数据库。

《科学引文索引》收录全世界出版的数、理、化、农、林、医、生命科学、天文、地理、环境、材料、工程技术等自然科学各学科的核心期刊约3500 种，同时还摘引了 200 多种重要的科技专著丛书。ISI 通过它严格的选刊标准和评估程序挑选刊源，而且每年略有增减，从而做到 SCI 收录的文献能全面覆盖全世界最重要和最有影响力的研究成果。

《科学引文索引》一反其他检索工具通过主题或分类途径检索文献的常规做法，而设置了独特的"引文索引（Citation Index）"。即通过先期的文献被当前文献的引用，来说明文献之间的相关性及先前文献对当前文献的影响力。SCI 每期提供引文索引、来源索引和轮排主题索引。此外还出年度累积版和五年累积版等，读者使用方便。

《科学引文索引》以上做法的特点，使得 SCI 不仅作为一部文献检索工具使用，而且成为科研评价的一种依据。科研机构被 SCI 收录的论文总量，反映整个机构的科研、尤其是基础研究的水平；个人的论文被 SCI 收录的数量及被引用次数，则可反映他的研究能力与学术水平。

SCI 的检索途径如图 2-7 所示：

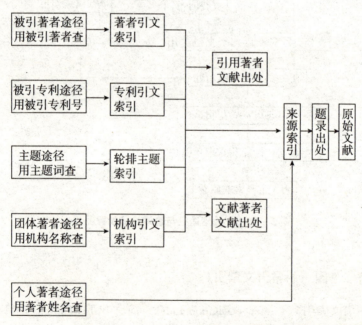

图 2-7　SCI 的检索途径和方法示意图

2.4.6　其他外文检索工具

除上述几种外文检索刊物，国外的主要检索工具还有：

美国《美国政府报告与索引》、日本《科学技术文献速报》、俄罗斯《文摘杂志》、法国《文摘通报》、《能源研究文摘》、《石油文摘》、《农业工程文摘》、《地学文摘》、《地球物理文摘》、《世界铝文摘》、《食品科学文摘》、《海洋学文摘》、《污染文摘》、《分析文摘》、美国 CAS 的《化学工业札记》、美国《国际学位论文文摘》、美国《世界会议》、《会议论文索引》、《科学技术会议录索引》、《国际标准目录》、《美国国家标准目录》、《英国国家标准目录》、《日本工业标准总目录》、美国《专利公告》、英国《世界专利索引》、美国的《医学索引》、荷兰《医学文摘》等，这些都是各个专业领域最常用的高质量的文献信息检索工具，它们中多数已有相应的联机数据库，有的还制成了光盘数据库，在世界各地发行，以供检索服务，方便用户利用。

第三章

计算机数字信息检索与搜索引擎

印刷型信息资源是传统形式的信息资源，掌握这类信息资源的使用是必须的。但目前随着计算机技术和网络技术的发展，电子信息资源以其便利的存储、阅读、传播和检索方式已越来越受到人们的喜爱。尤其在信息急剧膨胀的时代，使用电子检索工具已经成为现代人不可缺失的一种能力。

3.1　计算机数字信息检索概论

在当今信息社会里，科技人员单靠手工检索工具和方法已经很难从大量无序的信息资源里准确获取所需信息资料。因此，计算机信息检索便成为了信息检索的发展方向和主要手段。人们通过网络、计算机及数据库等，便可在办公室或者家里查找图书馆或信息机构的文献资料和其他各种信息。因此，掌握计算机信息检索技术是一种重要的学习技能。

3.1.1　计算机数字信息检索原理

计算机数字信息检索就是指人们在计算机检索网络或终端上，使用特定的检索指令、检索词和检索策略，从计算机检索系统的数据库中检索出所需要的信息，然后再由终端设备显示和打印处理的过程。为实现这种数字信息检索，必须事先将大量的原始信息加工处理，存储在各种信息载体上待用，所以计算机数字信息检索广义上讲包括信息的存储和检索两个方面。

信息存储的过程就是将所选中的一次文献进行主题分析、标引和著录，按一定格式输入计算机，构成可供机读数据库记录及文献特征标识，这相当于编制手工检索用的文摘、索引等检索工具。

信息检索则是查询的过程。用户对检索课题加以分析，明确检索范围，弄清主题概念，然后用系统语言来表示主题概念，形成检索标识及检索策略，输入到计算机进行查找。这一查找的过程实际上是计算机自动比较匹配的过程，当检索标识、检索策略与数据库中的信息特征标志及其逻辑组配关系相一致时，则属"检索命中"，即找到了符合要求的信息。检索结果可以根据用户的不同要求以适当的方式输出。

3.1.2　计算机数字信息检索特点

（1）计算机数字信息检索的优点：

①检索速度快。在以前，手工检索一个课题，需要查阅大量的工具书，有时需要几天甚至数周时间。而对于计算机检索而言，查询同样范围内的信息通常只需要几个小时甚至是几分钟时间。

②检索途径多。手工检索常见的途径通常只有主题、作者、分类等途径，而计算机检索除了有手工检索的所有途径以外，更包括了大量的手工检索工具所无法提供的途径，比如题名、文摘、甚至是全文等，文献在著录过程中的每个特征几乎都可以作为检索途径。

③更新速度快。手工检索工具多为月更新，甚至是季更新，而大多数计算机检索工县更新速度较快。除一般的单机版（光盘版）数据为月更新外，网络版数据很多都是日更新的。

④资源共享。用户可以不受时间、空间的限制，共享网络上的各种免费资源。

⑤检索方便灵活。大多数计算机都可以使用逻辑运算符组配多个检索词来进行运算，还可以使用通配符、截词检索、字段限制等。有的检索工具编制者为了方便用户，还会提供多种检索界面以满足不同级别用户的需要（如简单检索界面、专业检索界面）。

⑥结果输出直接。大多数计算机检索工具的检索结果可以提供直接选择打印、下载或者 E-mail 等形式输出，如果选择的是全文型的检索数据库，则可直接输出全文，即便是不能输出全文的，目前在一些数据库和门户网站上还可以直接通过原文传递来获取原文，从而给用户带来了极大的方便。

（2）计算机信息检索的缺点：

①检索费用高。这是因为现在有很多信息资源都是有偿服务，资源利用的范围受限制。

②文献收录不全。由于多种方面的原因，在构建数据库时不可能将某些刊物较早以前的全部卷期内容收录齐全。

③对信息检索用户要求比较高。计算机信息检索用户，心须能熟练地使用计算机，掌握计算机信息检索的策略和技术。

④检索出的结果可能与需求不相"匹配"。在计算机信息的检索过程中，由于信息资源数据库是由专业人员进行人工标引的，检索提问与文献特征标识不可能完全匹配，因而会出现很多误检或漏检等，影响检索结果。

表3-1   计算机信息检索和手工信息检索的比较

	存储方式	检索原理	检索策略	检索途径	检索技术	检索效率
手工检	印刷型	匹配	脑海中	较少	不完善	较低
计算机检	电子型	匹配	检索式	较多	完善	较高

3.1.3　计算机数字信息检索的类型

自从世界上第一台电子计算机诞生60年来，随着计算机和通信技术的发展，计算机信息检索系统大致经历了脱机检索、联机检索、光盘检索和网络检索四个阶段。

（1）脱机检索阶段

20世纪50年代末，IBM公司利用一台第二代计算机（IBM-650）成功编制出关键词索引，并建立了世界上第一个"定题情报检索"模式——SDI（selective dissemination of Information）系统，为用户提供定期的检索，并把新检索到的文献提供给用户。当时这些检索工具并不普及，用户不能直接接触到检索系统，只能通过专业的检索人员定期获得检索服务。因此这个阶段叫做"脱机检索阶段"，也称为批处理阶段。

（2）联机检索阶段

由于计算机软、硬件技术的不断提高，出现了一台主机带多个终端的联机信息检索系统，实现了不同用户在多个终端上直接与主机对活、适时进行检索的模式。联机检索是计算机信息服务走向实用化、规模化、专业化的重要手段和标志。隶属于美国的Thomson公司的Dialog系统是这个时期的一个典型，至今仍在广泛使用，是目前世界上最大的联机检索系统。它为全球大约50万家客户提供最新的企业和工业情报，包括公司、投股基金、销售、商业向导以及金融信息等，涵盖大约1400万家美国公司和跨国公司。商业期刊新闻和分析、电话调查评估、消费市场数据、法人及社团的年历和历史、新闻出版、股票份额等资讯都可以从 Dialog 中获得。由于它的检索技术发展较成熟，其核心技术将在后面的检索技术中进行详细说明。

我国的计算机信息检索虽然起步较晚，但发展速度很快。20 世纪 70 年代起，我国的学者开始着手进行计算机信息检索的研究，并积极开展国际联机检索服务。1975 年起，北京文献服务处和原机械工业部情报所等单位先后引进国外数据库，开展定题服务。1980 年，中国建筑科学院情报所等几个单位联合租用香港数据终端，首次与美国 Dialog 系统和 Orbit 系统联机，迈出了我国国际联机检索的第一步。

联机检索数据量大、效率高、更新快，用户可以和主机随时对话，浏览有关信息，还可以修改策略，主机都会及时处理，即刻回答。但由于其需要支付高昂的国际联机通讯费用，因此目前主要使用对象是高校及科研机构的查新。

（3）光盘检索阶段

光盘存储技本是 20 世纪 70 年代初发展起来的一项新技本。它将光盘作为信息存储介质，对光盘上的信息进行检索。世界上第一个商品化的光盘数据是在 1985 年 Bibliofile（美国国会图书馆机读目录）推出的，后来很多大型的数据库商都提供光盘版的数据库。比如 Ei（工程索引）、INSPEC（科学文摘）等。目前，光盘数据库的类型也在不断丰富，除了最初的书目数据库以外，还出现了文摘数据库、数值型数据库、全文数据库等，并且还有电子型、音频型、软件型和多媒体型等多种形式的数据库光盘。

由于光盘资源是在联机资源的基础之上产生的，所以光盘资源使用的各种检索软件沿承了联机系统，功能相对较成熟，命令简单，操作方便，索引体系完整，检索起来方便快捷。光盘存储数据量大，使用时需要的硬件设施简单，操作方便，数据可靠，价格低廉，受到人们的喜爱。尤其在一些通信不发达的地区，它更成为人们工作和学习极其方便的工具。

（4）网络化检索阶段

因特网为获取信息提供了前所未有的方便，它彻底打破了信息检索的区域性和局限性，人们足不出户就可以获取所需的文献及信息，而且信息形式图文并茂，有声有景。因特网的迅速发展和广泛应用，改变了计算机信息检索的方式和方法，将信息检索拓展到一个更广阔的领域。网络化信息检索系统同联机检索系统的主机和用户终端的主从关系不同，客户端和服务器是等同关系，只要遵守共同协议，一个服务器可被多个客户访问，一个客户也可以访问多个服务器。因特网（Internet）信息检索就是这个阶段的典型。

进入 20 世纪 90 年代，因特网的应用就从单纯的科学计算与数据信息传输向社会应用的各个方面扩展，图书馆、信息服务机构以及一些大型数据库商纷纷加入到因特网上，其数据内容包括生物、农业、化学、数学、天文学、气象、地理、计算机、工程技本、航空航天、文通运输、环境保护、医疗和保健、历史、法律、政治、旅游等，涉及几乎所有知识领域，为信息需求者提供各种各样的信息服务，进一步充实了网络信息资源。

3.2 计算机数字信息检索技术

计算机数字信息检索技术实质上是"匹配运算"，即用户将检索需求组织成计算机检索系统能够识别和处理的提问式，然后输入计算机运行，由计算机自动对数据库中各个文档的记录进行扫描、匹配。为了提高检索效率，计算机系统常采用一些特定运算方法，从概念相关性、位置相关性等方面对检索提问进行技术处理。计算机检索系统中的基本检索技术包括布尔逻辑和位置限制两种。

3.2.1 布尔逻辑检索技术

布尔逻辑是最基础的计算机检索技术，用它们将不同的检索词组配起来，可以正确地表达检索提问。主要有三种基本逻辑关系：逻辑"与"、逻辑"或"和逻辑"非"。

（1）逻辑"与"（and 或 ＊）

逻辑"与"用于限定概念交叉的关系，当要求多个检索词同时出现在检索结果的时候，可以用它来连接。如概念 A 和概念 B 需要逻辑与运算时，可输入 A and B 或者 A ＊ B。检索结果如图 3 － 1 所示，图中阴影部分即命中文献（同时包含 A 和 B）。

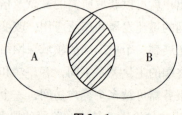

图 3 － 1

（2）逻辑"或"（or 或 +）

逻辑"或"用于表示概念并列和平行的关系，例如一个概念有时会有多个表达方式，为了把这些表达方式同时限制在一个检索表达式里，可以用逻辑或来连接。如概念 A 和概念 B 需要逻辑或运算时，可输入 A or B 或者 A + B。检索结果如图 3 – 2 所示，图中阴影部分为命中文献（既包含 A 又包含 B）。

图 3 – 2

（3）逻辑"非"（not 或 –）

逻辑"非"用于表示概念排除关系，为了限定一个检索词不出现在检索结果里，我们可以用逻辑"非"来去除这个检索词。如概念 A 和概念 B，需要 A 出现，不要 B 出现，可输入 A not B 或者 A – B。检索结果如图 3 – 3 所示，图中阴影部分为命中文献（不含有 B 的文献）。

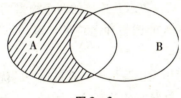

图 3 – 3

3.2.2 位置限制检索技术

位置算符检索也叫全文检索、邻近检索。所谓全文检索就是利用记录中的自然语言进行检索，词与词之间的逻辑关系通过位置算符表达，对检索词之间的相对位置进行限制。这是一种可以不依赖主题词表而直接使用自由词进行检索的技术方法。不同的检索系统其位置算符的表示方法不尽相同，常用的位置算符主要有（W）、（nW）、（N）、（nN）、（L）、（S）、（F）、（C）等。

（1）（W）与（nW）位置算符

（W）是 with 的缩写，表示其连接的两个检索词必须按序出现，中间不允许插词但允许有一空格或标点符号。（nW）是 n Words 的缩写，表示连接的两个检索词必须按序出现，中间允许插入最多 n 个词。

（2）（N）与（nN）位置算符

（N）是 near 的缩写，表示其连接的两个检索词必须相邻，词序不限，两词间不允许插词但允许有一空格或标点符号。（nN）表示两词间允许插入最多 n 个词。

（3）（L）算符

（L）是 limit Link 的缩写，表示其连接的两个检索词之间有主副（从属）关系，前者为主后者为副，可用来连接主、副标题词，它们出现在记录的规范词字段。

（4）（F）算符

（F）是 field 的缩写，表示其连接的两个检索词必须同时出现在文献记录的同一字段中，两词的词序不限，两词间插入词的数量不限。用此算符时须指定所要查找的字段如题名字段、文摘字段、叙词字段等。

（5）（S）算符

（S）是 sentence/subfield 的缩写，表示其连接的两个检索词必须同时出现在同一句子或同一子字段中，两词的词序不限，两词间插入词的数量不限。

（6）（C）算符

（C）是 citation 的缩写，表示其连接的两个检索词必须同时出现在一篇文献记录中，词序、词间插入的词数和出现的字段均不限，其作用相当于逻辑"与"。

以上所有算符的书写用大小写均可，算符执行的优先顺序是按检索词之间的关系紧密程度确定的，越紧密的关系越先执行，一般可将需要先执行的部分放在括号内。

3.2.3　截词检索

截词检索是计算机检索系统中应用非常普遍的一种技术。由于西文的构词特性，在检索中经常会遇到名词的单复数形式不一致；同一个意思的词，英美拼法不一致；词干加上不同性质的前缀和后缀就可以派生出许多意义相近的词等等。为了保证查全，就得在检索式中加上这些具有各种变化形式的相关意义的检索词，这样就会出现检索式过于冗长，输入检索词的时间太久，同时也占太多时间。截词检索就是为了解决这个问题而设计的，它既可保证不漏检，又可节约输入检索式的时间。所谓截词，就是指在检索词的适当位置截断。不同的检索系统其截词检索的表示是不同的。例如，美国 Dialog 系统用"？"表示截词符。有以下截词方式：

（1）后方截词

后方截词，也称前方一致。它是将截词符放在一串字符的后面，用以表示以相同字符串开头，而结尾不同的所有词。

后方截词又分为词尾的有限截断和词尾的无限截断两种情况。

①词尾的有限截断

相同字符串后可能变化一个字符时，则在其后使用一个"?"、空格，再加一个"?"，常用来表示检索词的单复数变化。例如用 system？？可以查出 sytem 和 systems 的文献。相同字符串后可能变化两个以上字符时，则在其后连续使用若干个"?"代替可能变化的字符。例如：？？表示两个字符，？？？表示三个字符，以此类推。

②词尾的无限截断

相同字符串后可能变化任何字符串时，则在其后使用一个"?"。这种方法可以查找出含有相同字符串的所有检索词。例如：comput? 可查出 compute，computer，computing，computation，computerisation 等等。

（2）中间截词

中间截词又称中间屏蔽，是一种用截词符屏蔽词中不同字符的方法。例如"woman"和"women"，可用"wom?n"代替；"defence"和"defense"可用"defen?e"代替。截词符具有"OR"运算符的功能，能够扩大检索范围，而且减少了输入检索词的时间，节约了时间。

3.2.4 字段限定检索

字段限定检索是指限定检索词在数据库记录中的一个或几个字段范围内查找的一种检索方法。在检索系统中，数据库设置的可供检索的字段通常有两种：表达文献主题内容特征的基本字段和表达文献外部特征的辅助字段。基本字段包括篇名、文摘、叙词、自由标引词四个字段。辅助字段包括除基本字段以外的所有字段。每个字段都有用 2 个字母表示的字段标识符。在 DIALOG 检索系统的命令检索模式中，使用字段限制检索时，基本字段用后缀表示，辅助字段用前缀表示。例如，computer and network/TI，DE 表示将检索式限定在篇名字段（TI）和叙词字段（DE）中；要查找著者 Smith D. 发表的文献，检索式可表示为 AU = Smith，D.。在多数检索系统中，如果用户不对检索式注明字段限定范围，系统会默认在篇名、文摘、叙词、自由标引词四个基本字段中检索。

3.3　搜索引擎简介

搜索引擎（search engine）是指根据一定的策略，运用特定的计算机程序搜集互联网上的信息，在对信息进行组织和处理后，并将处理后的信息显示给用户，是为用户提供检索服务的系统。是能起到信息导航作用的网络检索工具。从使用者的角度看，搜索引擎提供一个包含搜索框的页面，在搜索框输入词语，通过浏览器提交给搜索引擎后，搜索引擎就会返回跟用户输入的内容相关的信息列表。

3.3.1　搜索引擎的类型

搜索引擎按其工作方式主要可分为三种，分别是：全文搜索引擎（Full Text search engine）、目录索引类搜索引擎（search Index/Directory）和元搜索引擎（Mata search engine）。

（1）全文索引搜索引擎

全文搜索引擎是名副其实的搜索引擎，国外代表有 Google（谷歌），国内则有著名的百度搜索。它们从互联网提取各个网站的信息（以网页文字为主），建立起数据库，并能检索与用户查询条件相匹配的记录，按一定的排列顺序返回结果。

根据搜索结果来源的不同，全文搜索引擎可分为两类，一类拥有自己的检索程序（Indexer），俗称"蜘蛛"（Spider）程序或"机器人"（Robot）程序，能自建网页数据库，搜索结果直接从自身的数据库中调用，上面提到的 Google 和百度就属于此类；另一类则是租用其他搜索引擎的数据库，并按自定的格式排列搜索结果，如 Lycos 搜索引擎。

（2）目录索引

目录索引虽然有搜索功能，但严格意义上不能称为真正的搜索引擎，只是按目录分类的网站链接列表而已。用户完全可以按照分类目录找到所需要的信息，不依靠关键词（Keywords）进行查询。目录索引中最具代表性的莫过于大名鼎鼎的 Yahoo（雅虎）、Sina（新浪）分类目录搜索。

（3）元搜索引擎

元搜索引擎（META Search Engine）接受用户查询请求后，同时在多个搜索引擎上搜索，并将结果返回给用户。著名的元搜索引擎有 InfoSpace、Dog-pile、Vivisimo 等，中文元搜索引擎中具代表性的是搜星搜索引擎。在搜索结果排列方面，有的直接按来源排列搜索结果，如 Dogpile；有的则按自定的规则将结果重新排列组合，如 Vivisimo。

（4）其他非主流搜索引擎形式

①集合式搜索引擎：该搜索引擎类似元搜索引擎，区别在于它并非同时调用多个搜索引擎进行搜索，而是由用户从提供的若干搜索引擎中选择，如 Hot-Bot 在 2002 年底推出的搜索引擎。

②门户搜索引擎：AOL Search、MSN Search 等虽然提供搜索服务，但自身既没有分类目录也没有网页数据库，其搜索结果完全来自其他搜索引擎。

③免费链接列表（Free For All Links 简称 FFA）：一般只简单地滚动链接条目，少部分有简单的分类目录，不过规模要比 Yahoo 等目录索引小很多。

3.3.2　搜索引擎的组成

搜索引擎一般由搜索器、索引器、检索器和用户接口四个部分组成：

①搜索器：其功能是在互联网中漫游，发现和搜集信息；

②索引器：其功能是理解搜索器所搜索到的信息，从中抽取出索引项，用于表示文档以及生成文档库的索引表；

③检索器：其功能是根据用户的查询在索引库中快速检索文档，进行相关度评价，对将要输出的结果排序，并能按用户的查询需求合理反馈信息；

④用户接口：其作用是接纳用户查询、显示查询结果、提供个性化查询项。

3.3.3　搜索引擎的工作原理

搜索引擎起源于传统的信息全文检索理论，它通常指的是收集了互联网上几千万到几十亿个网页并对网页中的每一个文字（即关键词）进行索引，建立索引数据库的全文搜索引擎。当用户查找某个关键词的时候，所有在页面内容中包含了该关键词的网页都将被搜出来，在经过复杂的算法进行排序后，这些结果将按照与搜索关键词的相关度高低依次排列。搜索引擎必须解决如何建立索引数据库以及如何分析匹配用户的查询这两个关键问题。

搜索引擎的原理可以看做三步：从因特网上抓取网页、对网页建立索引数据库、在索引数据库中进行搜索排序。

(1) 抓取网页

利用能够从因特网上自动收集网页的 Spider 程序，自动访问因特网，并沿着任何网页中的所有 URL 爬到其他网页，重复这个程，并把爬过的所有网页收集回来。搜索引擎的 Spider 程序一般要定期重新访问所有网页（各搜索引擎的周期不同，可能是几天、几周或几个月，也可能对不同重要性的网页有不同的更新频率），更新网页索引数据库，以反映出网页文字的更新情况，增加新的网页信息，去除死链接。并根据网页文字和链接关系的变化重新排序。这样，网页的具体文字变化情况就会反映到用户查询的结果中。

(2) 处理网页

由分析索引系统程序对收集的网页进行分析，提取相关网页信息（包括网页所在 URL、编码类型、页面内容包含的所有关键词、关键词位置、生成时间、大小、与其他网页的链接），根据一定的相关度算法进行大量复杂计算，得到每一个网页针对页面文字中及超链中每一个关键词的相关度（或重要性），然后用这些相关信息建立网页索引数据库。

(3) 提供检索服务

当用户输入关键词搜索后，由搜索引擎程序从网页索引数据库中找到符合该关键词的所有相关网页，并按相关网页针对该关键词的相关度数值排序，相关度越高，排名越靠前。为了用户便于判断，除了网页标题和 URL 外，还会提供一段来自网页的摘要以及其他信息。

3.3.4　搜索引擎的影响

(1) 搜索引擎给网吧行业带来的影响

走进网吧，不难发现各个网吧内的电脑浏览器首页或工具条上都会有 Google 或百度的标志。百度甚至还推出了网吧联盟，可见搜索引擎们对网吧行业都格外的青睐。现在我们常用的搜索引擎无非就是百度和 Google 两种。从百度方面来看，百度联盟可以算是目前唯一一个能够覆盖所有网吧并和几乎所有主流网吧软件缔结合作关系的媒体运营平台。而 Google 方面也不甘示弱，Google 已经注意到了网吧市场，网吧已经成为了谷歌的新型合作伙伴。网吧的首页和工具条上都会出现谷歌的标志，相应地会给 Google 带去流量。Google 对网吧市场的关注，表明 Google 注意到网吧作为中国互联网市场的特色之一。由于我国 PC 拥有量远落后于美国等西方国家，网吧作为网民主要上网地点的比例逐年在上升，我国网民在网吧上网的比例偏高。据 CNNIC 第 20 次中国互联网络发展状况统计报告显示，超过 1/3 （37.2%）的网民表示经常去网吧上网，比 2006 年 12 月的 32.3% 高了 5 个百分点，第一次超过读者在工作单位上网的比例而成为第二大上网场所。

（2）搜索引擎对网站的影响

一个网站的命脉就是流量，而网站的流量可以分为两类。一类是自然流量，一类就是通过搜索引擎而来的流量。如果搜索引擎能够更多更有效的抓取网站内容，那么对于网站的好处是不言而喻的。所以，SEO（搜索引擎优化 Search Engine Optimization）也应运而生了。

在两大搜索引擎的工作中，百度的工作周期相对来说比 Google 短一些，百度大约在 10 天左右重新访问网站一次，Google 大约在 15 天左右重新访问一次网站。由于一天之内不能游历全球所有的网站，所以在推广网站时，能到其他更多的网站上提交相应的信息，也是加快蜘蛛收录网站内容的重要环节。

3.3.5　搜索引擎作用

搜索引擎是网站建设中针对"用户使用网站的便利性"所提供的必要功能，同时也是"研究网站用户行为的一个有效工具"。高效的站内检索可以让用户快速准确地找到目标信息，从而更有效地促进产品或服务的销售，而且通过对网站访问者搜索行为的深度分析，对于进一步制定更为有效的网络营销策略具有重要价值。

（1）从网络营销的环境看，搜索引擎营销的环境发展为网络营销的推动起到举足轻重的作用。

（2）从效果营销看，很多公司之所以可以应用网络营销是利用了搜索引擎营销。

（3）就完整型电子商务概念组成部分来看，网络营销是其中最重要的组成部分，是向终端客户传递信息的重要环节。

3.4　常用的搜索引擎及应用

有人说，会搜索才叫会上网。可见搜索引擎在我们日常生活中的地位已是举足轻重。为了使读者能更好地利用好搜索引擎，下面对一些常用的中外文搜索引擎略作介绍。

3.4.1 常用的英文搜索引擎

（1）Google

Google（http：//www.google.com）是全球最受欢迎的搜索引擎，使用一种自创的称为 PageRank（网页级别）技术来索引网页。索引是由程序"Googlebot"执行的，它会定期地请求访问已知的网页新拷贝。页面更新愈快，Googlebot 访问的也愈多。再通过在这些已知网页上的链接来发现新页面，并加入到数据库。索引数据库和网页缓存大小是以兆兆字节（terabyte）来衡量的。A culture has grown around the very popular search engine and the word to Google has come to mean，"to search for something on Google."

由于 Google 已经成为最流行的搜索引擎之一，很多网站管理员十分热衷于跟踪他们网站的排名，并试图解释他们排名变化的原因。因此，现在已有不少网站提供服务，意图在一些高流量的讨论区内刻意加入商业网站的链接，从而使该网站在 Google 的排名提高。这种"发明"虽然的确有一定成效，但这种收取客户金钱，在第三者的讨论区上大卖广告，一方面对讨论区的读者造成困扰，也侵害了讨论区的商业利益；而这种做法也明显违反了商业道德。Google 已将大量先前的测试服务整合为搜索功能的一部分（如 Google 计算器）。在 Google 中搜索 what is the answer to life, the universe and everything?（什么是生命、宇宙以及所有一切事物的答案?）将会得到智能化的搜索结果 42。（这是著名科幻小说《银河系漫游指南》的情节，被释义为是人工智能达到一定高度的表现，即机器能释读人类的语言。）

在 Google 的产品中，Google 工具栏、Google 地图、Google 学术搜索等是比较好的，也普遍为大家所用。特别是利用 Google 的高级检索功能，可以获得我们在其他地方无法获取的一些外文文献。

（2）Yahoo

Yahoo（http：//www.yahoo.com）是国际两大顶级网页搜索引擎之一，也是全球使用率最高的搜索引擎之一，具有全球第一的海量数据库，拥有索引全球 190 亿网页（其中包括 20 亿中文网页）的全球最大搜索引擎、索引 20 亿图片的全球最大的图片搜索引擎、索引 2000 万音乐文档的全球最大音乐搜索引擎。

为了向用户提供更好的搜索体验，在过去的两年中，雅虎公司动用 26 亿美金收购了可与 Google 匹敌的五家国际知名搜索服务商：Inktomi、Overtune（全球最大搜索广告商务提供商）、Fast、AltaVista、Kelkoo（欧洲第一大竞价网站）等五家国际知名搜索服务商，用一年多时间打造出独特的雅虎搜索技术（YST 技术）；在美国，有 400 余名由雅虎资深工程师组成的开发团队在进行 YST 的核心技术开发。

为好更好的服务中国用户，阿里巴巴雅虎已将 2000 余台的全球中文服务器群迁至中国，到 2006 年底，总共有 5000 台全球中文服务器群迁至中国。同时，在中国和美国，有近 200 名华人资深工程师对雅虎搜索进行本土化的技术改造。此举将保证中国用户享受到最精确、最便捷、最稳定的搜索服务。

① Yahoo 产品

【网页搜索】中国最大的网页搜索引擎，可以搜索全球 190 亿网页，20 亿中文网页，支持 38 种语言。雅虎搜索网页搜索支持按照时间筛选结果，支持 Doc、PPT、PDF 等多种特殊格式文档检索，同时提供站内检索、网页快照、英译汉等多种特殊服务。

【图片搜索】全球最大图片搜索引擎，可搜索全球 20 亿图片，并以每月几十万的速度增长，目前由"中文图库"和"全球图库"两部分数据库组成。

"中文图库"主要索引中文网站图片，目前拥有 2 亿中文图库；"全球图库"索引的图片来自互联网其他语种网站。

雅虎搜索独有"翻译后搜索"功能：用户输入中文后，能根据用户选择将中文翻译为英文，在"全球图库"中搜索相应图片。

【音乐搜索】中国最大音乐搜索引擎，可搜索到全球 2000 万音乐文档，能够根据用户选择进行 MP3、RM、WMA、SWF 等多种格式的多媒体文档搜索。

【资讯搜索】雅虎资讯搜索提供新闻全文搜索和资讯标题搜索，并在原有产品基础之上，进一步推出向读者提供个性化定制服务的功能。用户可以定制自己感兴趣事件或人物的关键字，自行安排访问到的雅虎资讯搜索页面的内容，从而使用户更方便、更有目的查看自己感兴趣的资讯。

雅虎资讯搜索提供的新闻浏览方式不同于传统门户网站提供的新闻服务，是利用强大的搜索引擎技术，对网上的新闻信息进行自动化的编辑和处理后呈现给读者的。其巨大的信息量、快速更新的特点都是传统门户网站所不能比拟的。

【雅虎搜索社区】雅虎搜索社区为读者提供一个表达和交流思想的自由网络空间。每天有无数新的思想和新的话题产生，每一个在雅虎搜索里面搜索信息的人都可以在部落里面找到与自己兴趣相同的人进行交流，可以了解到其他搜索引擎找不到的信息。

【地址栏搜索】雅虎的这种搜索，是最简单有效的搜索服务，用户不必访问搜索网站，只要直接在浏览器地址栏中输入关键词即可直达网站或搜索信息。地址栏搜索，因为服务方式的简单有效，拥有巨大的使用量，是最受中国读者欢迎的搜索服务之一。

②强大的上网必备工具——雅虎助手

"雅虎助手"是雅虎中国推出的免费互联网工具软件，它集成了搜索、IE修复、安全防护、清理痕迹、优化加速、广告拦截、插件拦截、免费杀毒等功能，全面满足用户搜索、保护上网安全和系统方面的需求。

"雅虎助手"深受用户喜爱，成为70%中国读者选用的上网必备工具软件。雅虎助手网站（http：//cn. zs. yahoo. com）的日浏览量达到千万级。2005年9月，"雅虎助手"推出超强搜索和免费杀毒功能，为用户提供更完备的上网辅助工具。

（3）Windows Live Search

Windows Live Search（http：//search. live. com/）是 MSN Search 的下一代产品，可提供包括新闻、电子邮件、MSN 消费站点在内的各种查询信息。Windows Live Search 是 Window Live 系列产品之一。在中国，2006 年9月前用户更多使用的是 MSN Search，微软公司的 MSN Search 在几大搜索巨头的激烈竞争中始终市场乏力，于是推出全新的 Live Search 试图扭转搜索市场局面。

Windows Live Search 包括了浏览器搜索工具和内嵌的 RSS 阅读工具。Live Search 包含了新的检索方式，比如可以区分用户在搜索"Jaguar"这个词时究竟是想要找美洲虎、美洲虎轿车还是苹果操作系统；搜索引擎还对图像搜索作了改善。同时，公司还将在美国和英国正式推广本地搜索服务。

Windows Live Search 采用了全新的用户界面，与整个"Live"系列的风格相符，该用户界面是微软综合终端用户的意见和建议后修改而成的。Windows Live Search 的主页设计，使得用户在浏览时很容易找到他们希望看到的内容。

（4）Ask Jeeves

Ask Jeeves（http：//www. askjeeves. com）是网络搜索技术提供商，用权威、快捷的方式为用户提供日常搜索的相关信息。他们致力于将互联网人性化，使其更加方便、直观地为人们找到所需的信息、产品和服务，并协助公司企业更好地获得并保持最大化在线交易值。由于 Ask Jeeves 集合了最好的分类搜索技术，它针对人们的问题、所查询关键词可以搜索到最相关的答案。Ask

Jeeves 关键词的联合推广，即公司的联合广告服务，也是广告主获得大量高质量目标客户的有效工具。

（5）AllTheWeb

AllTheWeb（http：//www. alltheweb. com）是当今成长最快的搜索引擎，目前支持 225 种文件格式搜索，其数据库已存有 49 种语言的 31 亿个 Web 文件。而且以其更新速度快、搜索精度高而受到广泛关注，被认为是 Google 强有力的竞争对手。AllTheWeb 属于全文搜索引擎。目前提供常规搜索、高级搜索和主题搜索功能。

常规搜索支持普通关键词搜索，以及 +、-、括号（　）等逻辑命令符号，分别对应 AND、NOT、OR 等布尔逻辑命令，并且可使用引号 "" 进行精确匹配搜索（此功能也可通过点选搜索框右侧的 "Exact Phrase" 实现）。此外，AllTheWeb 引擎还支持以下特殊搜索命令：

url. tld：domain 比如 "url. tld：cn" 为限定查找顶级域名后缀带 ".cn"（中国）的网页资料。而 "url. tld：com" 则是查找域名后缀为 ".com" 的商业网站资料。

link. all：URLtext 查找链接到某网页的其他网页。如 "link. all：www. se-express. com" 将搜索指向搜索引擎直通车主页的其他网页。

normal. title：text 搜索网页标题中含有某些特定文字的网页。比如 "normal. title：搜索引擎" 即为查找所有标题中含 "搜索引擎" 字样的网页。

url. all：text 查询 URL 中含某些特定文字的网页。例如搜索引擎直通车某一网页的 URL 为："www. se-express. com/about/fast-alltheweb. htm"，那么在输入 "url. all：alltheweb" 时，就可以直接找到这张网页。

normal. titlehead：text 搜索标题或 HTML 代码〈head〉〈/head〉之间包含某些特定文字的网页

url. domain：text 查找域名中包含某些特定文字的网页。

link. extension：text 例如 "link. extension：jpg" 可查找含 ".jpg" 后缀图象文件的网页。

高级搜索提供限定语言、关键词过滤、域名过滤、IP 地址过滤和指定网页大小等高级搜索功能，方便用户进行更精确的查询。尤其值得一提的是 AllTheWeb 允许按更新时间查询网页，这一功能甚至连 Google 也没有。

主题搜索包括新闻搜索、FTP 文件搜索、图象搜索、视频文件搜索、Macromedia Flash 搜索和 MP3 搜索。

（6）AltaVist

AltaVista（http：//www.altavista.com）"AltaVista"这名称代表"从高处望下"，Altavista 是全球最知名的网上搜寻引擎公司之一，同时提供搜寻引擎后台技术支持等相关产品。AltaVista 是功能全面的搜索引擎，曾经名噪一时，但现在其地位已被 Google 取代。即便如此，它仍被认为是功能最完善、搜索精度已达业界领先水平的全文搜索引擎之一。

AltaVista 提供常规搜索、高级搜索和主题搜索，主题包括图像（Images）、MP3/Audio & Video 等。高级搜索提供用户以日期、语种、布尔逻辑和近似条件搜索。常规及高级搜索均允许针对 Title、URL 或特定的域名进行检索。用户还可以在定制的搜索条件（包括 Title、URL、Host、Links < 如 anchor、applet、image 和 text > 等）输入框中填入文字，以此为条件进行搜索。

AltaVista 允许以 25 种不同的语言进行搜索，并提供英、法、德、意、葡萄牙、西班牙语双向翻译。其他特色服务包括重大新闻（发生于 6 小时至 14 天之间），新闻组及购物查询。

搜索规则：进行精确匹配查询时可使用""号，但多数时候即使不用""号，AltaVista 也默认以精确匹配方式查询；不支持自动断词查询，但允许使用通配符"＊"。区分字母大小写。当以大写字母查询时，默认为精确匹配，即查询结果不包括小写的关键词；而以小写字母查询时，则同时查找大写和小写。

3.4.2　常用的中文搜索引擎

（1）百度（Baidu）

百度（www.baidu.com）是全球最大的中文搜索引擎、最大的中文网站。2000 年 1 月创立于北京中关村。百度以自身的核心技术"超链分析"为基础提供的搜索服务体验赢得了广大用户的喜爱；超链分析就是通过分析链接网站的多少来评价被链接的网站质量，这保证了用户在百度搜索时，越受用户欢迎的内容排名越靠前。

百度拥有全球最大的中文网页库，目前收录中文网页已超过 20 亿，这些网页的数量每天正以千万级的速度在增长；同时，百度在中国各地分布有服务器，能直接从最近的服务器上把所搜索信息返回给当地用户，使用户享受极快的搜索传输速度。百度每天处理来自超过 138 个国家超过数亿次的搜索请求，每天有超过 7 万用户将百度设为首页，用户通过百度搜索引擎可以搜到世界上最新最全的中文信息。2004 年起，"有问题，百度一下"在中国开始风行，百度成为搜索的代名词。

百度还为各类企业提供软件、竞价排名以及关联广告等服务，为企业提供一个获得潜在消费者的营销平台，并为大型企业和政府机构提供海量信息检索与管理方案。

（2）中国搜索

中搜（http：//www. zhongsou. com）是国内优秀的搜索引擎公司。自2002年正式进入中文搜索引擎市场以来，它取得了一系列令人瞩目的成绩，发展成为了全球著名的中文搜索引擎公司。它拥有全球领先的中文搜索引擎技术，先后被新浪、搜狐、网易、TOM 四大门户，以及 1400 多家联盟成员网站所采用，每天有数千万次的搜索服务是通过中搜的技术实现的。与一般的搜索引擎相比，中搜具有网页覆盖率高、数据更新快、支持中文模糊查询、强大的个性化查询、智能查询、内容相关性分析、便利的专业信息查询等优势，被公认为第三代智能搜索引擎的代表。

（3）天网搜索

天网搜索（http：//www. tianwang. com）前身是北大天网（http：//e. pku. edu. cn）。北大天网由北京大学网络实验室研究开发，是国家重点科技攻关项目"中文编码和分布式中英文信息发现"的研究成果。北大天网于1997 年 10 月 29 日正式在 CERNET 上向广大互联网用户提供 Web 信息搜索及导航服务，是国内第一个基于网页索引搜索的搜索引擎。北大天网见证了中国互联网和中文搜索引擎发展的历史并参与其中，它是国内中文搜索领域的一面旗帜！

目前，天网搜索已经建成了一个以索引搜索为基础应用，以个性化搜索和专业搜索为辅助应用的综合搜索平台。天网搜索引擎维护的文档数量达到 6 亿之多，并正在以平均每月 1000 万页文档的数量扩大着规模。天网搜索的中文文档数量超过 4 亿，其中包括 html、txt、pdf、doc、ps、ppt 等多种类型的文档和最底层的接资源。

（4）搜搜

SOSO 搜索（http：//www. soso. com）是腾讯旗下的搜索网站，是腾讯主要的业务单元之一。网站于 2006 年 3 月正式发布并开始运营。

搜搜目前主要包括网页搜索、综合搜索、图片搜索、音乐搜索、论坛搜索、搜吧等 16 项产品，通过互联网信息的及时获取和主动呈现，为广大用户提供实用和便利的搜索服务。用户既可以使用网页、音乐、图片等搜索功能寻找海量的内容信息，也可以通过搜吧、论坛等产品表达和交流思想。搜搜旗下的问问产品将为用户提供更广阔的信息及知识分享平台。使用搜搜非常简单，只需在搜索框内输入需要关键词，直接敲回车键，或者用鼠标点击"搜搜"按钮即可。

（5）搜狗

sogou 搜索（www. sogou. com）是搜狐公司于 2004 年 8 月 3 日推出的全球首个第三代互动式中文搜索引擎，它以搜索技术为核心，致力于中文互联网信息的深度挖掘，帮助中国上亿读者加快信息获取速度，为用户创造价值。

搜狗的产品现包括了网页应用和桌面应用两大部分。网页应用以网页搜索为核心，在音乐、图片、新闻、地图领域提供垂直搜索服务，通过说吧建立用户间的搜索型社区；桌面应用则旨在提升用户的使用体验：搜狗工具条帮助用户快速启动搜索，拼音输入法帮助用户更快速地输入，PXP 加速引擎帮助用户更流畅地享受在线音、视频直播、点播服务。

3.4.3　搜索引擎的搜索技巧

互联网是一个宝库，搜索引擎是打开宝库的一把钥匙。然而，有调查结果显示，约有 71% 的人对搜索的结果感到不同程度的失望。究竟是搜索引擎不好用，还是用户使用不恰当？通过互联网获取信息，如何避免在浩瀚的互联网海洋中迷失方向，如何准确而又快速地找到自己所需要的信息，掌握一些基本的网上搜索策略和搜索技巧是必需的。

（1）制定有效的搜索策略

任何一个信息的搜索过程中，首先得要考虑搜索策略。搜索策略就是计划如何寻找自己所需要的信息，是指为实现搜索目标而制定的全盘计划或方案，是对整个搜索过程的谋划与指导。对搜索策略考虑得越周详，所做的搜索就会越成功。养成每次搜索前都要认真拟定搜索策略，考虑每一个搜索要点的良好搜索习惯。这样才能在发现更多的信息来源、找到更多相关信息、提高搜索效率的同时节省时间。

一次有效的信息搜索策略，应由以下几个过程组成：

① 明确搜索目标

得到什么答案取决于怎么提问，搜索策略的第一步永远是确定需要什么样的信息来解决问题。在正式搜索之前，你要确信自己理解的问题、确信理解了自己所要找信息的背景。要知道最少需要什么信息才足够解决问题；是要找某种特定信息，还是某主题相关的全部信息。

② 选择合适的搜索工具

一个优秀的信息工作者，脑海里都有一个互联网信息分布图。什么地方有你需要的信息，在搜索之前先思考。如果有，会可能在哪里？是什么样子？网页上会含有哪些关键字？有时候可能根本就用不着在搜索引擎里面搜索。比如要找个公司的电话，打个 114 查询的速度会比搜索引擎快得多；有些问题可能很难用合适的关键字描述，或者不能直接用搜索引擎搜到，这时可以尝试找个精通这个问题的朋友来问问或者是跑一趟附近的图书馆查找就会好得多。只有在确信需要的信息适合通过搜索引擎在网上检索之后，得到满意结果的概率才会大增。

现在互联网上大大小小的搜索引擎大约有几百个，而且每个都声称自己是最好的。如果没有为每次搜索分别选择正确的搜索工具，将会浪费掉大量的时间。在分析你的需求后比较不同搜索引擎的强项和弱点，然后再为这次搜索选择百度还是 Google 来作为最合适的搜索工具。那么什么样的搜索工具才称得上恰当呢？一般来说有以下几条判断标准：

【快速】查询速度当然是搜索引擎的重要指标，优秀的搜索工具内部应该有一个含时间变量的数据库，能保证所查询的信息都是最新和最全面的。

【准确】准确性高是我们使用搜索引擎的宗旨，好的搜索引擎内部应该含有一个相当准确的搜索程序，搜索精度高，查到的信息总能与要求相符。

【易用】易用也是我们选择搜索引擎的参考标准之一，一个搜索引擎是否能搜索整个互联网，搜索结果出来之后，能否改变描述的长短或者改变显示结果页面的数量，能否实现这些功能，应该是选择搜索引擎的重要考虑因素。

【强劲】理想的搜索引擎应该既有简单查询的能力，也有高级搜索的功能。高级查询最好是图形界面，并带有选项功能的下拉菜单，可以使用像 and（或"&"或空格）、or（或"｜"）、not（或"！"）以及"（　）"等操作符来连接词或词组，这样可以缩小搜索范围，甚至可以限定日期、位置、数据类型等。

③ 制定搜索的检索式

在确定了所需要的信息后，还要确定哪些词可能被用来描述这些信息，所要查找信息的主题。如果因特网上有网页含有要查找的内容，该网页上可能用到哪些特征词汇，通常在搜索引擎中输入关键词搜索。但有时也会输入一些搜索语法或特别限制，这些关键词和搜索语法或其他限制结合在一起，就组成了检索式。检索式是搜索过程中用来表达搜索提问的一种逻辑运算式，又称检索表达式或检索提问式。它由关键词和搜索引擎允许使用的各种运算符组合而成，是搜索策略的具体体现，可以认为检索式就是输入搜索引擎搜索框中的文字和符号。能否迅速设计出最佳检索式，取决于使用者对搜索工具的了解以及对所找信息主题背景信息的了解。人不可能无所不知，所以在搜索的过程中不断积累关键词的选择技巧，根据一次搜索的结果，不断修正自己的关键词选择，最终才能使搜索选择的关键词都恰到好处，找到想要的信息。

【选择具体的关键词】应当避免拿含义宽泛的一般性词语作为关键词，比如想查找去长城旅游的信息，"长城一日游"就是比"旅游"更好的关键词。

【使用多个关键词组合】当发现搜索结果中存在很多无关信息的时候，可以尝试增加关键词来过滤掉无关的结果。比如位于武汉的读者搜索"同城快递"的时候可能出现很多地方的快递服务，但是您搜索"武汉同城快递"，结果就非常好了。

【避免使用无意义的虚词】去掉关键词中疑问词、连词、叹词、助词、语气词等无意义的虚词，有助于提高检索质量。比如"怎么样给金鱼换水"的检索质量就不如"金鱼换水"。

④根据结果逐步调整搜索

搜索不是一蹴而就的，经常是一种多步骤、逐步接近目标的过程。从每次返回的搜索结果中提炼出更有效的关键词和搜索需求，不断地调整关键词和搜索目标，比如把目标调整为搜索某问题的背景信息而不是直接搜索问题答案。

⑤分析搜索结果

搜索的结果通常只是文字信息，不能保证其描述的信息真实和准确，与真实永远不能划等号。只有对检索出来的结果经过分析、判断、评估之后才可能成为有价值的信息。

在搜索的过程中，检索策略不是一成不变的，应随所使用的搜索工具与外界环境的变化也应该作相应的调整。在重新了解所关心的主题信息以后，可能必须尝试使用更多的搜索工具和摸索最适合自己的搜索策略。在搜索、总结、再搜索、再总结的过程中完成信息检索。

（2）百度搜索引擎的检索技巧

每一种搜索引擎都有一定的检索方法提供给用户来查询一些特定的信息，虽然有一些方法比较通用，但是不同的搜索引擎的检索策略和实现方式也有所区别。

① 百度的关键词搜索技巧及析疑

百度搜索引擎的逻辑检索规则为：a. 两个关键词之间有空格，便为"逻辑与"关系：两词同时出现的记录便被命中；b. "逻辑或"功能：可用"A

｜B"来搜索"包含 A，或包含 B，或者同时包含 A 和 B"的网页；c. 两个关键词之间用减号（前面空一格）连接，可实现"逻辑非"功能：命中记录中不含减号后的关键词。

搜索引擎一般采用按相关度来对检索结果进行排序，与检索词相关度大的命中记录排在前，这样便于挑选内容相关的网页，又可放心地排除后面无关的记录。通常搜索引擎命中量都比较大，以此可提高浏览、筛选命中记录时的工作效率。

【举例】：查找"关于时间的名人名言"方面的资料

早先的百度搜索引擎不能很好地处理自然语言，而初学者则往往习惯于用长段的自然语言作为查询词语，意图完整地表达搜索主题内容，但这样会限制过严，效果通常不好。近来随着百度自动分词的检索功能增强，上述检索方式的效果才有所改善。

然而，若要进一步提高检索效果，应该采用能表达检索概念的关键词来搜索的方式。为此，在百度帮助文件"搜索技巧"处的"成为搜索高手"中指出：最好的查询词，应该是"时间名言"。当用"时间名言"进行搜索时，命中的相关信息明显增加。

检索分析：众所周知，出自于名人之口的经典之句，才能称之为名言。因此，作为检索词，使用"名言"即可，没有必要加上"名人"，这种不必要的限定，会造成漏检，影响检索效果（因为网页中的相关表达，还有其他多种形式：时间的名言、伟人名言——时间篇、名言警句之时间篇、格言名言、时间与才干、外国教育名言（时间）、珍惜时间的名言警句等等）。

因此，同样的道理，"时间名言"也不算好的检索用词，"名言"之前加上"时间"，也是一种人为的、不必要的限定，这是不合理的字面组配。

"名言"和"时间"均是完整、独立的概念，它们之间应是"逻辑与"的组配关系，这才符合主题概念的逻辑，才能够恰当地表达检索项目的实质内容。

基于上述分析，再使用检索式"时间 名言"搜索，其查全率显著提高；由于检索命中量较大，因此对本例来说，实际上较理想的检索提问式应为：title：（时间 名言），即，将"时间 名言"的搜索限定在网页标题（title）中，在保证合理的查全率的基础上，其查准率可大大地提高，效果良好。

② 如何搜索因特网上的中文专业文献

【举例】：搜索"企业管理与人文精神"方面的研究文章

检索策略 1：专业人员通常都难以全面地列举表达检索概念的各种相关词

（也不明白其中的道理），这是造成众多信息检索效果不佳的主要原因。

对本课题，我们可采用如下方式选取相关词：先用检索式"企业管理 人文精神"进行初步搜索，系统显示：找到相关网页约95，400篇。

然后逐篇浏览前面的部分命中记录，结果又发现了相关词"人文关怀、人文文化"。因此，将检索式修改成"企业管理（人文精神｜人文关怀｜人文文化）"，以扩大搜索面，检索结果提示"找到相关网页约408，000篇"，其查全率得到大幅提升。

检索策略2：如果需要高查准率，可使用"title：（企业管理 人文）"在网页标题中搜索，其结果为：找到相关网页13，600篇。

若要适当兼顾查准率和其查全率，应作如下考虑：在企业中倡导人文精神，其中就是要实行人性化管理，所谓"管理"这个概念已被隐含了。因此可以简化检索标目，在保证较高查准率的基础上，同时提高查全率；故调整检索式为"title：（企业 人文）"，找到相关网页约57，800篇。

检索策略3：百度的专家在其帮助文件"成为搜索高手"中提出，检索论文，应使用"摘要"、"关键词"之类的所谓特征词，并举例示范。众多专业人员竞相效仿，其影响甚广。

为了验证该方法的效果，再用"摘要 关键词 title：（企业 人文）"搜索，找到相关网页194篇；然而，系统却提示："为了提供最相关的结果，我们省略了一些内容相似的条目……"结果只显示了十几条记录。由此可见，增加了限定检索词"摘要"、"关键词"后，其查全率大幅降低。

又修改检索式为"摘要 关键词 企业管理（人文精神｜人文关怀｜人文文化）"，找到相关网页约13，600篇。因"摘要"、"关键词"的限定作用，其命中量仅为原检索式的1/30。

③分析与小结

通过浏览、分析以上的检索结果得知，在依次的3种检索策略中，检索式"企业管理（人文精神｜人文关怀｜人文文化）"是进行全记录搜索，检索范围宽，查全率最高。

而检索式"title：（企业 人文）"简洁明了，有较高的查准率，其查全率也有一定的保障。

然而，"检索策略3"中的2个检索式的效果不佳。虽然检索式"摘要 关键词 企业管理（人文精神｜人文关怀｜人文文化）"也命中了一些记录，但在检索结果中，有些是单位、个人的文章摘录汇总，或是论文集题录等，只不过其中出现了"摘要"和"关键词"字样而已；其查全率大幅降低，查准率却没有提高。

目前中文的专业文献免费上网的并不多，而且国内不少非学术类刊物（如：综合类、技术类、科普类等）的文章和个人在因特网上发布的大多数文章，往往没有摘要和关键词。因此，出于对查全率的考虑，搜索因特网上的中文专业文献，一般还是不要添加"摘要"和"关键词"作为限定检索词为好。

（3）Google 搜索引擎的检索技巧

Google 信息资源丰富、数据内容广泛，它搜集了全球范围内的 4 亿多张图片、30 多亿网页及网页快照。其功能强大、技术先进、搜索结果精确，是当今最优秀、最受欢迎的搜索引擎，并获数十项业界大奖。Google 将其网上搜索技术许可证颁发给 30 多个国家和地区，全世界 80% 的因特网搜索是利用 Google 或采用 Google 技术的网站来完成的。

① Google 常用的检索算符和检索规则有以下几种：

Google 搜索引擎的逻辑检索规则为：

a. 关键词之间加空格，系统自动默认为"逻辑与"的关系；

b. "逻辑或"算符，用大写的"OR"表示。

c. "逻辑非"算符，用减号"－"表示，使用时，减号之前必须留一空格。

e. 将多个词语用英文双引号括起来，可进行短语搜索。Google 将"－"、"\"、"."、"＝"和"…"等标点符号默认为短语连接符。

f. Google 可使用"全词通配符"（full-word wildcard）取代某个单词（而不是单词中的一个或几个字母），其全词通配符号用"＊"表示，一次检索可以同时使用若干个。在英文短语搜索中，它可减少单词输入量。在中文短语搜索中，还可用一个全词通配符"＊"来代替一个汉字。

② 搜索举例

【例 1】：希望了解有关"腰椎间盘损伤"方面的信息该病症包括腰椎间盘突出、腰椎间盘脱出、腰椎间盘膨出；另外常用的表述还有"椎间盘突出、腰椎间盘突出症、椎间盘脱出、腰椎间盘脱出症、椎间盘膨出、腰椎间盘膨出症"等多种形式。为了全面表达上述各相关词，采用"椎间盘＊出"形式对简体中文网页进行搜索，系统显示的检索结果如下：

简体中文网页中，约有 **111，000** 项符合"**椎间盘＊出**"的查询结果。

通过浏览检索结果，果然命中了上述一些不同的表达方式。为了验证 Google 全词通配符的功能，又使用检索词"椎间盘突出"以同样方式进行搜索：

简体中文网页中，约有**170，000**项符合"椎间盘突出"的查询结果。

令人意外的是，"椎间盘*出"截词搜索的结果居然小于单个检索词"椎间盘突出"命中的记录，由此可见，Google全词通配符的中文截词检索功能存在缺陷。即便如此，在查全率不是要求很高的情况下，采用本例这种用全词通配符来表达众多相关词的方式，还是很省心省力的。

【例2】：搜索"企业管理与人文精神"方面的文章

检索策略1：参考前面的检索策略，决定使用"人文精神 OR 人文关怀 OR 人文文化"和"企业管理"进行"逻辑与"组配搜索，其结果如下：

约**15，600**项符合 **人文精神 OR 人文关怀 OR 人文文化** "企业管理"的查询结果。

在此列举其中前10条记录条目（网页标题）：

a. 企业管理要体现人文关怀——中国求职指南网

b. 管理资料——中国企业天地网）——企业管理

c. 管理者，展示出你的人文关怀

d. 企业文化与人文精神（学者论学问）

e. 人文关怀与社会发展计划［繁体］

f. 1999 年 09 月 15 日 思辨录的思辨十年来，我始终思考企业与人……。

g. 争鸣：战略缺失还是管理迷失？企业管理教程——企业管理资讯

h. 论企业管理制度的软化——中国烟草在线

i. 管理人格化——企业管理新境界

j. EAPs："以人为本"职场的人文关怀—培训—人力资源—人力资源管理

检索策略2：将"企业"和"人文"进行"逻辑与"组配，并指定在网页标题中搜索：

约有**318**项符合 **all in title**：企业 人文 的查询结果

在此列举其中前10条记录条目：

a. CSDN—从任正非的《华为的冬天》看企业人文管理

b. 用企业人文发展循环经济—宏观经济——中国经济网

c. 从任正非的《华为的冬天》看企业人文管理—业界—经营与管理——新浪网

d. 从《华为的冬天》看企业人文管理过冬——科贸电子商城

e. 企业经营管理中的人文思考——管理新视野第 132 期

f. 从任正非《华为的冬天》看企业人文管理

g. 企业文化与人文精神（学者论学问）

h. 何崇辉马必文：企业文化与人文精神——中国企业文化国际论坛——南方网

i. 企业文化与人文精神

j. 人民网——西部企业呼唤良好的法治和人文环境

检索策略3：用"摘要"和"关键词"作检索词，进行限定搜索：

约有 **234** 项符合 **摘要 关键词 企业管理 人文精神 OR 人文关怀 OR 人文文化** 的查询结果

在此列举其中前 10 条记录条目：

a. 《华东师范大学学报》哲社版

b. 论华夏管理模式及其核心价值观芮明杰教授工作单位：复旦大学。

c. 试论企业管理中激励问题

d. 论西部大开发中的人文环境建设

e. 近300多年的世界历史告诫我们，在所有国家，工业化程度决定社会的发展。

f. 论我国民营企业管理模式及其体制创新

g. 卓达太阳城造城启示

h. 21世纪中国发展的新道路——"人文经济"的设想

i. 后勤研究

j. 管理沟通——构架起企业 HR 管理激励机制的高架桥

③分析与小结：

通过浏览、分析以上的检索结果，我们可以发现，对同一个中文检索项目，采用相同的检索策略，利用同样的检索途经，Google 搜索引擎的检索效果要好于百度搜索引擎（主要体现在查准率方面）。这是因为 Google 搜索引擎的功能和中文数据库质量均要超过百度搜索引擎的结果。Google 借助于先进的网页评级软件，它将网页级别与文本匹配命中的词频综合加以考虑，其检索结果排序所依据的相关度更为科学合理。

当然，Google 搜索引擎也不是完美无缺的。除了其全词通配符的中文截词功能存在缺陷外，它的"逻辑或"检索功能也会偶尔出些小意外，如下列两次搜索的结果就有不合理之处（两个词的"逻辑或"检索结果，还不如其中一个词搜索的多）：

约有 **17** 项符合 **all in title：z 模糊决策 OR 模糊语言值** 的查询结果

约有 **19** 项符合 **all in title："模糊决策"** 的查询结果

【注意】：以上都是短语搜索方式；若第2项去掉引号搜索，则有：

约有 **38** 项符合 **all in title：模糊决策** 的查询结果．

此时，Google 搜索引擎除查询"模糊决策"外，还会自动分词，将"模糊决策"分解为"模糊"和"决策"进行搜索。

（4）搜索引擎搜索国际信息资源策略

① 全文信息资源的利用

鉴于国内图书信息机构馆藏外文文献严重不足与用户巨大的信息需求之间的矛盾日益突出，科研、管理人员获取外文原文难，一直是困扰我们多年的老大难问题。借鉴国外成熟的经验，近年来我国一些图书信息机构寻求利用文献传递、远程存取来拓展资源共享的范围和提高文献保障能力。如，清华大学、北京大学图书馆等，每年拨出十几万或几十万元经费用于文献传递，对从馆外获取原文的本校教师、研究生提供费用补贴。国内其他单位的文献传递收费办法和标准各异，有的图书信息机构只收取成本费，有的除了收成本费还收取文献检索、传递服务费，且费用普遍偏高。尤其利用国外的文献传递服务获取资料，每份文献资料，少则一百多元，多则数百元，昂贵的价格让用户难以承受。

另一方面，在因特网上丰富的国际信息资源中，分布于各个网站的大量全文型电子文献数以亿计，其中包括期刊论文、专利说明书、科技会议文献、技术报告、电子图书等等，可供网络用户免费使用。目前，国内对这些如此丰富、宝贵的全文信息资源的开发利用率一直很低。究其原因，这是由于缺少正规、系统地训练，国内科研、管理人员利用网络获取信息的能力普遍不高，就是一些经常上网检索的高校教师、研究生，也只是能查到资料而已，一般都达不到系统、全面地检索专业文献信息的水平。许多人不知道如何查找资料，或者是检索文献比较困难。另外，一些专业检索人员也常因为检索经验不足、业务水平不高，不能快速、准确地检索到信息用户急需的文献资料，从而影响了检索、咨询工作的声誉。因此，学习计算机检索方法，掌握网络检索技术，已成为各类专业人员（尤其是信息咨询人员）必须具备的基本能力。

因特网上的信息浩繁冗杂，一些有价值的专业资料被大量无用信息所淹没。要想获得较多的文献信息，就需要熟悉各种检索系统的功能及特点，了解、研究相关数据库的质量及索引方式。

虽然网络搜索引擎有一定的检索功能和庞大的信息库，但在搜索专业文献方面，其检索质量和效果，与专业网络数据库系统相比，差距较大。网络数据库系统以功能强大的检索软件为支撑，检索算符、检索途径众多，查询搜索方便灵活、快捷简便，有些还兼有联机词典辅助检索等别具特色的功能。其专业数据库内容都经过严格筛选及规范标引，文献数据质量较高，检索效果好。另外，网络数据库的检索费用要比国际联机检索低廉，而用户利用本单位引进的网络数据库，更是可以免费无限制地使用。因此，先利用一些文摘型的外文网络数据库进行系统、全面地搜索，然后以这些检索结果作参考，再使用网络搜索引擎来查找相关全文资料，这是一种简便、快捷、高效地获取国外专业信息全文的好方法。

对不具备上述条件的用户，可以直接利用搜索引擎查找全文信息，只要检索策略合理，也能够获得较好的效果。

② 检索举例：镇静钢的钙处理

检索策略 1：

1）确定检索词

有关"镇静钢"和"钙处理"的英文表达形式众多，借助于专业词典及工具书，现罗列如下。

镇静钢：killed steel；full killed steel；dead steel；dead-melted steel；piping steel；degasified steel；solid steel；deoxidized steel

钙：calcium；Ca

处理：treat；treating；treated；treatment

2）试检选词

将上述词语用于网络数据库 METADEX（金属文摘）中，进行试检筛选，确定适合本课题的检索词为：

镇静钢：killed steel；deoxidized steel

钙处理：calcium treated；calcium treatment；Ca treated；Ca treatment

3）利用网络数据库搜索

● 对网络版《工程索引》（Ei CompendexWeb）的检索

在高级检索输入框（参见"5.2 工程索引数据库"），键入提问式：

（（killed OR deoxidized）AND steel * AND（calcium OR Ca）AND treat * ）WN TI

其中："WN"为字段限定符；"TI"表示题名字段；"*"是通配符。即，该式限定在题名字段检索，结果如下：

7 records found in Compendex for：（（**killed OR deoxidized）AND steel * AND（calcium OR Ca）AND treat ***）**WN TI**, 1969 – 2005

● 对网络版《金属文摘》（METADEX）的检索

使用剑桥科学文摘（Cambridge Scientific Abstracts，CSA）检索系统的"METADEX"数据库（参见"5.3 美国剑桥科学文摘"），进入快速检索（或高级检索）界面，同样指定在题名字段（用"TI ＝"限定）检索，其结果如下：

20 results found for：**TI ＝（（killed OR deoxidized）AND steel ∗ AND（calcium OR Ca）AND treat** ∗）in CSA Materials Research Database with METADEX

4）获取相关全文

浏览上述文摘数据库分别命中的 7 篇和 20 篇文献记录的题名，挑选了几条，利用 Google 进行搜索，其中用题名"Observation of Calcium Aluminate Inclusions at Interfaces between Ca-Treated，Al-Killed Steels and Slags"查到下列结果：

约有 **11** 项符合"**Observation of Calcium Aluminate Inclusions at Interfaces between Ca-Treated，Al-Killed Steels and Slags**"的查询结果

而第 1 条记录就有蓝色字体的"［PDF］"标记：

［**PDF**］Observation of Calcium Aluminate Inclusions at Interfaces between...

文件格式：PDF/Adobe Acrobat-HTML 版

... **Observation of Calcium Aluminate Inclusions at Interfaces. between Ca-Treated，Al-Killed Steels and Slags**. B. COLETTI，S. VANTILT，B. BLANPAIN，and S. SRIDHAR.

The evolution of Al. . .

doc. tms. org/ezMerchant/prodtms. nsf/ProductLookupItemID/ MMTB － 0310 － 533/ ＄ FILE/MMTB － 0310 － 533F. pdf？OpenElement—类似网页

单击［PDF］右侧的标题链接，便可利用 Acrobat Reader 浏览器阅读这个 PDF 格式全文。

5）全面搜索全文的方法

将文献记录的题名用英文双引号括起来，利用 Google 的短语搜索，并设定文件显示格式为"PDF"，可指定搜索某一篇文献的全文。此时，去掉引号和一些不重要词语，只保留主要关键词，便可查找同一类的文献。有了上述文摘数据库命中的文献记录作参考，我们就可以很方便地对网上丰富的全文信息进行系统、全面的搜索。

通过浏览、分析文摘数据库命中的文献记录了解到，有关"镇静钢"和"钙处理"的表述，除了有"killed steel；deoxidized steel"和"calcium treated；calcium treatment；Ca treated；Ca treatment"外，文献记录还出现了"**Al-killed** low-carbon **steels**"和"aluminum **killed** steel is **treated** with **calcium**"等字样。为了表达充分、搜索全面，故采用下列检索策略，如图 3 － 4。

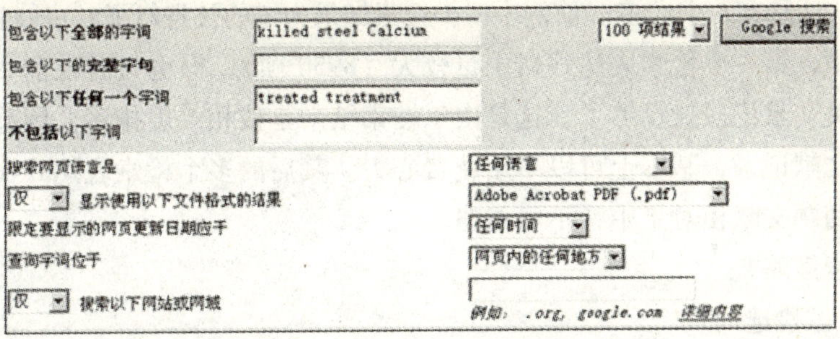

包含以下**全部**的字词	killed steel Calcium			100 项结果 ▾	Google 搜索
包含以下的**完整字句**					
包含以下**任何一个字词**	treated treatment				
不包括以下字词					

搜索网页语言是 · · · · · · · · · · · 任何语言 ▾
仅 ▾ 显示使用以下文件格式的结果 · · · Adobe Acrobat PDF (.pdf) ▾
限定要显示的网页更新日期应于 · · · · · 任何时间 ▾
查询字词位于 · · · · · · · · · · 网页内的任何地方 ▾
仅 ▾ 搜索以下网站或网域 例如：.org，google.com 详细内容

图 3 - 4   Google 高级搜索界面

进入 Google 的高级搜索界面，在第一个输入框（包含以下**全部**的字词——逻辑与）键入 "killed steel Calcium"，在第三个输入框（包含以下**任何一个字词**——逻辑或）键入 "treated treatment"，然后在 "**文件格式**" 处的第二项中，选择 "PDF" 格式。点击 "Google 搜索"，其结果如下：

约有 8，950 项符合 **killed steel Calcium treated OR treatment** file type：pdf 的查询结果

为了提高检索效率，同时也可克服 Google 高级搜索界面的 "逻辑或" 输入框不支持短语的不足，而直接在检索结果页面上方的基本检索输入框中键入检索式，如 "killed steel "Ca treated" OR "Ca treatment" file type：pdf" 等。

则各项检索式的查询结果为：

约有 **167** 项符合 killed steels Calcium **treated OR treatment** file type：pdf 的查询结果

约有 **14** 项符合 killed steel "**Ca treated**" OR "**Ca treatment**" file type：pdf 的查询结果

约有 **12** 项符合 killed steels "**Ca treated**" OR "**Ca treatment**" file type：pdf 的查询结果

约有 **59** 项符合 deoxidized steel Calcium **treated OR treatment** file type：pdf 的查询结果

约有 **36** 项符合 deoxidized steels Calcium **treated OR treatment** file type：pdf 的查询结果

找不到和您的查询 "deoxidized steel " **Ca treated** "OR" Ca treatment "ffile type：pdf" 相符的网页

6）检索分析

在本课题的检索中，首先通过试检验证，从众多的关键词中，筛选出合适的检索词，并确定了各种表述形式；虽然利用了系统的 "逻辑或" 功能，但检

索表达式还是有八个之多（前例中一个搜索结果为零的被省略了），比较繁琐。

其中，第一个检索表达式命中量较大（8950项），但也只需在前200项中筛选相关文献记录就足够了。这是由于搜索结果是按相关度排序，因此对后面众多的文献记录，基本上可以不用花费心力。其后的多个检索表达式命中量不多，但切题文献相对集中，不可忽略。

检索策略2：

1）试检选词

若无条件利用文摘型外文数据库，可以直接用搜索引擎选词。即，通过试检摸底，再浏览查询结果，便可确定能命中相关文献的检索词：

约有**9**项符合"**killed steel**""**calcium treatment**"**file type**：**pdf** 的查询结果。

约有**7**项符合"**killed steel**""**calcium treated**"**file type**：**pdf** 的查询结果。

共有**5**项符合"**killed steel**""**Ca treatment**"**file type**：**pdf** 的查询结果。

约有**2**项符合"**killed steel**""**Ca treated**"**file type**：**pdf** 的查询结果。

共有**2**项符合"**deoxidized steel**""**calcium treated**"**file type**：**pdf** 的查询结果。

另外，还应考虑检索词的单、复数形式：

共有**10**项符合"**killed steels**""**calcium treatment**"**file type**：**pdf** 的查询结果。

2）优化检索策略

通过试检验证后，决定采用多重"逻辑或"组配，以减少输入量，提高检索效率。但要注意，由"逻辑或"组成的概念组面之间，必须有"逻辑与"关系的检索词加以分隔，以保证系统处理过程的准确无误。搜索结果如下：

约有**8，980**项符合 **steel OR steels** killed calcium **treated OR treatment** file type：pdf 的查询结果。

约有**14**项符合 **steel OR steels** killed "**Ca treated**" **OR** "**Ca treatment**" file type：pdf 的查询结果。

约有**72**项符合 **steel OR steels** deoxidized calcium **treated OR treatment** file type：pdf 的查询结果。

这里只用了三个检索表达式（参照前面的结果，搜索为零的第四个检索式被省略了），而且重复文献记录也去掉不少，节省了筛选文献的时间，很快就获得了一批相关的全文文献。

第四章

中文数据库数字信息检索

目前，利用率最高、用户最多的中文数字信息资源数据库，主要是期刊全文库和电子图书库两大类学术资源，其中期刊类主要是收录发表在我国各种学术期刊上的文献。国内的中文网络期刊数据库主要可以分为两大类型：文摘型（主要用作评价工具）和全文型（主要用于帮助用户收集需要的一次信息源）。最为典型的中文期刊数据库有：中国知识基础设施工程（CNKI）中的《中国期刊网全文数据库》、维普资讯《中文科技期刊数据库》、万方数据资源系统中的《中国学位论文全文数据库》、中国人民大学书报资料中心的《复印报刊资料全文数据库》和读秀学术搜索全文数据库等。

4.1 中国知网（CNKI）及其数据库

中国知识基础设施工程（National Knowledge Infrastructure，CNKI），由中国学术期刊（光盘版）电子杂志社、清华同方知网（北京）技术有限公司主办，是基于《中国知识资源总库》的全球最大中文知识门户网站，具有知识的整合、集散、出版和传播功能。CNKI 亦可解读为"中国知网"（China National Knowledge Internet）的英文简称。

CNKI 是全球信息量最大、最具价值的中文网站。CNKI 的信息内容是经过深度加工、编辑、整合、以数据库形式进行有序管理的，内容有明确的来源、出处，比如期刊杂志、报纸、博士硕士论文、会议论文、图书、专利等等。因此，CNKI 的文献内容可信可靠，有极高的使用价值，可以作为学术研究、科学决策的依据。

CNKI 又是一个由国家新闻出版总署首批批准的互联网出版平台，可以二次出版传统方式已经出版过的内容，也可以直接通过网络进行一次出版，出版形式多种多样，包括文本、图片、音频、视频、动画等多种媒体方式。目前，CNKI 已集结了 7000 多种期刊、近 1000 种报纸、18 万本博士及硕士论文、16 万册会议论文、30 万册图书以及国内外 1100 多个专业数据库。其中博士及硕士论文、会议论文及部分数据库为一次出版，期刊、图书、报纸等为二次出版。主页如图 4-1 所示。

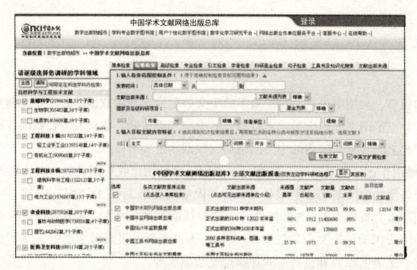

图 4-1　中国学术文献网络出版总库主页

CNKI 是知识搜索引擎。一般的搜索引擎是在漫无边际的互联网里发现信息的好帮手，但在搜索引擎里面搜索到的内容往往离题万里，还有大量的冗余、重复和无效信息让读者无所适从，信息本身的价值有多大不可考量；再者，一般搜索引擎的功能再强大，也难以搜出各类全文信息资源。因此，要高效、快速查找有价值的知识信息，还得用 CNKI。

《中国知识资源总库》是中国知网的核心资源，目前 CNKI 已建成的数据库有《中国期刊全文数据库》、《中国学术期刊网络出版总库》、《中国期刊全文数据库（世纪期刊)》、《中国博士学位论文全文数据库》、《中国优秀硕士学位论文全文数据库》、《中国重要会议论文全文数据库》、《中国重要报纸全文数据库》、《中国引文数据库》、《中国年鉴全文数据库》、《中国图书全文数据库》、《中国标准数据库》等共 30 个数据库，如图 4-2 所示：

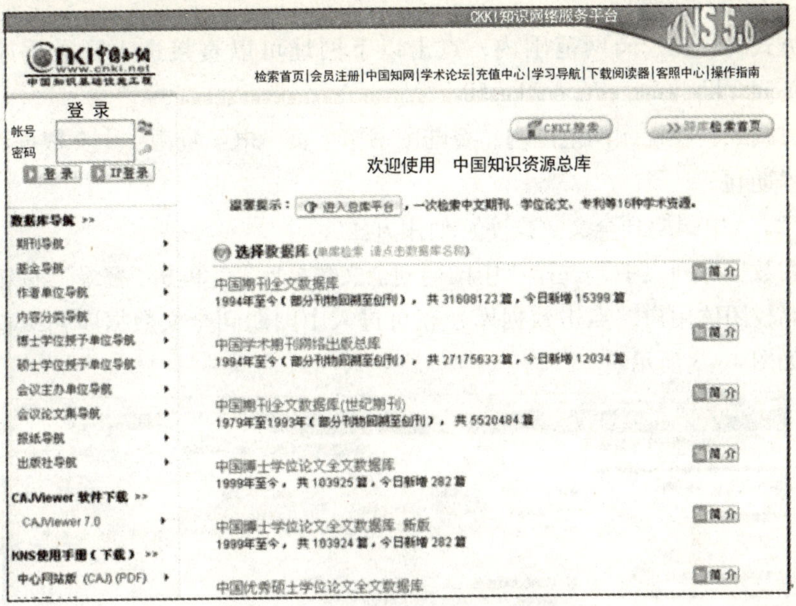

图 4 - 2 CNKI 数据库列表示意图

CNKI 所有数据库采用统一的知识网络服务平台（KNS）5.0，实现了源数据库产品的跨库检索、库间引文链接、检索词历史记录、概念关系词典、知识网络系统、知识网络中心、知识元链接、引文链接、相似文献链接、读者推荐文献等链接。此外，CNKI 系列源数据库提供统一的专家检索语言，功能设置更加规范，检索算符更加丰富全面。高级检索实现同字段内的逻辑组合，组合字段的多少可随意调节，检索方式更加灵活。

4.1.1 《中国期刊全文数据库》

《中国期刊全文数据库》是目前世界上最大的连续动态更新的中国期刊全文数据库，收录国内 1994 年至今的 8200 多种重要期刊（部分刊物回溯至创刊），以学术、技术、政策指导、高等科普及教育类为主，同时收录部分基础教育、大众科普、大众文化和文艺作品类刊物，内容覆盖自然科学、工程技术、农业、哲学、医学、人文社会科学等各个领域，全文文献总量 3160 多万篇。数据库产品分为十大专辑：理工 A、理工 B、理工 C、农业、医药卫生、文史哲、政治军事与法律、教育与社会科学综合、电子技术与信息科学、经济与管理。专辑下分为 168 个专题和近 3600 个子栏目。

（1）进入数据库

方式一：在校园网范围内，点击以下网址可以直接进入到数据库：http://cnki.lib.wust.edu.cn/kns50/

方式二：在校园网范围内，登陆图书馆主页→电子资源→中文数据库→中国学术期刊。

（2）《中国期刊全文数据库》使用方法

在数据库列表中，选择"中国期刊全文数据库"，单击"登录"按钮（如果是高校团体用户，点击数据库）就可进入中国期刊全文数据库初级检索界面。如图4－3所示。

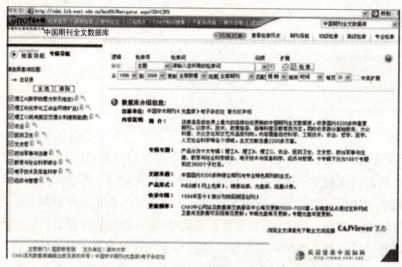

图4－3　中国期刊全文数据库初级检索界面

在此检索界面下，数据库提供了分类浏览检索、初级检索和高级检索、专业检索和期刊导航五种方式。

① 分类检索

点击总目录下某个目录，由目录到子目录，及更细分的目录，直到最末的类目，点击该级类目后，系统自动进行检索，结果显示该类目所包括的全部文献。例如：利用学科专业导航，理工 B→冶金工业→炼钢→电炉炼钢，就可以直接得到其中的文章。如图4－4所示。

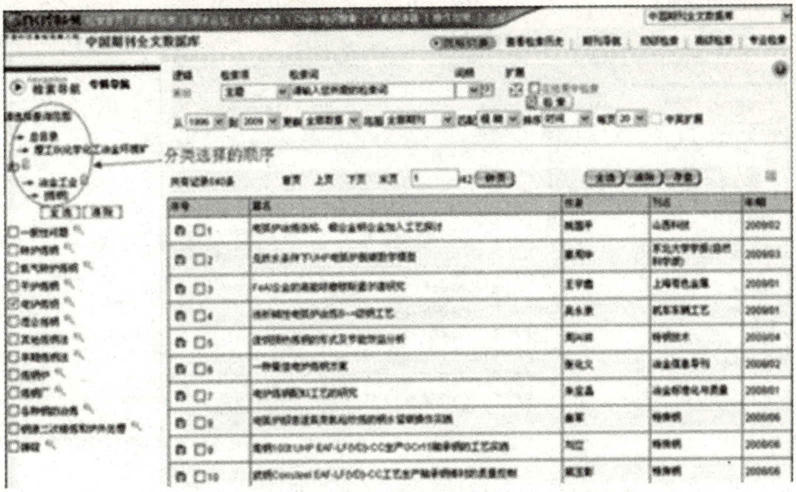

图 4 – 4　中国期刊全文数据库分类检索界面

② 初级检索

初级检索是系统默认的检索方式（图 4 – 3），初级检索能进行快速方便的查询，其检索步骤如下：

【确定检索范围】在目录导航工具条中选择检索目录，可以选择一个或多个目录，复选框中打√为选中。在初级检索和高级检索中，利用导航选取检索范围，这样可以节省检索的时间，提高查准率。例如：查找电炉炼钢方面的论文就应该在理工 B 中的冶金工业下的炼钢类目中的电炉炼钢专题中查找，见图 4 – 4 所示。

【确定检索字段】在"检索项"的下拉框里选取要进行检索的字段，这些字段有：主题、篇名、关键词、摘要、作者、第一作者、单位、刊名、参考文献、全文、年、期、基金、中图分类号、ISSN、统一刊号等 16 项。再在选好检索的字段中进行检索，如图 4 – 5 所示。

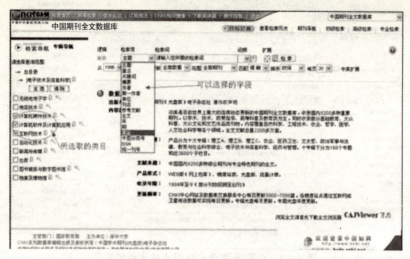

图4－5　初级检索中，检索范围和检索字段选择示意图

【确定时间、结果排序、中英文扩展】可以选择某一时间段内进行检索（如：选择从 2000 年到 2009 年）。而排序方式是对检索结果的排列，有无序、相关度、日期三个选项。无序：为数据无序排列。相关度：以检索词在检索字段内容里出现的命中次数排序，次数越多越靠前。日期：以更新数据日期最新排列，数据更新的日期越新越靠前。中英扩展可以用英文查对应的中文内容，中文内容可查对应的英文内容。

【输入检索词】在检索词文本框里输入检索词。检索词为文献检索项中出现的重要词，当按相关度排列时，其出现的词频越高，数据越靠前排列。如图 4－6 所示。

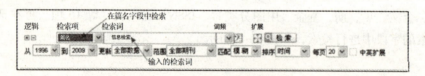

图4－6　检索词输入示意图

【检索】点［检索］按钮进行检索，在页面的右下部显示检索结果记录数、结果的页数、对结果的处理方式（全选、清除、存盘）。如图 4－7 所示。

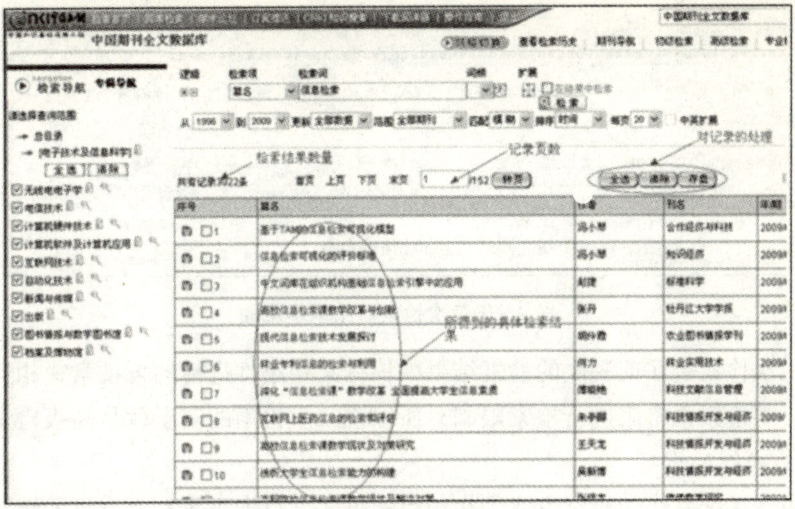

图4-7　简单检索结果示意图

【必要时二次检索】初级检索一次只能检索一个检索词，检索结果的准确性不高、范围较大。可以在此基础之上执行二次检索，以缩小范围，逼近检索结果。二次检索是在检索词文本框里输入新的检索词后，并将后面的"在结果中检索"复选框勾上，再次点击检索按钮进行检索即可。如图4-8所示。

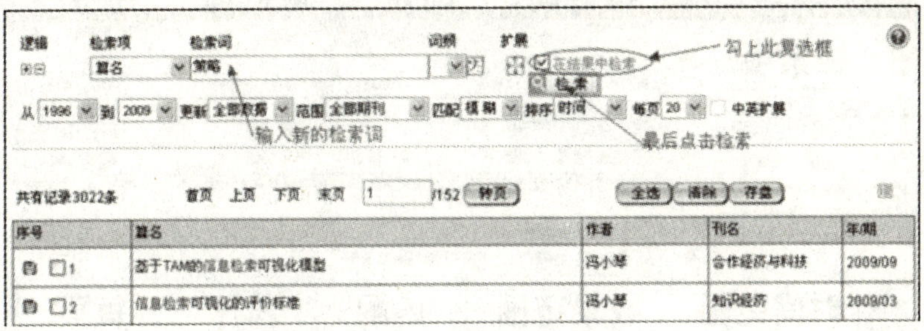

图4-8　二次检索示意图

初级检索后的结果，经过执行二次检索后，命中的文献数量会大幅的减少，与读者所需要的结果越来越接近。如图4-9所示，在篇名字段中检索得到的有关"信息检索策略"的文献只有91条。

图 4 - 9 二次检索后结果示意图

二次检索是在前一次的检索结果中根据某些条件进行的再检索，相当于使用了一些检索策略来进行检索限制，所以说二次检索的实质就是高级检索。

③ 高级检索

由于系统默认的检索方式为初级检索方式，点击主页右上方页面转换工具条中的"高级检索"，就可切换到高级检索界面。利用高级检索系统能进行快速有效的组合检索查询，结果冗余少，命中率高。对于要求命中率较高的检索要求，使用高级检索较好。高级检索的检索步骤与初级检索步骤几乎一样。如图 4 - 10 所示。

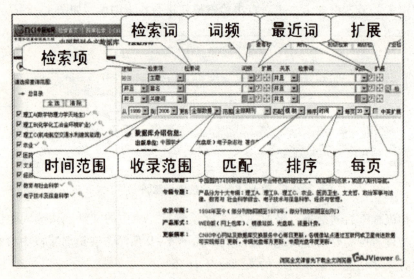

图 4 - 10　高级检索界面示意图

【确定检索范围】利用导航选取检索范围，可以节省检索的时间，提高查准率。

【确定检索字段】在"检索项"的下拉框里选取要进行检索的字段。

【确定时间、结果排序、中英文扩展】根据要求进行一些限定以后，可以提高查准率。

【输入检索词】高级检索界面中列有 6 个检索词输入框，用户可根据要求依次在各检索词输入框中输入检索词。

【确定检索词关系】检索词之间的关系有"并且"、"或者"和"不包含"等连接关系。

【检索】检索后右下部显示检索结果记录数、页数、结果的处理（全选、清除、存盘）。

在高级检索方式中同样设置了二次检索功能，其形式与高级检索一样，但要选中后面的"在结果中检索"复选框后，才能点击［检索］按钮进行二次检索。二次检索是在上一次检索结果的范围内进行的，所以可能要多次进行。

④专业检索

点击主页右上方页面转换工具条中的"专业检索"，切换到专业检索界面如图 4－11 所示。

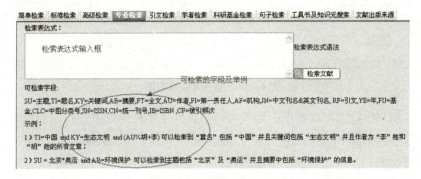

图 4－11　专业检索界面图

专业检索需用户自行建立检索提问式，在专业检索界面的检索条件输入框中，用户可以使用逻辑运算符以及字段代码进行较为复杂的组配，检索具有较高的查全率和查准率。为了帮助读者用户更好地使用专业检索功能，系统在专业检索界面提供有专业检索说明以及检索范例，用户可根据需要参考使用。专业检索要求用户具有较高的检索知识和检索技巧，因此，更适合于专业人员使用。

⑤ 期刊导航

中国期刊全文数据库收录 8831 多种重要期刊，内容覆盖自然科学、工程技术、农业、哲学、医学、人文社会科学等各个领域，收录期刊大部分回溯至创刊，最早的回溯到 1915 年，如 1915 年创刊的《清华大学学报（自然科学版)》、《中华医学杂志》。根据期刊导航，读者可直接浏览期刊基本信息，按期查找期刊文章。

期刊导航有两种进入方式：一是从登录首页点击"期刊导航"进入，二是从首页进入"中国期刊全文数据库"后，再点击页面右上方的"期刊导航"进入，如图4－12所示。

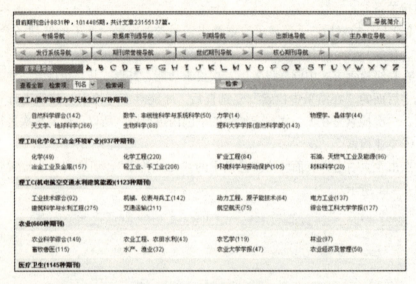

图4－12　期刊导航界面图

从期刊导航图可以看出，期刊导航中提供了多种导航方式：期刊检索、专辑导航、数据库刊源、出版周期、出版地、主办单位、发行系统、期刊荣誉榜、世纪期刊、核心期刊、中国高校精品科技期刊等。

【专辑导航】按照期刊知识内容分类，分为10个专辑，178个专题；

【数据库刊源】按期刊被国内外其他数据库收录情况分类；

【出版周期】按期刊的出版周期分类；

【出版地】按期刊的出版地分类；

【主办单位】按期刊主办单位分类；

【发行系统】按期刊发行方式分类；

【期刊荣誉榜】按期刊获奖情况分类；

【世纪期刊】按期刊的知识内容分类，只包括1994年之前出版的期刊；

【核心期刊】按2008年版"中文核心期刊要目总览"核心期刊表分类，只包括被2008年版"中文核心期刊要目总览"收录的期刊；

【中国高校精品科技期刊】2006年获教育部"中国高校精品科技期刊奖"

荣誉的期刊。

期刊导航提供三种信息显示方式：图形、列表、详细；提供拼音正、倒序排序功能。

（3）《中国期刊全文数据库》检索结果的处理——全文下载和浏览

当我们从数据库中检索出自己所需要的文献后，必须要查看全文。只有已登录的正式用户才可以下载保存和浏览文献全文。系统提供两种途径下载浏览全文：一是从检索结果页面（概览页），点击题名前的下载浏览 CAJ 格式全文；二是从详细的记录界面，点击 CAJ 下载或 PDF 下载，可分别下载浏览 CAJ 格式和 PDF 格式全文。下面显示的是详细记录界面。如图 4-13 所示。

图 4-13　全文下载或打开示意图

在点击下载图标（CAJ 下载或 PDF 下载）后，系统将出现一个提供"打开"或"保存"按钮的窗口。点击"打开"，当系统安装有 CAJ 浏览器时，系统将自动打开浏览器，再打开文献，可在此页面浏览文献。如用户认为需要保存，可点击"保存"，将文件"另存为"到指定的磁盘位置。

4.1.2　《中国优秀硕士学位论文全文数据库》和《中国博士学位论文全文数据库》

《中国优秀硕士学位论文全文数据库》和《中国博士学位论文全文数据库》也是 CNKI 总库中的两个重要数据库，是目前国内相关资源最完备、高质量、连续动态更新的中国优秀硕士学位论文全文数据库和中国博士学位论文全文数据库，论文收录范围是 1999 年至今，并部分收录 1999 年以前的论文。截至 2007 年 12 月 31 日，累积博士、硕士学位论文全文文献 54 万多篇。论文数据来源于全国 460 家培养单位的优秀硕士和博士学位论文。内容分为十大专辑：基础科学、工程科技Ⅰ、工程科技Ⅱ、农业科技、医药卫生科技、哲学与人文科学、社会科学Ⅰ、社会科学Ⅱ、信息科技、经济与管理科学。在十个专辑下再分为168个专题和近3600个子栏目。这两个数据库的检索方法及检索界面完全一样，下面仅以"中国优秀硕士学位论文全文数据库"为例进行介绍，其检索界面首页如图4－14所示。

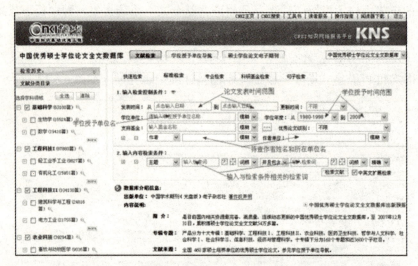

图4－14　《中国优秀硕士学位论文全文数据库》检索界面图

从图4－14检索界面可以看出，《中国优秀硕士学位论文全文数据库》由"文献检索"、"学位授予单位导航"和"硕士学位论文电子期刊"三个模块组成。

（1）《中国优秀硕士学位论文全文数据库》的文献检索

在"中国优秀硕士学位论文全文数据库"的文献检索模块中，又分为：标准检索、专业检索、基金检索和句子检索四种。

①标准检索

在硕士和博士学位论文全文数据库中，标准检索是系统默认的检索方式。

【发表时间】是论文发表的年代，通过设定这个时间，可以查找指定年代的论文。

【更新时间】最近一月：最近一月入库数据；最近一周：最近一周入库数据；三个月：最近三个月入库的数据；半年：最近半年入库的数据。

【学位单位】是指学位的授予单位和机构名称。

【学位年度】是指学位的授予年份。

【支持基金】是指在学位的完成过程中，其研究项目获得了何种政府资金资助。资金资助的级别同样也代表着该研究项目的水平和级别。

【优秀论文级别】是指论文获得了全国优秀论文、省级优秀论文和校级优秀论文。

【作者和作者单位】是指论文作者、导师和第一导师，以及他们所在的单位与机构。

【检索条件】是指与检索内容相关的主题词。

②专业检索

在硕士和博士学位论文全文数据库中，专业检索和"中国期刊全文数据库"的专业检索完全一样。

③基金检索

基金检索是通过基金名称来查找有关学位论文的一种途径，在检索框中输入基金名称检索就可以。如图4-15所示。

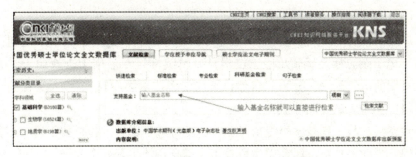

图4-15　学位论文科研基金检索示意图

④句子检索

是指在同一句中或者同一段中包含特定检索词的学位论文，如图4-16所示。

图4-16　学位论文句子检索示意图

（2）学位授予单位导航

在学位论文数据库的"学位授予单位导航"中，有两种导航方式，分别是"地域导航"和"学科专业导航"。在两种导航中，可以根据导航一级一级地往下查找，也可以直接在检索框中输入学位授予单位快速查找，如图4-17所示。

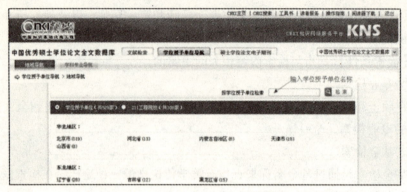

图4-17　学位是后于单位导航示意图

（3）硕士学位电子期刊

《中国优秀硕士学位论文全文数据库》电子期刊，是"中国学术期刊（光盘版）电子杂志社"编辑出版，按学科专辑编排且专门用于查找硕士学士学位论文用的电子刊物。分为"自然科学与工程技术类专辑"、"人文社会科学类专辑"两个大的专辑。其中：

自然科学与工程技术类专辑又分为：基础科学辑、工程科技Ⅰ辑、工程科技Ⅱ辑、农业科技辑、医药卫生科技辑、信息科技辑等6个分辑。

人文社会科学类专辑又分为：社会科学Ⅰ辑、社会科学Ⅱ辑、经济与管理科学辑、哲学与人文科学辑、编辑委员会、编辑部等6个分辑。如图4-18所示。

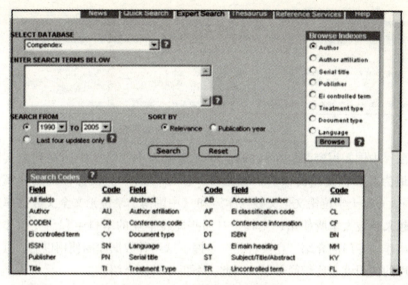

图 4 – 18　电子期刊检索示意图

在对电子期刊进行检索时，有主题、篇名、作者、作者单位、导师、第一导师、导师单位、摘要、关键词、目录、参考文献、全文、学科专业、学位授予单位、中图分类号、页码、预印本页码、学位年度、网络投稿时间等 19 个检索项（检索字段）可供检索选择。当选定了检索字段后，就可以根据需要输入检索词进行初级和高级两种方式的检索，在初级检索后，还可以进行二次检索，但应将"在结果中检索"复选框勾上，如图 4 – 19 所示。

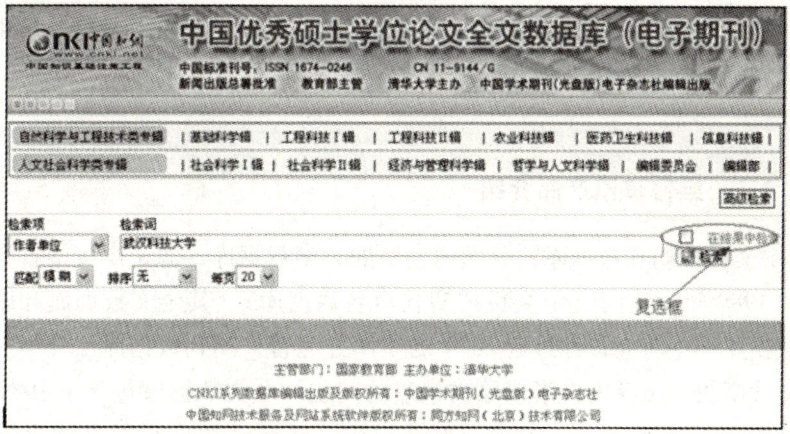

图 4 – 19　电子期刊初级检索界面

高级检索是在初级检索的基础之上增加了一个条件，如果结果不满意，也可以进行二次检索。如图 4 – 20 所示。

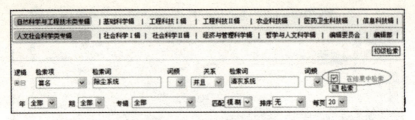

图4-20　电子期刊高级检索界面

在《中国知识资源总库》的近30个数据库中，以《中国期刊全文数据库》最为重要，使用的读者人数最多，所以特别作了较为详细的介绍。像《中国优秀硕士学位论文全文数据库》和《中国博士学位论文全文数据库》现在也越来越被大家所使用，尤其是对那些即将毕业的本科生和研究生非常有用，也作了专门的介绍。在读者熟练掌握了这两种数据库的使用以后，其他的数据库的使用就会比较简单了，因此，不再作具体介绍。

4.2　维普资讯《中文科技期刊数据库》

重庆维普资讯有限公司是科学技术部西南信息中心下属的一家大型的专业化数据公司。该公司一直致力于信息资源的深层次开发和推广应用，自1989年以来，就开始对期刊等集数据采集与加工、光盘制作发行和网上信息服务于一体，收录有中文期刊9000种、中文报纸1000种、外文期刊8000种。目前已经有以下四个数据库：中文科技期刊数据库、外文科技期刊数据库、中国科技经济新闻库和维普医药信息资源系统。

4.2.1　维普资讯产品介绍

《中文科技期刊数据库》是国内较早的大型数据库，源于重庆维普资讯有限公司1989年创建的《中文科技期刊篇名数据库》，其全文数据库和题录文摘版数据库一一对应，经过近20年的使用并完善，期刊数据库已经彻底地解决了文摘版收录量巨大但索取原文繁琐的问题。全文数据库包含了1989年以来自然科学、工程技术、农业、医药卫生、经济、教育和图书情报等学科9000余种期刊（核心期刊1539种）刊载的1500余万篇文献，并以每年200万篇的速度递增。提供文摘数据库、全文数据库和引文数据库三个版本。

《外文科技期刊数据库》是重庆维普资讯有限公司将产品范围扩展到国外

信息资源，联合了国内数十家著名图书馆，以各自订购和收藏的外文期刊为依托，于 1999 年成功开发出来的。该库收录了 1992 年以来世界 30 余个国家的 11300 余种期刊，800 余万条外文期刊文摘题录信息。文献语种以英文为主，对题录字段中刊名和关键词进行汉化，帮助检索者充分利用外文文献资源。所有资源被分为七大专辑：自然科学、工程技术、农业科学、医药卫生、经济管理、教育科学和图书情报。该库的推出满足了国内科研人员对国外科技文献的检索需求，同时还提供文献的馆藏单位及联系地址，让用户可轻松获得外刊原文。

《中国科技经济新闻数据库》是由重庆维普资讯有限公司在 1992 年开发成功的大型科技类数据库，它是国内第一家电子全文剪报。综合了传统文字传媒（报纸和期刊）新闻性强、信息量大、信息面广的优点，同时弥补了传统传媒系统性和累计性差的不足，集系统性、新闻性、实用性和情报检索的专业性于一体，从而使传媒的信息资源得到充分的利用。该数据库以其快捷、高效的专业检索系统，全面、准确的信息资源，成为课题查新、科研教学、企业决策和获取竞争信息的重要工具。它提供最新的行业动态和科研动态以及发展历程，使用户能有效地掌握现在、展望未来。其信息来源于 1992 至今的 420 多种重要报纸和 12000 多种科技期刊，包括工业、农业、医药、商业、经济等各行业科研动态、企业动态、发展趋势、政策法规等方面的信息资源。累积数据量达 300 多万条，并以每年 20 万条的速度递增。

《维普医药信息资源系统》收录了 1989 年至今的生物和医药卫生及相关行业的 2561 种期刊，其中专业期刊共 1632 种，相关期刊 929 种，累计文献量近 300 多万篇，网站数据每周更新。该库是为我国医院、医药院校、医药科研机构、医疗卫生机构、制药工业及相关企业的信息化建设而设计的大型全文数据库，是目前国内能快捷、准确、全面、方便地反映国际医学界的研究动向和国际医学研究水平的最大的中文医药文献信息平台。

4.2.2 《中文科技期刊数据库》

（1）进入数据库

方式一：在校园网范围内，点击以下网址可以进入到数据库：

http：//vip. hbdlib. cn/index. asp

方式二：在校园网范围内，登陆图书馆主页→电子资源→中文数据库→维普信息资源，可进入到数据库。

《中文科技期刊数据库》是维普资讯所有产品中最重要和最核心的一个数据库，它收录的文献量大、覆盖学科范围广，具有检索入口多、辅助手段丰富、查全查准率高和人工标引准确的传统优点，系统内核采用国内最先进的全文检索技术，是目前国内收录时间跨度最长、收录期刊种类最多的全文数据库，也是唯一一个可以和 CNKI 中文全文数据库进行抗衡的大型中文数据库，首页如图 4-21 所示。

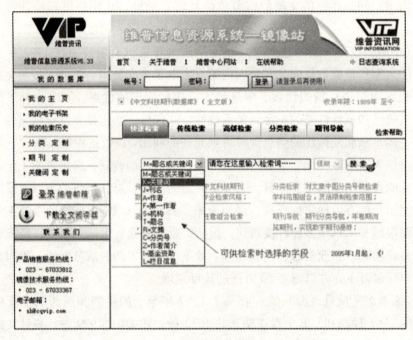

图 4-21　《中文科技期刊数据库》首页

(2) 数据库检索方法

"中文科技期刊数据库" 提供快速检索、传统检索、高级检索、分类检索、期刊导航等多种检索方式，系统首先进入的是快速检索界面，通过菜单栏上的检索标签，可随时切换到其他四种检索界面。

① 快速检索

"中文科技期刊数据库" 的快速检索界面比较简单，如图 4-21 所示。检索时在检索式输入框中输入需要检索的内容，在检索入口下拉列表中选择检索字段（系统提供有题名或关键词、关键词、刊名、作者、第一作者、机构、题名、文摘、分类号、作者简介、基金资助、栏目信息等共 12 个检索字段），然后点击 "搜索" 按钮即可。快速检索的操作简单、方便、快捷，对于检索中出现的一些不需要的文献记录用户可以在前次检索的基础上进行二次检索。

二次检索输入框位于检索结果显示页面的上方，如图 2-22 所示。重新在检索式输入框中输入新的检索词，并进行检索入口、期刊范围、检索年限、显示方式等检索条件的限定后，点击"二次检索"按钮即可进行二次检索。

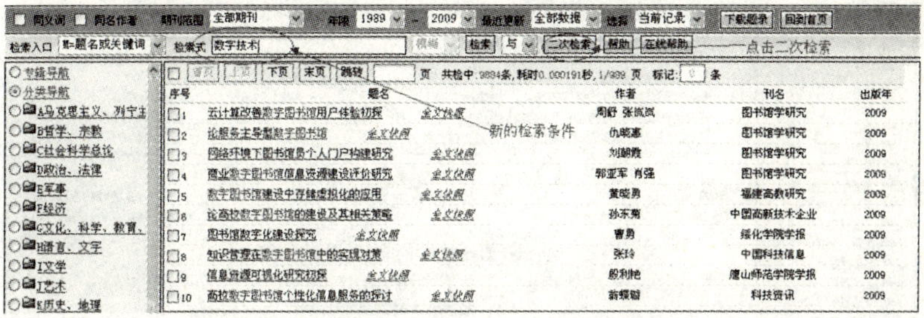

图 4-22　中文科技期刊数据库二次检索界面

② 传统检索

点击数据库首页菜单栏上的传统检索标签，进入传统检索界面，如图 4-23 所示。中文科技期刊数据库的传统检索界面分为检索区、导航区、概览区、细阅区及功能限定下载区等五个功能区域。检索区用于选择检索入口、输入检索式以及进行检索方式（模糊、精确）控制；导航区用于进行分类导航或期刊导航，确定检索范围；概览区用于浏览检索结果的简要信息；细阅区用于查看检索结果的详细信息；功能限定下载区用于选择同义词库和同名作者信息库检索功能、限定检索年限和期刊范围（核心期刊、重要期刊、全部期刊）以及选择题录信息的下载方式（标记记录、当前记录、全部记录）。中文科技期刊数据库的传统检索提供有导航检索、简单检索、复合检索等多种检索方式。

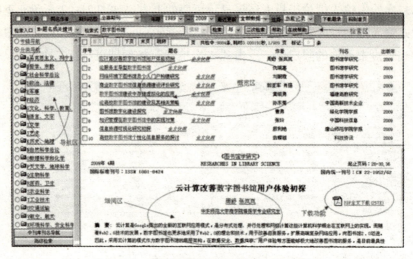

图 4 - 23   中文科技期刊数据库传统检索界面

a. 导航检索

【分类导航】：在"导航区"提供的分类导航中选择检索范围，分类导航为树形结构，分为经济管理、教育科学、图书情报、自然科学、农业科学、医药卫生和工程技术 7 个专辑大类，27 个专题分类。当选中某学科类别后，任何检索都局限于此类别以下的数据。层层打开系统提供的分类导航，直至末级类目，系统自动进行检索，并在概览区域中显示该类目所包括的所有文献记录。

【期刊导航】：点击传统检索界面中的"刊名导航"按钮，或点击数据库首页菜单栏上的"期刊导航"标签，进入期刊导航界面。该界面下系统列出了按刊名汉语拼音字顺排列或按学科分类排列的出版物名称一览表，用户可通过逐层点击的方式，浏览所需的出版物内容。在浏览期刊过程中，也可在检索输入框中直接输入刊名或 ISSN 号进行期刊检索。

b. 简单检索

利用简单检索方式进行检索时，首先应根据课题需要在系统提供的 7 个专辑类目中确定检索范围；在"检索入口"下拉列表中选择检索字段（系统提供有题名或关键词、关键词、刊名、作者、第一作者、机构、题名、文摘、分类号、任意字段共 10 个检索字段），其中"任意字段"是指在所有字段内进行检索；在检索式输入框中输入检索词；在年限下拉列表中选择检索起止年限；在期刊范围下拉列表中限定检索期刊范围（核心期刊、重要期刊、全部期刊）；最后点击"检索"按钮即可实现简单检索。简单检索方式一般不能满足高质量、复杂的检索要求。

c. 复合检索

复合检索有两种方式可以实现，利用二次检索和直接输入复合检索式。

【利用二次检索】：在第一次检索结果的基础上再次进行检索。例如先用"关键词"途径检索"耐火材料"，得到检索结果；再选择"刊名"途径，输入"武汉科技大学学报"，在"与、或、非"的可选项中选择"与"，点击"二次检索"按钮，输出的检索结果就是同时满足刊名为"武汉科技大学学报"、关键词中含有"耐火材料"的文献。二次检索可以多次应用，以实现复杂检索。

【直接输入复合检索式】：在检索式输入框中输入用布尔逻辑算符组配起来的带有字段代码的多字段检索式，就可以方便地完成不同字段之间的复合检索。例如在检索式输入框中直接输入"K＝耐火材料＊J＝武汉科技大学学报"检索式，即可检索出满足刊名为"武汉科技大学学报"，同时关键词中含有"耐火材料"的文献。检索词前面的英文字母是检索字段代码，字段代码可在检索入口的下拉列表中查看。该数据库检索语法符号和"与、或、非"对应关系为："＊"＝逻辑与；"＋"＝逻辑或；但逻辑非不能用"－"表示，因为它易与英文的连字符混淆，可以采用二次检索来实现逻辑非的功能。选择"任意字段"检索入口进行复合检索时，可直接按布尔逻辑运算的规则写入复合检索式而不需输入字段代码。

例如输入检索式为："芒果＊（保鲜＋贮藏＋贮存）"，检出结果相当于在所有字段内将"保鲜"、"贮藏"、"贮存"三个检索词用逻辑或关系组配检索后，再和检索词"芒果"用逻辑与关系组配检索共计四步的操作结果。

d. 同义词和同名作者检索

在功能限定下载区域，系统提供了同义词和同名作者检索功能。同义词检索功能只有在选择了关键词为检索入口时才生效，默认为关闭，选中即打开。具体使用方法为：选择关键词为检索入口，打开同义词库，输入关键词检索，如果同义词库中有该关键词的同义词，系统就会显示出来，让用户决定是否也用这些同义词进行检索。

例如：输入关键词"土豆"检索时，系统会提示"马铃薯"、"洋芋"等是否同时选中作为检索条件，这时用户可以根据需要进时行标记选择，从而扩大检索范围，提高查全率。同名作者检索功能与之类似默认为关闭，选中即打开。输入作者姓名检索，系统会提示同名作者的不同机构列表，标记选择某一机构，点击"确定"按钮即可精确检索出指定机构的该姓名的作者的文献。

③ 高级检索

点击数据库首页菜单栏上的"高级检索"标签或点击"传统检索"界面中的"高级检索"按扭,就可以进入高级检索界面。如图 4 – 24 所示。

图 4 – 24 中文科技期刊数据库高级检索界面

该界面下系统提供有 5 个检索式输入框,可同时设置 5 个检索条件并可使用所有的布尔逻辑运算,用户可根据需要输入多个检索词多途径进行组合检索。对应于关键词、作者、分类号、机构、刊名等检索项,系统还分别提供有查看同义词、查看同名/合著作者、查看分类表、查看相关机构、查看期刊变更情况等扩展功能,方便用户进行使用。高级检索界面可以使用户更精确地表达自己的检索需求,从而可进行更为复杂的检索。

④ 分类检索

点击数据库首页菜单栏上的"分类检索"标签或点击"传统检索"界面中的"分类检索"按钮进入分类检索界面,如图 4 – 25所示。分类检索实际上是用户在检索前对检索结果所属性质进行的限制,比如用户选择生物科学分类,则检索结果都是以生物科学类为基础的文献。检索时用户可以根据需要,先在左栏的"分类表"中选择所需分类;然后将勾选的分类通过点击添加按钮,添加到右栏的"所选分类"方框中;最后在检索输入框处选择检索入口,输入检索条件,即可对所选分类进行限制检索。如果要删除某一所选分类,可在右栏的"所选分类"方框中直接双击该分类删除,或点选该分类后再点击删除按钮进行删除,如果不作分类选择,系统则在全部分类中进行检索。

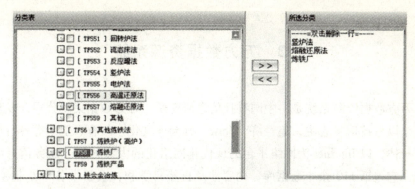

图 4 - 25　中文科技期刊数据库分类检索界面

（3）检索结果

检索条件输入完毕后，点击"检索"按钮提交检索，系统进入检索结果显示界面，如图 4 - 26 所示。在检索结果显示界面上，系统列出了满足检索条件的命中记录总数、当前显示记录数以及命中记录列表，可通过翻页按钮浏览检索结果。需要下载检索结果时，先在检索结果界面上标记所需文献，点击"下载"按钮进入文章下载管理界面，选择下载格式（概要显示、文摘显示、全记录显示、全文），点击下载图标进行下载即可。打印检索结果时，先在检索结果界面上标记所需文献，点击"打印"按钮进入文章打印管理界面，选择打印格式（概要显示、文摘显示、全记录显示）并确认"打印"即可。由于系统不能在线打印全文，可先将全文下载后再进行打印处理。

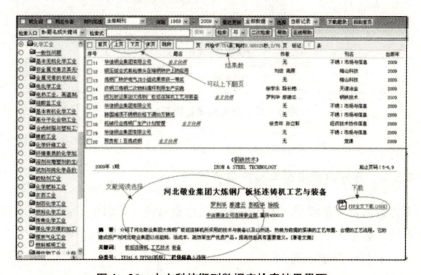

图 4 - 26　中文科技期刊数据库检索结果界面

4.3 万方数据资源系统

万方数据资源系统是由中国科技信息研究所、万方数据集团公司开发建立的一个以科技信息为主，集经济、金融、社会、文化、教育、卫生等各行业信息于一体，以 Internet 为网络平台的现代化网络化的大型科技、商务信息服务系统。它包括 110 余个数据库，内容涉及自然科学和社会科学各个专业领域，收录范围包括期刊、会议文献、题录、报告、论文、标准、专利、工具书、最新科技成果等。目前，全新改版的万方数据资源系统被整合为四个子系统。如图 4 - 27 所示。

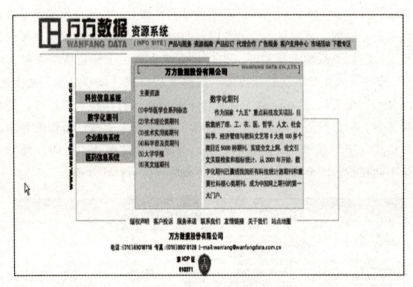

图 4 - 27　万方数据资源系统主页

4.3.1　万方数据资源系统产品介绍

万方数据资源系统是网上数据库联机检索系统，其四个子系统是：科技信息子系统、数字化期刊子系统、企业服务子系统和医药信息子系统。

（1）科技信息子系统

科技信息子系统是面向科技界的完整的综合信息系统，本检索系统具有强大的检索功能，可为用户提供准确、全面、翔实、快捷的检索服务。科技信息子系统包括6个栏目：科技文献、名人与机构、中外标准、科技动态、政策法规、成果专利，汇集中外上百个知名的、使用频率较高的科技、经济、金融、文献、生活与法律法规等数据库，主要资源有中国学位论文数据库、中国学术会议论文库、中国科技论文统计分析库、中国科技论文引文分析库、中国科技成果数据库、中国企业与产品数据库、中国科技文献数据库群、中国国家标准库等，记录总数达1300多万条。可以为教学科研机构以及科技工作者提供全方位的信息服务。

（2）数字化期刊子系统

数字化期刊子系统以刊为单位上网，保留了刊物本身的浏览风格和习惯。期刊全文内容采用HTML和PDF两种国际通用格式，方便读者随时阅读和引用。所有期刊按理、工、农、医、哲学、人文社会科学、经济管理与教科文艺、人文等8大类划分，共集纳了100多个类目的5000多种期刊（其中绝大部分是进入中国科技论文统计源的核心期刊）。

（3）企业服务子系统

商务信息子系统面向广大工商、企业用户，提供全面的商务信息和解决方案，可按企业分类查询公司企业的基本信息，包括工商资讯、经贸信息、成果专利、商贸活动、咨询服务等信息。其中《中国企业、公司及产品数据库》收录96个行业20万家企业的详尽信息，提供了以专业信息为主体，包括行业动态、产业研究为内容的完整知识系统，为中国电子商务提供了最具权威的网上商务信息支持平台。

（4）医药信息子系统

医药信息系统涵盖了国内外医药、生物等学科资源，为全国医院、医药院校、医药和保健品生产企业、经销企业提供丰富、准确、及时的生物医药信息。

万方数据资源系统提供的检索平台适用于所开发的每一个数据库，所有数据库均采用同一检索界面、检索方法、算符运用等。下面以"科技信息系统"为例介绍万方数据资源系统的检索方法。

4.3.2 万方数据资源检索方法

（1）进入数据库

方式一：在校园网范围内，点击以下网址可以进入到数据库：

http：//wanfang. lib. wust. edu. cn：8088/

　　方式二：在校园网范围内，登陆图书馆主页→电子资源→中文数据库→万方数据。

　　在万方数据资源系统主页点击科技信息系统进入科技信息子系统登录界面，如图4-28所示。

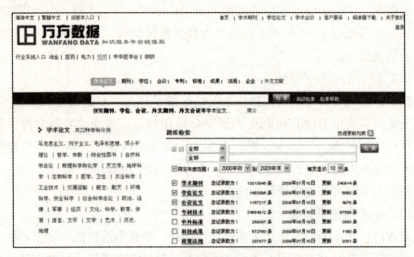

图4-28　科技信息子系统检索界面

　　万方数据资源系统允许用户以"授权用户"和"非授权用户"两种身份访问该系统，当以"非授权用户"身份访问系统时，用户无须登录，可直接在系统登录界面输入检索词进行检索，但以"非授权用户"身份访问时，得到的检索结果只显示最新的10条记录，信息量不全且不够准确和详细，因此，通常均以授权用户的身份访问万方数据资源系统。当以"授权用户"身份访问该系统时，用户必须先登录，待登录成功进入系统检索界面（图4-28）后方可进行检索。

　　（2）选择数据库

　　选择数据库时既可指定单个数据库，也可指定多个或全部数据库。指定单个数据库时，系统对应不同的数据库提供不同的检索字段；指定多个或全部数据库时，系统只提供全文和标题两个检索字段。用户可根据需要指定所需的数据库。下面以学位论文数据库为例，介绍万方数据资源系统数据库的检索方法。如图4-29所示。

图 4 – 29　学位论文数据库检索界面

（3）选择检索方式

在检索词输入框中输入"耐火材料"这个检索词，在检索字段下拉列表中选择"论文标题"（如图 4 – 29 所示），点击"检索"按扭，系统进入结果显示界面，如图 4 – 30 所示。在此界面，系统显示了命中记录总数、总页数和当前页记录数、命中文献标题、命中文献数据库、免费查看信息以及付费查看信息等内容，可通过翻页按钮翻页浏览。在结果显示界面的上方，系统提供了在本次检索结果中"进一步查询"、"再加入"和"排除"（对应于"逻辑与"、"逻辑或"、"逻辑非"）三种"二次检索"的方式，可对前次检索结果作进一步的限制和优化。如在二次检索中选择题名，在检索输入框中输入"氧化铝捣打料"，选择在本次检索结果中"进一步查询"方式，点击"检索"，即可检索出在题名中含有"氧化铝捣打料耐火材料"的学位论文。

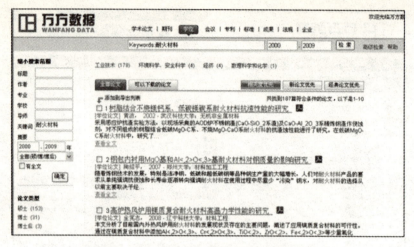

图4-30 学位论文数据库检索结果界面

（4）结果显示与输出

①结果显示

用户提交检索指令后，系统进入检索结果显示界面，如图4-30所示。若想进一步查看所需文献的详细信息，可点击直接查看标签进行查看。查看信息的方式有免费信息和付费信息两种，免费信息只提供简单的信息，付费信息则提供详细的信息。

②需要输出检出结果时，可通过浏览器的文件"菜单"，选择"打印"或"另存为"命令，即可实现打印和存盘操作，存盘格式可自选。

4.4 人大复印资料数据库

中国人民大学书报资料中心编选的"复印报刊资料全文数据库"是印刷版《复印报刊资料》的电子版，精选全国各报刊上所发表的人文社会科学论文全文。该数据库1994年制作和发行光盘版，2002年开始提供网络版服务。该库以其涵盖面广、信息量大、分类科学、筛选严谨、结构合理完备等特点，成为国内最有权威的具有大型、集中、系统、连续和灵活五大特点的社会科学、人文科学专题文献资料宝库。

4.4.1 人大资料中心产品介绍

面对日新月异发展的信息技术的挑战，作为传统信息传播机构的书报资料中心，人大书报资料中心最大限度地发挥社科信息资源的共享，强化社科信息系统整体功能的效用。到目前为止，人大书报资料中心所有期刊产品已经全部实现了数字化，并且形成了六大系列数据库产品。

（1）《复印报刊资料》全文数据库

《复印报刊资料》全文数据库的数据为《复印报刊资料》系列刊（1995～当前）的全部原文，其中部分专题已经回溯到其创刊年度。其信息资源源于人文科学和社会科学领域国内公开出版的 3000 多种核心期刊和报刊。全文数据库将《复印报刊资料》系列刊物把其所选收的文章分成 5 大类：

① 马列、哲学、政治、法律、社科总论类（A1～D7）；

②经济类（F10～F9、MF1）；

③文化、教育、体育类（G0～L1）；

④中学数学、物理、化学教与学类（G35～G37）；

⑤语言文字、文学、艺术、历史、地理及其他类（H1～Z1）。

（2）《复印报刊资料专题目录索引》数据库

《复印报刊资料专题目录索引》是题录型数据库。它是将《复印报刊资料》系列刊每年所刊登文章的目录按专题和学科体系分类编排而成。该数据库汇集了自 1978 年至今的《复印报刊资料》各刊的全部目录。累计数据 90 多万条以上。每条数据含多项信息，包括：专题代号、类目、篇名、著者、原载报刊名称及刊期，选印在《复印报刊资料》上的刊期和页次等。该数据库为订购《复印报刊资料》系列刊物的用户提供了查阅全文文献资料的得力工具。

（3）《报刊资料索引》数据库

《报刊资料索引》数据库是题录型数据库。它是将《复印报刊资料》系列刊物每年选登的目录和未选印的文献题录按专题和学科体系分类编排而成。其每条数据包含多项信息，包括：专题代号、类目、篇名、著者、原载报刊名称及刊期，复印专题名称及刊期等。

该数据库汇集了自 1978 年至今的百余个专题刊物上的全部题录。共计数据量为 430 多万条，是一个比《复印报刊资料专题目录索引》数据库数据量更加宏大的、信息覆盖面更加广泛的索引型数据库。

（4）《中文报刊资料摘要》数据库

《中文报刊资料摘要》数据库是人文社科文献要点摘编形式的数据库。该数据库收集了哲学、政治、法律、经济、教育、语言、文艺、历史、地理、财会等方面的 18 种专题文摘。文摘内容都是经过高等院校和研究单位的专业人员提炼和浓缩的学术资料。其特点是：简明扼要地摘写文章的论点、论据和重要材料，记录科研成果，反映学术动态，积累有关数据，便于掌握某一问题研究的历史、现状和动向。该数据库自 1993 年建库，数据累积至今 5 万多条，数据库内容每年都会更新。

（5）回溯性全文数据库系列

应读者的要求，书报资料中心特别将《复印报刊资料》的热门专题刊物陆续制作了回溯性专题数据库，以光盘的形式提供给读者。使数据从创刊年延续至今保证了数据的完整性。既可以为图书馆用户弥补馆藏的不足，又可以利用其方便快捷的检索系统为广大科研人员查找新时期以来的历史资料服务，已推出的回溯性数据库有：

《法学》（GQD41）、《经济法学、劳动法学》（GQD413）、《妇女研究》（GQD423）、《图书馆学、信息科学、资料工作》（GQG9）、《情报资料工作》（GQL1）、《语言文字学》（GQH1）、《中国古代、近代文学研究》（GQJ2）、《红楼梦研究》（GQJ21）、《中国现代、当代文学研究》（GQJ3）、《鲁迅研究》（GQJ31）、《历史学》（GQK1）、《中国古代史》（GQK2）、《先秦、秦汉史》（GQK21）、《魏晋南北朝隋唐史》（GQK22）、《宋辽金元史》（GQK23）、《明清史》（GQK24）、《中国近代史》（GQK3）、《中国现代史》（GQK4）、《世界史》（GQK5）。

（6）其他专题数据库系列

《当代文萃》（GQV1）、《家庭教育导读》（GQV2）、《素质教育（中学版）》（GQV4）、《精神文明导刊》（GQV6）、《"三个代表"重要思想研究（资料汇编）》（SGDB）、《中国共产党》珍藏版（GQD2）。

4.4.2 人大复印资料数据库检索方法

（1）进入数据库

方式一：在校园网内，直接输入以下地址后可以进行检索。

http：//book. zlzx. org/

方式二：在校园网内，登陆图书馆主页→电子资源→中文数据库→人大报刊复印资料。

通过以上两种方式，均可到达"人大复印资料数据库"主页，如图4－31所示。

（2）数据库检索方法

《人大复印资料数据库》的六大系列产品中，除了"数字化期刊库"以外，其他的五个数据库的检索方法基本一致，下面仅以"人大复印资料全文数据库"为例进行介绍。

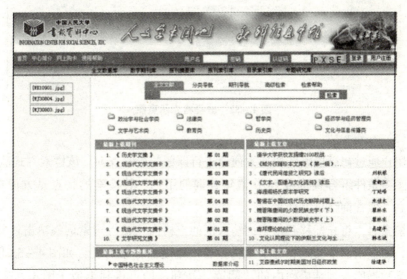

图4－31　《人大复印资料数据库》主页界面

《人大复印报刊资料全文数据库》检索分为分类检索、初级检索、二次检索和高级检索。

①分类检索

用户可以通过学科专业导航系统，根据检索课题需要逐步缩小检索范围，最后检索出某一学科中某一年度中的文章。例如，在学科专业导航中单击"分类导航"→复选"资源目录"→"全文数据库"→"教育类刊"，再在检索框进行年代限制（如2008～2009年）、在检索词输入框中输入"高等教育"，单击"检索"，可以直接检索出在《人大复印报刊资料全文数据库》中2008~2009年，教育学科的任意字段中包含有"高等教育"所有的文章。如图4－32所示。

图 4 – 32 分类检索示意图

（2）初级检索

用户通过初级检索能快速方便地进行课题的检索查询。该检索方式适用于不熟悉多条件组合查询或 SQL 语句查询的用户。其检索的特点是方便快捷、效率高，但查询结果冗余大。

检索时，将光标移到检索词输入框的空格内→输入检索词→单击"检索"按钮，即显示命中文献在各个学科、各个年度的分布列表，如图 4 – 33 所示。单击某数据库查询结果栏内的"阅读"按钮，即可得到类似于图 4 – 32 的分类结果。

图 4 – 33 初级检索示意图

③二次检索

二次检索是在上次检索结果的范围内进行再次检索，以达到更加符合用户的检索课题需要的目的。二次检索可与分类检索、初级检索、高级检索联用。使用的方法是将光标移到检索词输入框的空格内→输入检索词→ 单击"二次检索"按钮，即可得到二次检索命中文献在各个学科、各个年度的分布列表。单击某数据库查询结果栏内的"阅读"按钮，即可得到类似于图 4 – 32 的分类结果。

④高级检索

利用高级检索，系统能进行快速有效的组合查询。优点是查询结果冗余少、命中率高。对于命中率要求较高的查询，建议使用该检索方式。其检索界面如图4－34所示。进行高级检索时，如果想在同一检索项内进行多个检索词的检索，则利用逻辑检索式来完成。单击界面上部的"高级检索"按钮，将光标移到相应检索项的文本输入框中→输入逻辑检索式→单击"查询"按钮，即可显示命中文献在各个学科、各个年度的分布列表。如果是用不同检索项进行组合检索，各检索词之间是"与"的关系，则直接在各检索项中输入检索词即可。检索举例如下：单击界面上部的"高级查询"按钮，将光标移到相应检索项的文本输入框中→输入检索词→将光标移到下一个检索词相应检索项的文本输入框中→输入下一个检索词→单击"查询"按钮，即可显示命中文献在各个学科、各个年度的分布列表。单击某数据库查询结果栏内的"阅读"按钮，即可得到类似于图4－32的分类结果。

图4－34　高级检索界面

（3）相关检索条件限定

用户检索前应对检索范围等条件进行限定，需选择限定的条件有学科专业范围、年限等。

①界面左方的窗口是《人大复印报刊资料全文数据库》的学科分类导航系统，进行检索前需对检索所属的学科进行选择，也可以全选，一旦选中某学科节点后，任何检索都局限于此类别以下数据。直接点击最底层节点就可以在输出区域中直接输出该类别的记录。保持检索式输入框空白，直接点击"检索"，则可浏览该类别的所有记录。单击学科分类导航系统下CGRS前的复选框，即为四个大类全选，单击"CGRS"后，出现教育、政治、经济、文史四个分类，单击分类前的复选框即为选择该类。

②年限默认为1995年～现在，也可以在任意年度之间限定。限定方法为：单击学科分类导航系统下"CGRS"→单击需要选择的类别如"教育"→单击

所要选择年代前的方框，可选一年，也可选几年。

（4）检索入口

除高级查询外，在初级检索、二次查询、分类检索时均可选定检索入口。在《人大复印报刊资料全文数据库》检索系统中，只有"任意词、标题"共两个检索入口可供选择。

4.4.3　检索结果的输出方式

在《人大复印报刊资料全文数据库》查询系统中，检索结果的输出分为标题输出、全文输出和保存到文档三种类型。

（1）标题输出

单击命中文献列表中的"阅读"按钮，即可列出在该分类、该年度中所检出文章的标题，如需查看其他分类或其他年度，则单击该分类、该年度查询结果栏内的"阅读"按钮即可。

（2）全文输出

单击显示命中文献结果列表中查询结果栏内的"阅读"按钮，再单击所要查看文献的标题，即可在当前位置浏览全文。如图4－35所示。

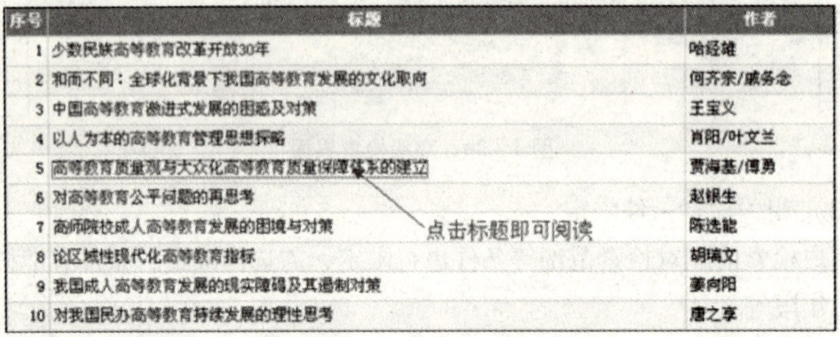

序号	标题	作者
1	少数民族高等教育改革开放30年	哈经雄
2	和而不同：全球化背景下我国高等教育发展的文化取向	何齐宗/戚务念
3	中国高等教育激进式发展的困惑及对策	王宝义
4	以人为本的高等教育管理思想探略	肖阳/叶文兰
5	高等教育质量观与大众化高等教育质量保障体系的建立	贾海基/傅勇
6	对高等教育公平问题的再思考	赵银生
7	高师院校成人高等教育发展的困境与对策	陈选能
8	论区域性现代化高等教育指标	胡瑞文
9	我国成人高等教育发展的现实障碍及其遏制对策	娄向阳
10	对我国民办高等教育持续发展的理性思考	唐之享

点击标题即可阅读

图4－35　《人大复印报刊资料全文数据库》全文浏览页面

（3）保存到文档

由于《人大复印报刊资料全文数据库》使用的为全文本格式，因此在需要将命中文献全文内容保存到某文档时，可采用Windows中的文本复制功能将所需章节内容复制到文档中，而无需进行任何文字识别与转换。如图4－36所示。

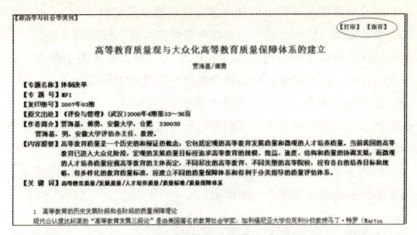

图 4-36 《人大复印报刊资料全文数据库》文档保存、打印界面

4.5 读秀学术搜索平台

读秀学术搜索是一个具有海量全文数据及元数据组成后台的超大型数据库，有 100 多万种中文数字化电子图书。它是全球最大的中文图书搜索及参考咨询文献传递系统，目前收录 260 多万种书目数据、6 亿多页文献资料，提供全文检索、图书搜索及多面搜索等功能，宗旨是让读者"找到得到"，目标是"集天下之书为一书"。通过读秀学术搜索，还能一站式检索馆藏纸质图书、电子图书、期刊等各种异构资源，几乎囊括了图书馆内的所有信息源。不论是学习、研究、写论文还是做课题，读秀都能够为读者提供最全面、准确的学术资料。

4.5.1 读秀学术搜索的特点

（1）海量学术资源，为读者提供全面的学术资料

读秀学术搜索提供全文检索、图书、期刊、报纸、学位论文、会议论文等 9 个主要搜索频道。所涵盖的学术资料比以往任何传统的数据库都要全面。读者通过读秀学术搜索，能够获得关于检索点的最全面的学术资料，避免了反复收集和查找的困扰。

（2）整合馆藏学术资源，使读者迅速地获取学术资料

读秀学术搜索将检索结果与馆藏各种资源库对接。读者检索任何一个知识点，都可以直接获取图书馆内与其相关的纸质图书、电子图书全文、期刊全文、论文内容等，而不需要再对各种资源逐一登录检索查找。

（3）参考咨询服务，为读者提供珍稀学术资料

读秀学术搜索提供的参考咨询服务，通过文献传递，直接将相关学术资料发送到读者邮箱，使读者第一时间获取珍稀学术资源。

（4）读秀学术搜索可以与购买学校现有的纸质图书期刊进行整合，生成个性化学术搜索界面。如图 4 - 37 所示。

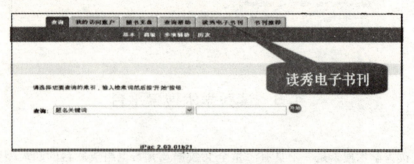

图 4 - 37　读秀学术搜索个性化搜索界面

4.5.2　读秀学术搜索的检索频道

读秀学术搜索提供全文检索、图书、期刊、报纸、学位论文、会议论文等6 个搜索频道。

（1）全文搜索

选择全文检索频道，在搜索框中输入关键词"现代矿床学"，然后点击"中文文献搜索"，系统将为您在海量的图书数据资源中，围绕"现代矿床学"深入到图书等学术文献的每一页资料中进行信息深度查找。如果您点击"外文文献搜索"，则自动进入到外文期刊频道进行搜索。如图 4 - 38 所示。

图4-38　读秀学术搜索全文搜索界面

在检索结果页面，您可以通过右上角的"在结果中搜索"来缩小检索范围。点击标题或"本页阅读"即可查阅文献。如图4-39所示。

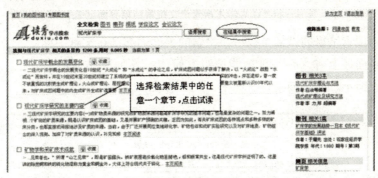

图4-39　读秀学术搜索全文搜索结果界面（一）

在搜索结果页面的右侧，为各频道的相关检索结果。如图4-40所示。

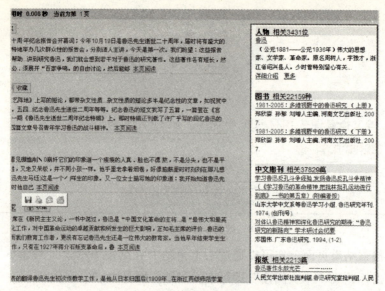

图4-40 读秀学术搜索全文搜索结果界面（二）

进入搜索结果的试读页以后，检索的关键词都已在文献中标蓝。

在页面最上方，有一排功能按钮方便您的各种操作与需求，如：上下翻页、放大缩小、文字摘录等。如图4-41所示。

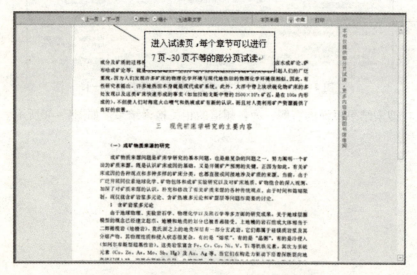

图4-41 读秀学术搜索全文搜索结果试读界面

上一页：向前翻阅；下一页：向后翻阅；放大、缩小：调整文献的显示大小。

【读秀全文搜索的特点】：所有的图书变成了一本书，一部最大的百科全书，一部6亿页的图书；任何一句诗词，任何一句古文，任何一句名言，都可以在读秀找到出处、前后语。

（2）图书搜索

图书频道为读者提供260万种图书的书目查找。当读者查找到某一本书时，读秀为读者提供该图书的封面页、版权页、前言页、目录页以及正文部分页（7~30页不等）的试读。同时如果该本图书在馆内可以借阅或者进行电子全文的阅读，读秀将提供给读者"本馆馆藏纸书""本馆电子全文"两个相关链接，可以使读者直接借阅图书或者阅读全文。另外读者也可以通过"图书馆文献传递中心"，对图书进行文献传递（将图书原文发送到自己的邮箱），每次文献传递不超过本书的20%。如图4-42所示。

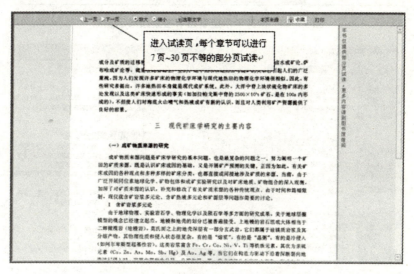

图4-42 读秀学术搜索图书搜索界面

如想查找"大豆低聚糖"方面的图书，在进行搜索后，如果觉得结果不太令人满意或者是范围太大，可以通过三种方式缩小搜索范围：

① 通过左侧的"年代和学科"聚类；

② 通过上方的"在结果中搜索"；

③通过每本图书的"查看相关分类结果"的分类链接（高级检索结果仅能通过此方法缩小）。如图4-43所示位置。

在图书的搜索结果页面中，还可以通过右侧多面搜索快速浏览其他频道的搜索结果（高级检索结果无此功能）。如图4-44所示。

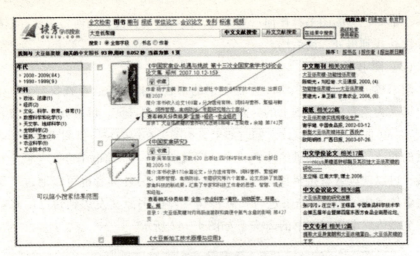

图4-43 读秀学术搜索图书搜索结果示意图

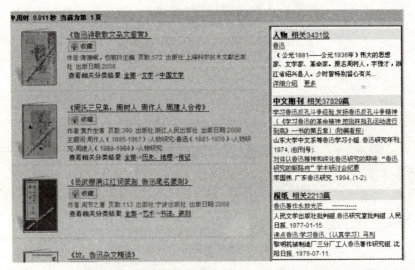

图4-44 读秀学术搜索图书搜索结果其他搜索快速浏览示意图

从搜索结果页面点击书名或封面进入到图书详细信息页面,关于本书的题名、作者、页数、封面、出版社、出版时间、主题词等详细信息将一一罗列。点击链接文字,可直接在图书频道中搜索该文字,以便查找相关图书。如:直接阅读本馆的电子全文,从图书馆借阅,或使用文献传递、互助平台、其他图书馆借阅等。如图4-45所示。

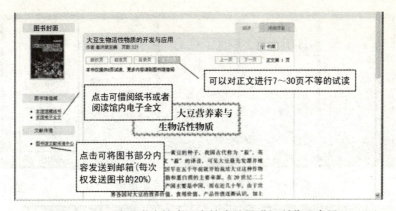

图4-45 读秀学术搜索图书搜索结果详细浏览示意图

　　如果本单位没有所需要的图书，可以通过文献传递来快速获取。如图4-46所示。

图4-46 读秀学术搜索图书文献传递示意图

　　正是由于读秀搜索提供了170万种图书的自动的文献传递，才能显示它将电子图书和纸质图书深度整合的优势，也才有"理想数字图书馆"的美称。

　　【读秀图书搜索的特点】：读秀搜索不仅具有搜索引擎的功能，而且是一个具有多种信息载体的全文数据库。高校图书馆拥有了读秀搜索，就相当于拥有一个资源的管理和提供平台。读秀图书搜索的特点，如图4-47、4-48所示。

图4-47 读秀图书搜索的特点示意图（一）

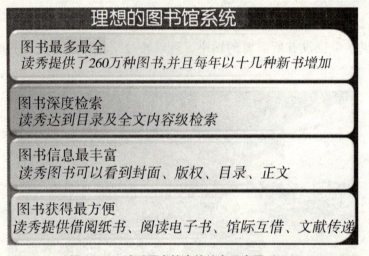

图4-48 读秀图书搜索的特点示意图（二）

（3）期刊、报纸、学位论文、会议论文频道

读秀学术搜索的期刊、报纸、学位论文、会议论文搜索频道的使用方法基本一样，下面以期刊频道为例，在搜索框中输入关键词"数字图书馆"，然后点击"中文文献搜索"，将在海量的期刊数据资源中进行查找。如果希望获得外文资源，可点击"外文文献搜索"。

另外，可以在搜索框下方选择：全部字段、标题、作者、刊名或关键词。还可以通过右侧的高级检索来进行更精确的查找。如图4-49所示。

图 4 – 49　读秀学术搜索期刊搜索界面

在期刊高级搜索中，有标题、作者、刊名、关键词等 4 个字段选择。期刊高级搜索的页面如图 4 – 50 所示。但报纸、学位论文、会议论文、专利、标准等频道目前尚未开通高级检索。

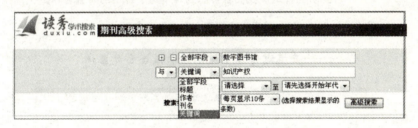

图 4 – 50　读秀学术搜索期刊高级搜索界面

在高级搜索中，还可通过两个加减按钮来增加或删除一组条件框，如图 4 – 51 所示。

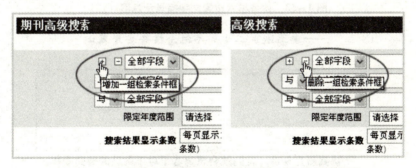

图 4 – 51　读秀学术搜索期刊高级搜索增、减条件框示意图

（4）结果处理

当在读秀学术搜索中得到所需要的内容后，可以进行文字的摘录、保存、收藏和打印。

①文字摘录（截取图片同此）：

点击“文字摘录”按钮，然后用鼠标左键标示出选取的文字范围（注意将文字全部选中）；点击“确认”；文本成功摘录。如图 4－52、4－53、4－54、4－55 所示。

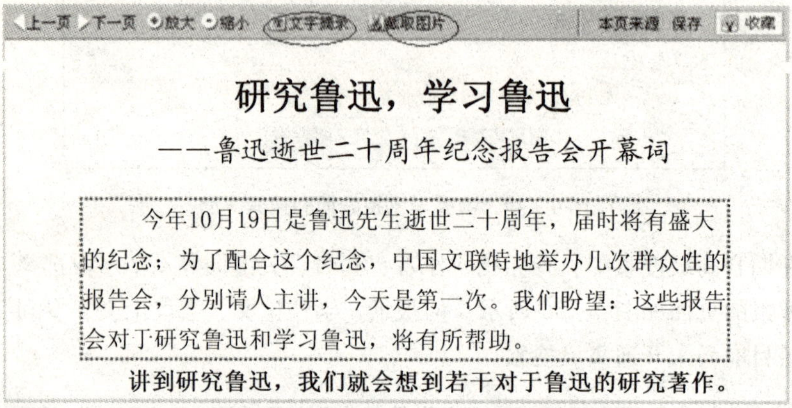
上一页
下一页
放大
缩小
文字摘录
截取图片
本页来源
保存
收藏
研究鲁迅，学习鲁迅
——鲁迅逝世二十周年纪念报告会开幕词
今年10月19日是鲁迅先生逝世二十周年，届时将有盛大的纪念；为了配合这个纪念，中国文联特地举办几次群众性的报告会，分别请人主讲，今天是第一次。我们盼望：这些报告会对于研究鲁迅和学习鲁迅，将有所帮助。
讲到研究鲁迅，我们就会想到若干对于鲁迅的研究著作。

图 4－52　读秀学术搜索文字摘录示意图（一）

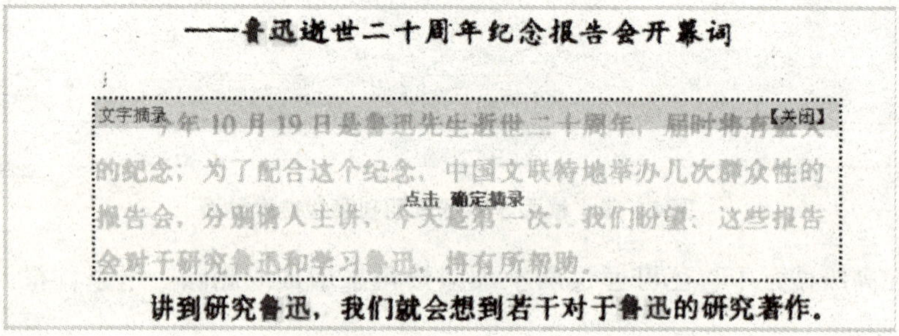
——鲁迅逝世二十周年纪念报告会开幕词
文字摘录
【关闭】
今年 10 月 19 日是鲁迅先生逝世二十周年，届时将有盛大的纪念；为了配合这个纪念，中国文联特地举办几次群众性的报告会，分别请人主讲，今天是第一次。我们盼望：这些报告会对于研究鲁迅和学习鲁迅，将有所帮助。
点击 确定摘录
讲到研究鲁迅，我们就会想到若干对于鲁迅的研究著作。

图 4－53　读秀学术搜索文字摘录示意图（二）

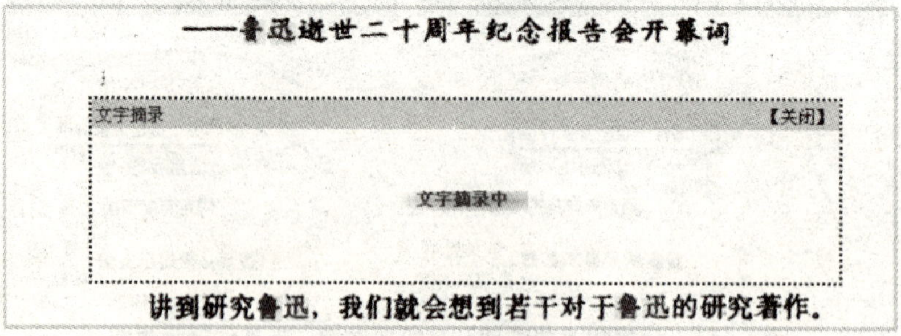
——鲁迅逝世二十周年纪念报告会开幕词
文字摘录
【关闭】
文字摘录中
讲到研究鲁迅，我们就会想到若干对于鲁迅的研究著作。

图 4－54　读秀学术搜索文字摘录示意图（三）

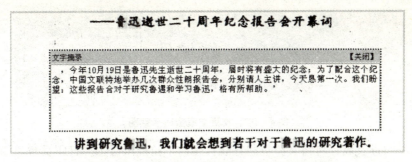

图4-55 读秀学术搜索文字摘录示意图（四）

②本页来源：通过查看本页来源，可以获得该文献资料的出处、作者等信息等内容。如图4-56所示。

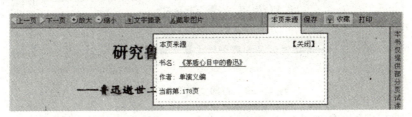

图4-56 查看本页来源示意图

③内容保存：可将该页文献资料保存为png格式的图片。如图4-57所示。

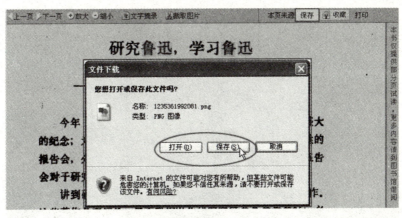

图4-57 保存本页文献资料示意图

④收藏文献：可将文献资料收藏进自己的个人在线图书馆，下拉框内可选择收藏页数（具体收藏方法请参见"添加收藏"）。如图4-58所示。

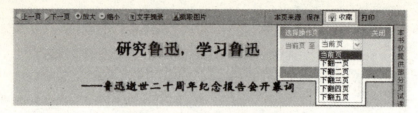

图4-58　收藏文献资料示意图

⑤打印文献：可将文献资料在线打印，下拉框内可选择打印页数。如图4-59所示。

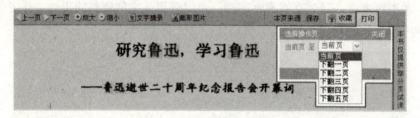

图4-59　打印文献资料示意图

（5）读秀的多面搜索

在读秀的各种搜索中，只要输入一次检索词，就可以得到其他所有搜索频道的搜索结果，因而被形容为"多面全文搜索引擎"。如图4-60、4-61、4-62所示。

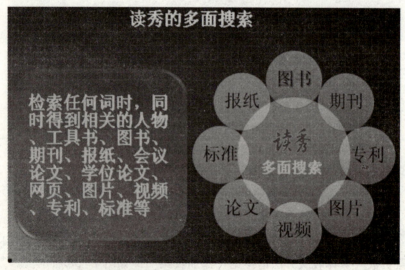

图4-60　多面全文搜索示意图（一）

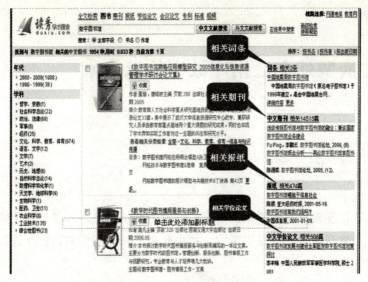

图 4-61　多面全文搜索示意图（二）

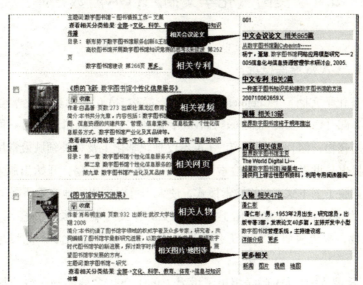

图 4-62　多面全文搜索示意图（三）

第五章

文摘型外文数据库数字信息检索

外文数据库根据它所提供的数字信息资源文献类型，可以分为文摘型数据库和全文型数据库两种。在本章中，将主要对几种文摘型的数据库进行介绍。

5.1 美国《化学文摘》（CA）数据库

5.1.1 CA 数据库概况

美国《化学文摘》（Chemical Abstracts，简称 CA）是由美国化学会的"化学文摘服务部（Chemical Abstracts Service，简称 CAS）"编辑出版的一种化学化工专业文摘刊物，创刊于 1907 年。CA 不仅是化学化工及相关领域最常用的检索工具，而且也是世界上著名的检索刊物之一。从 1977 年起，开始出版 CA 光盘数据库，摆脱了书本式 CA 的检索模式，使人们可以更快速地检索所需文献。

（1）收录内容：以化学化工为主，涉及有关生物、医学、轻工、冶金、物理等领域，报道科研成果和工艺，不报道经济、市场、化学产品目录、广告及新闻。

（2）收录范围：CA 收录报道了世界上的 15000 多种期刊、科技报告、会议录、学位论文、图书等类型的文献，以及澳大利亚、加拿大、中国、日本、美国、英国、德国、、俄罗斯等国家及两个世界性专利组织（欧洲专利组织和世界知识产权组织）的专利文献。

（3）收录年限：光盘数据库收录的年限从 1977 年起，分五年累积版和年度版。目前累积版光盘包括第 10 次累积索引（1977～1981）、第 11 次累积索引（1982～1986）、第 12 次累积索引（1987～1991）、第 13 次累积索引（1992～1996），以及 1997 年至今的年度版光盘，每月更新一次。

5.1.2　CA 的常用检索字段

在对 CA 数据库进行检索时，基本上都是围绕着检索字段来进行，因此在介绍数据库的检索方式之前，先了解 CA 的一些常用的字段，见表 5 – 1 所示。

表 5 – 1　CA 常用字段一览表

字段名称	中文解释	字段名称	中文解释
Word	取自标题、文摘、关键词、索引项的词	CASRN	化学物质登记号（如：[7446 – 09 – 5]）
Author	个人作者	Patent Number	专利号（如：US6076287）
Formula	分子式（如：C2·H60）	Compound	化合物名称（如：acetic acid）
CAN	CA 文摘号（如127：23540）	Organization	团体作者或作者单位
Journal	期刊名称	Language	原文语种
Year	出版年份	CA Section	CA 分类号及类名
Update	更新日期	Document type	文献类型

5.1.3　CA 的逻辑算符

规定概念或检索词之间相互逻辑关系的算符称作"逻辑算符"，也叫"布尔算符"。CA 数据库的逻辑算符有三种：

（1）逻辑"与"（and），用来组配不同的检索概念。

如：seawater and salt

表示在文献中同时出现 seawater 和 salt 这两个词。

（2）逻辑"或"（or），用来组配相同概念的词，如同义词或相关词等。

如：TNT or trinitrotoluene

表示在文献中只要任意一个词出现即为检中的文献。

（3）逻辑"非"（not），用来从检索项中排除某些词。

如：ink not black ink

表示在文献中需要除去 black ink 这个词。

5.1.4　截词

截词符是检索数据库时常用的符号之一，其主要用途是完成某个检索词的词性或词根的变化，检索时恰当地运用截词可以扩大检索范围。CA 数据库的截词有两种，即 ？和 ＊。

  ？代表任意一个字符，如：Produc？可检索 produce，product；

  ＊代表任意多个字符，如：Polymer＊可检索 Polymer，polymers，polymeric，polymerizes，polymerase，polymerizable；

  注意:？和 ＊ 不能出现在词或词组的最前端。

5.1.5 检索界面及检索途径举例

  CA 数据库主要有 Word Search（词检索）、Index Browse（菜单式检索）、Substance Hierarchy（化学物质名称检索）以及 Formula Hierarchy（分子式检索），其中词检索和菜单式检索属于比较常用的检索方式，因此在下面将重点介绍，其他两种方法仅作简要介绍。CA 检索界面如图 5 - 1 所示。

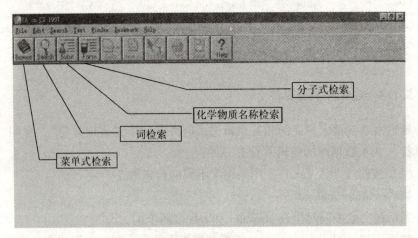

图 5 - 1　CA 主界面

  （1）Word Search（词检索）

  词检索是 CA 数据库中较为常用的检索方式，其检索组配灵活。相同字段之间以及不同的字段之间均可以自由组配，使用非常方便。如图 5 - 2 所示。

  ①CA 的常用字段：如表 5 - 1 所示。

  ②邻近关系选择区：

  CA 数据库中可以应用邻近关系选择区的各个选项来修饰词与词之间的关系。

  Same Document——系统默认值，表示两词在同一记录中；

Same Paragraph——表示两词在同一段落中；

Words Apart——表示两词邻近且可以颠倒，两词中最多可插入 9 个词；

Exact Order——表示两词邻近且不能颠倒；

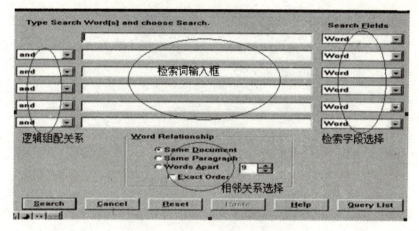

图 5 – 2　Word Search 检索界面

③检索界面中的几个功能键：

Search——表示开始检索；

Cancel——表示中断检索；

Reset——表示重新检索；

Help——拉出帮助信息；

Query——保存及调用检索策略；

【例题 1】：空气中二氧化硫含量测定的方法（Determination of sulfur dioxide in air）

确定检索词：尽量考虑同义词，尤其是化学物质名称及其分子式均可作为检索词。因此检索词为：

① dioxide sulfur、SO_2

说明：上述二词中，一个是化学物质名称，一个是分子式，作为同义词，用 or 组配。

② determination、detn.

说明：后者是前者的缩写格式，二者作为同义词，用 or 组配。在 CA 数据库中有很多这样的缩写，例如：soln、Polymn、mol. Wt.、compns、prepn、mixt 等，但是一般情况下可不予考虑，因为对检索结果影响不大。另外，determination 这个词的词根变化很多，有动词、分词等变化，最好采用截词处理。

③ Air

第一种方法：选用 Word 字段进行检索，如图 5 - 3 所示。

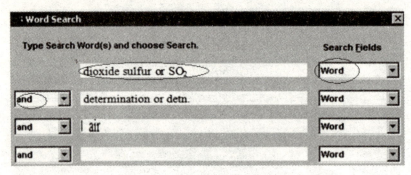

图 5 - 3　Word 字段检索

说明：选择 Word 字段，三组不同检索项分别在三行输入，这样比较清晰明了。

第二种方法：选用 Formula（分子式字段）进行检索。如图 5 - 4 所示。

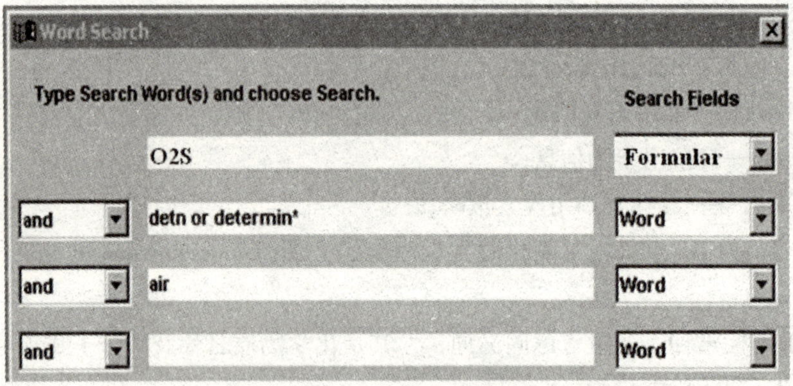

图 5 - 4　Formula 字段检索

说明：当我们检索含有化学物质名称的课题时，如果化学物质的分子式也清楚，也可以用分子式字段进行检索。但是用来检索的分子式，不同于普通化学课本中命名的分子式，而是应该按照 HILL 系统排列法来排列分子式，HILL 系统 排列法的具体规则是：

①含碳化合物：C 在前，H 在后，其他元素按字母顺序排列。如：二溴环己醇 $C_6H_{10}Br_2O$

②不含碳化合物：按字母顺序排列。如：氢氧化铝 Al（OH）$_3$ — AlH_3O_3

③对于酸、醇等形成的金属盐，按母体化合物的分子式排列，金属元素用 H 离子代替。

如：硫酸铜 $CuSO_4$—H_2O_4S

依据 HILL 系统排列法的原则，上个例题（图 5-4）中 SO_2 的分子排列式应为：$O2S$（检索时可以不考虑字母大小写和数字上下标），检索式的第一行，输入 $O2S$，改选 Formula 字段，其他两行检索词不变。

第三种方法：选用 CASRN（登记号字段）进行检索，如图 5-5 所示。

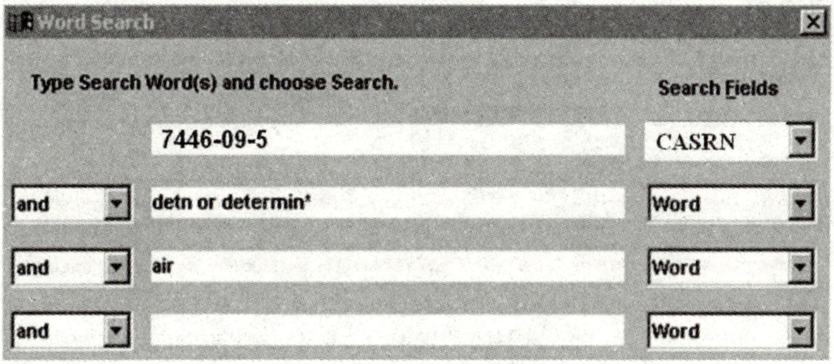

图 5-5 CASRN 字段检索

登记号是化学物质所特有的，如果知道某一物质的登记号，就可以选用登记号字段进行检索，这不失为一种极其简便的方法。SO_2 的登记号为 [7446-09-5]，将检索式的第一行输入 7446-09-5，改选 CASRN 字段，其他两行检索词不变。

【例题 2】：检索发表在《Biochemistry》期刊上，有关 DNA 的晶体结构（crystal structure）的文献，要求原文语种是 English。

这个课题中含有期刊名称、关键词以及原文语种三方面的因素，可以将这三个字段进行组配后检索，如图 5-6 所示。

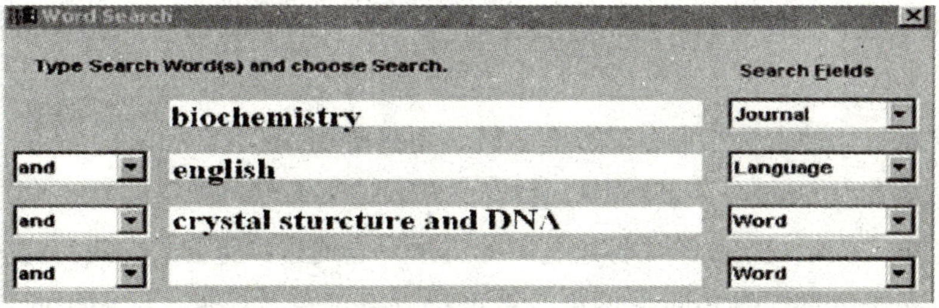

图 5-6 组配检索示意图

检索结果的显示、保存及打印:

CA 的检索结果显示的缺省格式是文献篇数和文献标题,如图 5 - 7 所示。文献标题前方的数字表示检索项在文献中出现的频率。单击工具栏中 Save 图标,保存下来的文献格式只有标题。

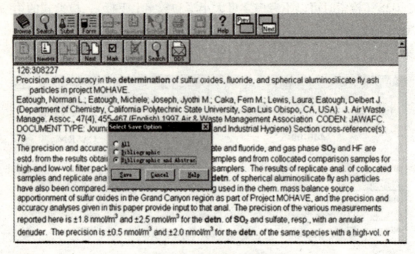

图 5 - 7   检索结果示意图

单击工具栏 Mark 图标将选中的文献标记后(文献标题前面用黑点标明),再单击 SaveMK 图标,即可以将标记的文献进行保存,这样保存下来的文献格式是全记录格式。

双击文献标题,可以浏览文献的全记录格式,包括文摘号、文献标题、作者、作者单位、文献来源、原文语种、文摘等信息。

此时单击工具栏中 Save 图标,那么保存下来的文献格式是全记录格式,即当前屏幕显示的内容。

无论用哪种方式保存文献,系统会出现一个对话框供你选择保存的文献格式,通常为了节省篇幅,我们建议读者选择第三个,即 Bibliographic and Abstract。

文献打印的方法与保存的方法一致,不再赘述。

(2) IndexBrowse(菜单式检索)

菜单式检索是根据菜单检索文献的方法,它通过浏览方式寻找特定字段的检索,单击工具栏中 Browse 图标,就可以进行菜单式检索。一般用此方法检索个人作者、团体作者、专利号、CAS 登记号、CA 文摘号等,可以在浏览框中上找到所需要的检索词,词与词之间关系为"或"的关系。

①选择连续几个检索词，用鼠标单击连续组检索词中的第一个，再按住 Shift 键，同时单击连续组中的最后一个检索词。

②选择非连续的检索词，按住 Ctrl 键，同时单击想选择的检索词。

【例题 3】：武汉科技大学教师发表的论文被 CA 收录的情况

此题可选用 Word Search 或 Browse 两种方式，但由于单位名称有多种写法，为防止漏检，最好使用 Browse 方式检索。

第一步：单击工具栏中 Browse 图标，选择 Organization 字段，在 Find 对话框内输入单位名称的字头：Wuhan Univ.。

第二步：单击 Find 按钮，屏幕出现以 Wuhan Univ. 开头的所有单位名称列表，按照字母顺序排列。

第三步：在列表中选择所需的单位名称，同时选择同一单位的不同拼写格式。单击 Search 按钮。

【例题 4】：查胡英发表的聚合物溶液方面的文献

此题可用 Browse 或 Word search 方式检索，一般查阅某作者发表的文献用 Browse 方式检索较方便，若某作者发表的文献比较多的话，可先用 Browse 方式检索，从而知道此作者姓名的多种拼写方法，再用 Word search 进行组配检索。

第一步：先用 Browse 方式检索，查看作者的拼写方式是 Hu，Ying。

第二步：Word Search 方式检索，选择 Word 字段和 Author 字段进行组配。如图 5 –8。

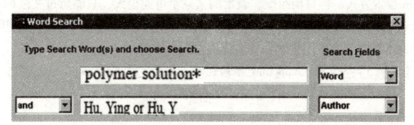

图 5 –8　Word 字段和 Author 字段组配检索

说明：输入姓名时要注意格式，否则系统将不执行正确的检索过程。正确的输入方法是姓和名的中间用逗号"，"隔开，在"，"后面要空一格。

第三步：在检索词输入框中分别输入检索词和作者姓名以后，并检查后面所对应的字段是否相符，单击 Search 按钮，即可得到组配检索的结果。如图 5 –9 所示。

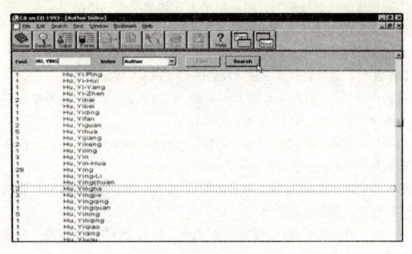

图5－9　组配检索结果示意图

（3）Substance Hierarchy（化学物质名称检索）

在 CA 数据库中，有许多文献涉及具体的化学物质名称，由于化学结构比较复杂，且化学命名多样化，同一物质可以有不同的名称，用 Word Search 方式检索，不能准确把握检索词，而用化学物质名称检索方式则可以避免检索词不规范造成的漏检。

化学物质名称检索方式也有它的局限性，它只能根据化学物质名称及有关的副标题检索，然后列出文献标题，没有进一步的说明语。由于不能像 Word Search 检索方式一样自由组配，查出的文献量可能很大，只能通过文献标题来判断该文献是否所需，这样的阅读方式将会占用读者大量的宝贵时间，因此，除非迫不得已，才使用化学物质名称检索。

【举例5】：选择 Compound 字段，在 Find 后输入：acetic acid 图 5 – 10所示。

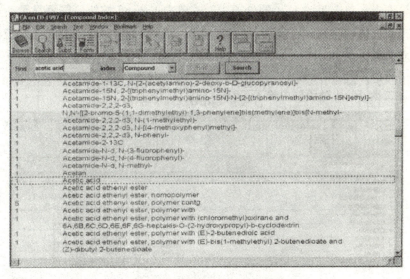

图 5 – 10　化合物名检索示意图

双击检中的化学物质名称，即可浏览有关该物质的所有文献标题，然后根据需要逐条查看，如图 5 – 11 所示。

图 5 – 11　利用化合物名检中文献示意图

（4）Formula Hierarchy（分子式检索）

分子式检索与化学物质名称检索方式类似，它也只能检索到化学物质名称及有关的副标题，没有进一步的说明，也不能自由组配，一般情况下，也很少使用。

分子式检索中的分子式排列方式依据 HILL 系统的排列规则，具体参见前面的介绍。

【举例 6】：利用分子式检索有关苯（Benzene）的生物研究（biological studies）方面的文献

第一步：单击工具栏中 Form 图标，进入分子式检索窗口，

第二步：Find 对话框内输入"苯"的分子式 C6H6，如图 5 – 12 所示。

第三步：单击带"+"的分子式，或单击 Expand 按钮，屏幕显示所有该分子式的母体物质名称以及相关的混合物、聚合物等。从中选择符合题意的化学物质名称，如 Benzene 如图 5 - 13 所示。

第四步：双击化学物质名称 Benzene，出现该化学物质名称检索的窗口，选择 QUALIFED（副标题），如图 5 - 14 所示。

第五步：双击 biological studies，进一步查看所需的文献标题，如图 5 - 15 所示。

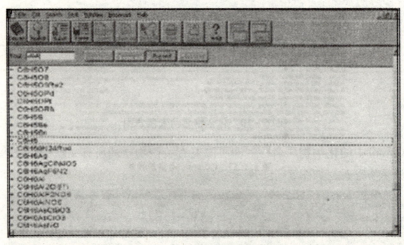

图 5 - 12 利用分子式检索示意图

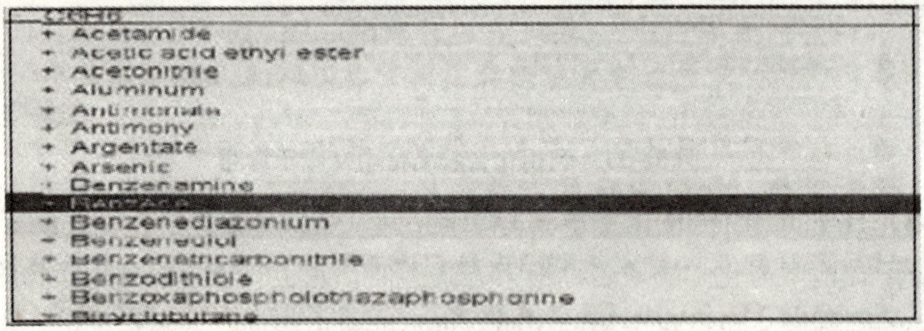

图 5 - 13 化学物质选择示意图

图 5 - 14 化学物质副标题选择示意图

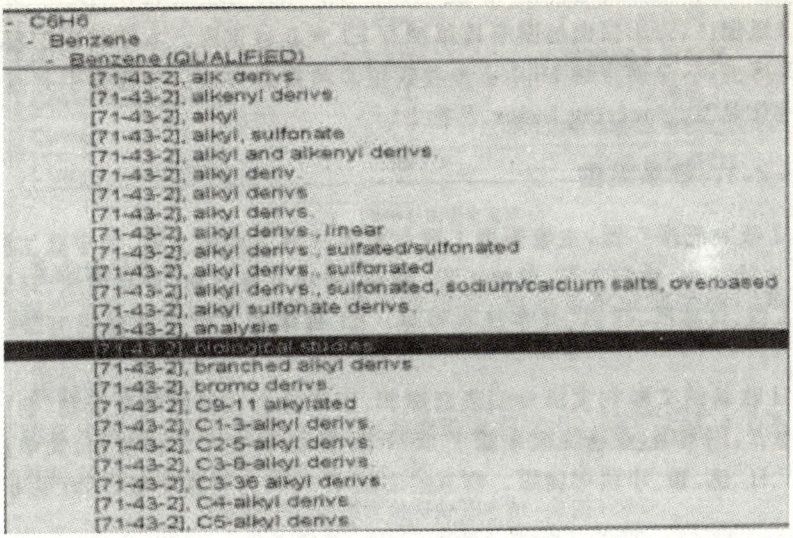

图 5－15　查看文献标题示意图

5.2　美国《工程索引》（Ei）数据库

Ei Compendex 是由《工程索引》和《EiPageOne》合并的 Internet 版本，该数据库系统每年新增 50 万条工程类文献，数据来自 5100 种工程类期刊、会议论文和技术报告，其中 2600 种有文摘。20 世纪 90 年代以后，数据库又新增了 2500 种文献来源。其中计算机和数据处理类占 12%，应用物理类占 11%，电子和通信类占 12%，机械工程占 6%。大约 22% 的数据是有主题词和摘要的会议论文，90% 的文献是英文文献，不收录专利类文献，数据库每周更新数据。

5.2.1　Ei Compendex 数据库网站界面

进入 Ei Compendex 数据库，其检索主界面如图 5－16 所示。

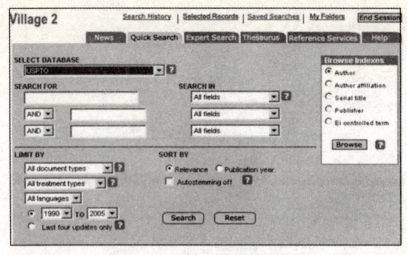

图 5 - 16　Ei 快速检索界面（主界面）

Ei Compendex 数据库除了在主检索界面进行快速检索外，还为读者提供一个简易检索界面。如图 5 - 17 所示。

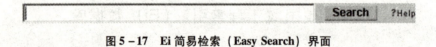

图 5 - 17　Ei 简易检索（Easy Search）界面

5.2.2　Ei 检索基础

（1）逻辑算符：and（与）、or（或）、not（非）

（2）截词：* 代替任意多个字符；

（3）优先级算符：（ ）括号用来改变运算顺序，词组必须置于双引号或者括号中：如"expert system"或者（expert system）

5.2.3　检索途径

（1）快速检索（Quick Search）

在 Ei Compendex 数据库的快速检索界面（图 5 - 16）中，可以进行三个检索词之间的组配。其组配关系及其他检索条件的限定通过下拉框来完成，检索词输入方法参照检索基础。字段名、文献类型、处理类型见如下几个表格。

表5-2　Ei 检索字段一览表

字段名	中文解释
All fields	所有字段
Subject/Title/Abstract	主题词/题目/文摘
Author	作者
Author affiliation	作者单位（机构名）
Publisher	出版者（出版机构）
Serial title	刊名
Title	题名（题目）
Ei controlled term	Ei 控制词

表5-3　Ei 文献类型一览表

文献类型	中文解释
All document types	全部（默认选项）
Journal article JA	期刊论文
Conference article CA	会议论文
Conference proceeding CP	会议论文集
Monograph chapter MC	专题论文
Monograph review MR	专题综述
Report chapter RC	专题报告
Report review RR	综述报告
Dissertation DS	学位论文
Unpublished paper UP	未出版文献

　　文献的处理类型（Treatment Type）用于说明文献的倾向性、定位或研究方法及所探讨主题的观点。一个记录可能有一个或几个处理类型，然而，并不是每个记录均赋有处理类型。

表 5 – 4 Ei 文献处理类型一览表

文献处理类型名	中文解释
All treatment types	全部
Applications	应用
Biographical	传记
Economic	经济
Experimental	实验
General Review	一般性综述
Historical	历史
Literature Review	文献综述
Management Aspects	管理方面
Numerical	数值
Theoretical	理论

（2）专家检索

在 Ei Compendex 数据库中，还提供专家检索途径。Ei 的专家检索（Expert Search）界面如图 5 – 18 所示。

在检索式输入框中输入检索式，字段的限定用"nw"。例如：输入"information nw TI"这样的表达式，就将题目中所有含 information 的文献检索出来。其他的规则参照检索基础。

（3）浏览检索（Browse Indexes）

浏览检索（look-up indexes）可帮助用户选择用于检索的适宜词语。在检索界面上列出了 Compendex 数据库可用于浏览检索的字段，如：Author（作者）、Author Affiliation（作者单位）、Serial Title（刊名）、Publisher（出版商）、Ei Controlled Term（Ei 控制词）等，选择索引检索中需要的字段名，点击 browse 按钮即可进入索引检索界面，再查找需要的检索词，如图 5 – 19 所示。

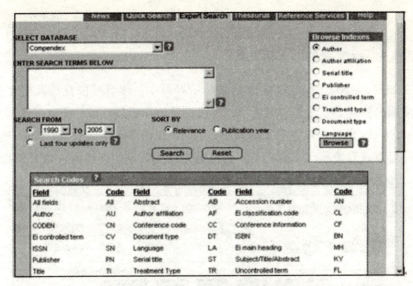

图 5 – 18　Ei 的专家检索界面

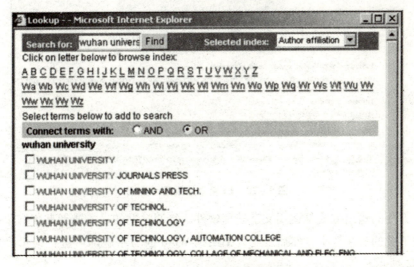

图 5 – 19　Ei 浏览检索界面

　　例如：检索武汉大学教师发表的文献被收录的情况。选择 Author Affilia-tion（作者单位），在检索框中输入 Wuhan University，屏幕下方出现了以 Wuhan University 为字头的一系列单位名称，我们可以从中选择武汉大学的不同拼写方式。确定后，即可按基本检索或专家检索的步骤继续进行检索。

5.2.4 Ei 文献的浏览和下载

在如图 5 - 20 所示的 Ei 检索结果显示界面中，读者可以自行改变文献的浏览或输出格式。点击作者的名字，可以浏览该作者被收录的所有文章；点击 Abstract/Links 链接可以查看文摘如图 5 - 21；点击 Detailed record/Links 链接，读者还可以查看按照《工程索引》标准著录格式著录的详细信息如图 5 - 22。

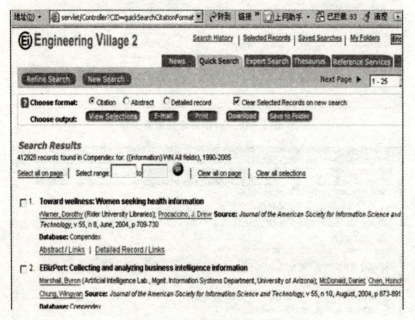

图 5 - 20　Ei 检索结果显示界面

方便的输出方式是运用文字处理软件、复制粘贴的功能或者直接打印。将需要下载的文字选中，然后复制，粘贴到 Word 或写字版即可进行编辑。如图 5 - 22 所示。

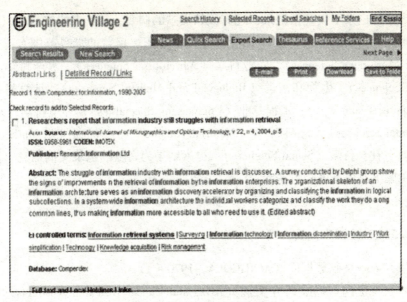

图 5 – 21　Ei 文摘显示界面

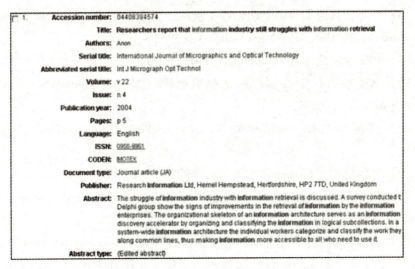

图 5 – 22　Ei 著录格式显示界面

5.3　美国剑桥科学文摘（CSA）数据库

剑桥科学文摘 Cambridge Scientific Abstracts（CSA）是美国科学信息出版公司发行的一种综合性文摘型网络数据库，提供基于 Web 方式的检索服务，数据库中的记录不仅包括题录，还有原始文献的摘要，使读者能够容易识别文献的可用性。目前可以提供 70 多个数据库的检索，覆盖的学科范围有：航空科学（Aerospace Sciences）、农业科学（Agricultural Sciences）、水产科学（Aquatic Sciences）、生物和医学（Biological and Medical Sciences）、计算机技术（Computer Technology）、工程专业（Engineering Specialties）、环境科学（Environmental Sciences）、材料科学（Materials Science）、市场研究（Market Research）、社会科学（Social Sciences），检索结果为文献的题录文摘信息。其中每个主题下对应有多个数据库。

5.3.1 数据库内容

（1）农业文献数据库（AGRICOLA，1970～）。

（2）艾滋病与癌症研究文摘（AIDS and Cancer Research Abstracts，1982～）。

（3）藻类、真菌学与原生动物学文摘——微生物学 C（Algology，Mycology & Protozoology Abstracts—Microbiology C，1982～）。

（4）铝工业文摘库（Aluminium industry Abstracts，1972～）。

（5）水生生物科学及水产品文摘数据库（ASFA：Aquatic Sciences and Fisheries Abstracts，1978～）。

（6）细菌学文摘——微生物学（Bacteriology Abstracts-Microbiology B，1982～）。

（9）生物科学（Biological Sciences，1982～）。

（8）生物技术和生物工程文摘数据库（Biotechnology and Bioengineering Abstracts，1982～）。

（9）陶瓷文摘数据库（Ceramic Abstracts/World Ceramics Abstracts，1975～）：本库为陶瓷工业的综合性数据库，提供了传统和先进的陶瓷制造、加工、应用、性能、试验等方面的 300 多种期刊、图书、标准、及公司产品等资料。

（10）计算机及信息系统文摘数据库（Computer and information Systems Abstracts，1981～）：收录上千种期刊及会议论文文摘，涉及计算机技术和信息技术。内容包括：人工智能、自动化技术、数据库辅助设计、软件、硬件、元器件、图像系统、控制工程（包括机器人技术）等。

（11）会议论文索引（Conference Papers index，1982～）。

（12）铜文献数据库（Copper Data Center Database，1965～）。

（13）腐蚀文摘数据库（Corrosion Abstracts，1980～）。

（14）电子和通信文摘数据库（Electronics and Communications Abstracts，1981～）。

（15）工程材料文摘子数据库（Engineered Materials Abstracts Search subfiles，1986～）：收录有关材料的研究、制造加工、性质、应用等方面的期刊1300种，另外还有学位论文、政府报告、会议录以及图书等，数据收录始于1986年，月更新，截止到2004年4月，数据量达到22.62万条记录。工程材料文摘包括陶瓷、复合材料、高分子材料三个子数据库。主题覆盖范围：生物医学材料、陶瓷、复合物、腐蚀、设计、连接、加工、机械性能、微观结构、模具、物理性质、聚合物、制备与合成、质量控制、测试。

（16）环境科学及污染管理（Environmental Sciences & Pollution Management，1981～）。

（17）工业和应用微生物学（Industrial and Applied Microbiology Abstracts-Microbiology A，1982～）。

（18）材料经营文档（Materials Business Fill，1985～）：。

（19）机械工程文摘（Mechanical Engineering Abstracts，1981～）：对应印刷版《机械工程文摘》（Mechanical Engineering Abstracts），是机械工程专业方面非常主要的参考数据库。涵盖主题：机械工程———一般工程（包括机械设计、机械设备和传送、机加工、金属切割与加工、小工具和五金器具、研磨剂以及润滑剂）、机械工程——工厂及电力、核技术、流体（水力学、气体力学、真空技术）、热和热力学、航空航天工程、自动化工程、造船和海运工程、铁路工程、材料处理。

（20）医学文献（MEDLINE，1992～）：内容介绍见医学文献数据库（MEDLINE）。

（21）金属数据库（METADEX，1966～）：金属数据库收录了金属及其合金方面的资料，包括它们的性质、制造、应用及开发。数据库包含2000种期刊以及专利、学位论文、政府报告、会议录以及图书等，数据收录始于1966年，月更新。对应的印刷版为《金属文摘》、《金属文摘索引》和《合金文摘》。主题覆盖范围：钢铁、微观结构、强度、精炼、铸造、涂料、热处理、金属基质复合材料、有色金属、腐蚀、提炼与熔炼、高炉、机械加工、焊接、测试与分析、环境与安全。

（22）微生物学文摘（Microbiology Abstracts，1981～）。

（23）美国政府报告（NTIS，1964～）。

（24）海洋学文摘数据库（Oceanic Abstracts，1981～）。

（25）植物科学数据库（Plant Science，1994～）。

（26）安全科学和风险（Safety Scienceand Risk，1981～）。

（27）固态及超导材料文摘库（Solid Stateand Superconductivity Abstracts，1981～）。

（28）毒理学数据库（TOXLINE，1994～）。

（29）水资源文摘数据库（WaterResourcesAbstracts，1967～）。

5.3.2 检索功能与检索方法

CSA 数据库的网络服务系统称为 Internet Database Service，简称 IDS。CSA 在网络数据库服务（IDS）方面有如下特点：

系统里面的信息每日更新，可以帮助用户及时的了解最新的研究成果；

访问主站点的终端数没有限制；

可同时检索多个数据库及相关的 Internet 网络资源；

简单检索和高级检索界面分开并有检索策略提示、检索限制项设置简便，支持叙词检索；

具有对全文、文件传递和馆际互借功能的链接，可保存、打印、E-mail 检索结果；

可记录检索历史，可为用户保存检索策略（半年时间内）；

为管理者提供数据库使用报告和用户登录记录。

（1）CAS 的检索界面与数据库的选择：

CAS 对中国的用户提供了两种检索界面，除了其原有的检索界面外，还针对各个用户所购买的数据库而单独设立一种个性化的中文的检索界面，分别如图 5-23 和图 5-24 所示。

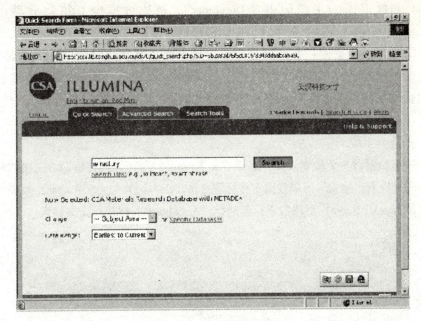

图 5 - 23　CSA 的检索界面

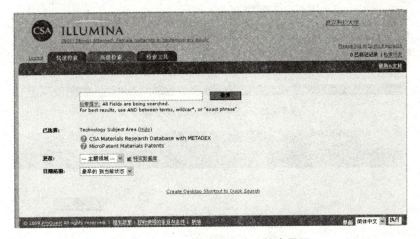

图 5 - 24　CSA 的个性化中文检索界面

　　在进行数据库检索之前要先选择数据库。首先选择学科，一次只能选一个，而每个学科范畴之下有多个数据库；之后选择检索方式：快速检索或高级检索，进入数据库选择页面。

　　①数据库介绍：在数据库选择页面，点击数据库名称前面的标记"i"，可连接对应的数据库介绍。在数据库介绍页面的最上方，有几种超文本链接，包括检索字段及其代码（Field Codes）、数据收录的期刊列表（Serials Source

Lists）和数据库的主题词表（Thesaurus）、植物数据库有植物分类代码（Classcification Codes），每个数据库的链接内容不同。

②检索子数据库：有些数据库是由若干个子数据库（Subfiles）组成的，点击数据库后面的"检索子数据库"（SearchSubfiles），可以检索一个或多个子数据库来缩小检索范围。如图 5 - 25 和图 5 - 26 所示。

（2）快速检索

①检索字段

快速检索有 5 个检索入口，选择"as Keyword（s）"，将在标题、文摘和叙词字段进行检索；检索也可单独限定在标题（in Title）、作者（as Author）或期刊名称（in Journal Name）字段检索；若选择"Anywhere"，将执行全文检索。

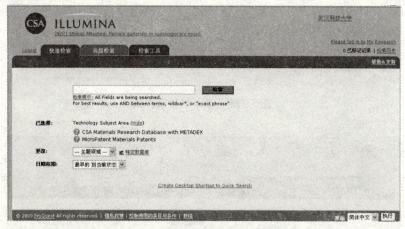

图 5 - 25　选择数据库检索主题界面

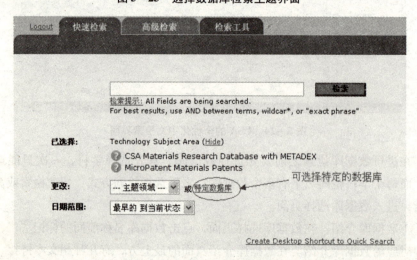

图 5 - 26　选择特定数据库界面

②逻辑关系

在检索式中可以直接使用逻辑算符"AND"和"OR"，也可使用括号执行优先检索，但快速检索中不能使用"NOT"。为方便检索，检索页面上设定了几种词与词的组配模式，如果检索式中有一个以上检索词，可限定它们之间的逻辑关系，如图5-27所示：

图5-27　CAS快速检索方式界面

● "Exact phase"表示这些检索词将作为一个完整的词组检索，词序和词的位置严格按照输入顺序执行；

● "Any of the words"表示检索词之间的关系是"或"的关系；

● "All of the words"表示检索词之间的关系是"与"的关系。

（3）高级检索

高级检索为菜单式检索，按照系统的页面设定输入检索词即可。如图5-28所示。

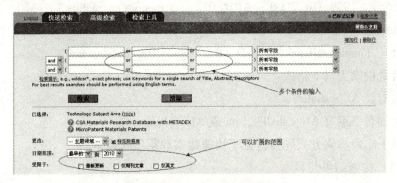

图5-28　CAS高级检索界面

在使用高级检索的过程中，如果有问题，除了可随时点击"Help"按键寻求帮助之外，在页面上还有强大的导航链接功能，如表5－5所示。

表5－5　CAS高级检索界面导航链接一览表

数据库中的导航链接	中文解释
Serial Source List	直接打开来源列表
Quick Search	切换到快速检索
Browse Indexes	浏览索引
Thesaurus	叙词表检索浏览
Search History/Alerts	浏览检索史/最新文献报道服务
Change Subject Area	改变主题范畴
Change Databases	在选择的主题范畴内变换数据库

①菜单式检索：每个检索对话框中的检索式可以是一个词或一个词组，也可以是用逻辑算符或位置算符联结起来的多个词（词组），但检索字段要一致，检索字段在左侧的下拉菜单中选择。不同字段的检索词在不同检索对话框中输入，最多可同时进行四种不同字段的组配检索，组配方式在两个对话框之间的下拉菜单中选择。在执行检索之前，可以限制检索年限、文献类型、检索结果的排序方式以及记录显示格式。

②命令式检索：在"Command-Line Search"下方的检索对话框中输入完整的检索策略进行检索。在命令式检索中，用户要手工键入检索字段代码（可参见字段代码表），如果不设定检索字段，系统执行任意字段检索。当菜单式检索对话框和命令检索对话框中都有检索式时，系统优先执行命令式检索。字段检索的格式为：字段代码＝检索词，例如：

PY＝（1999 OR 2000）AND DE＝（freshwater molluscs）AND AB＝（schistosoma mansoni）

TI＝（mouse OR mice）AND AB＝（gene OR pseudogene）

著者检索为以下格式：

只有姓 AU＝shaller

姓加名字缩写 AU＝shaller，ph 或 AU＝shaller ph

以上字段检索方式同样适合于快速检索和菜单式检索。

（4）检索结果与显示

在CSA数据库的结果中，不仅显示了该检索策略在所选数据库的命中文献记录数量，还显示检索策略。如图 5 – 29 所示。

图 5 – 29　检索结果

　　如检索结果不理想，可以在左侧策略显示框中修改原来的策略，并可进行各种检索限制。检索结果分数据库显示，系统缺省显示第一个数据库的检索结果，最多显示 250 条记录。若想浏览其他数据库的记录，可点击数据库后面记录的数字，切换到另一个数据库浏览检索结果。系统设置了记录的馆藏链接，点击"Locate Document"就可以看到相关的馆藏信息。

　　①如图 5 – 30 和图 5 – 31 所示，它们分别显示结果的界面和进行二次检索的界面。

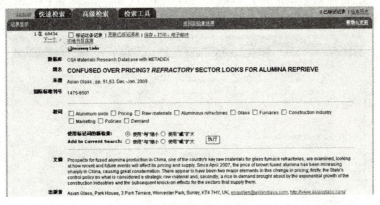

图 5 – 30　显示检索结果的界面

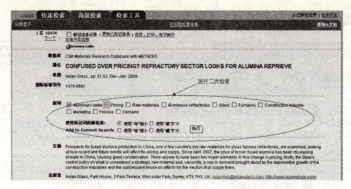

图 5 – 31　检索结果内进行二次检索的界面

②除了以上两种显示格式外，还可以对浏览结果进行标记。如图5 – 32所示。

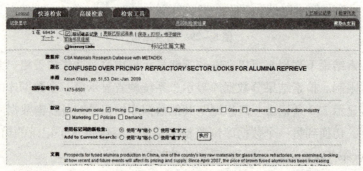

图 5 – 32　标记检索结果界面

在完成对检索结果的标记以后，可以根据自己的需要来选择文献的输出方式。分别有存盘、打印或者发送 E – Mail 等，如图 5 – 33 所示。

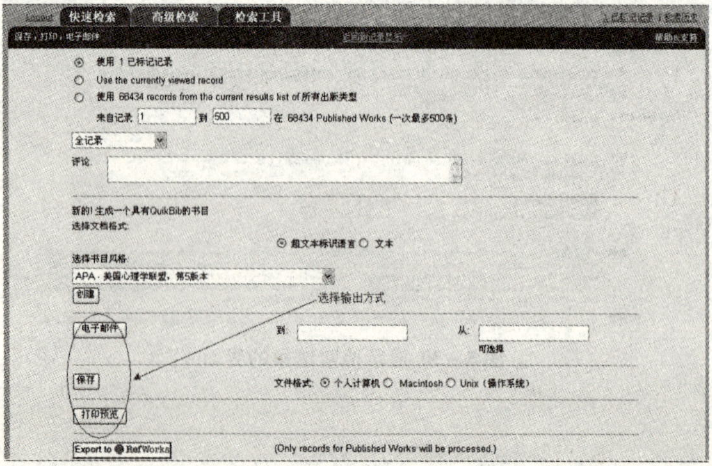

图 5 – 33　检索结果输出形式界面

5.4　ISI Proceedings（国际科技会议录数据库）

5.4.1　数据库简介

ISI proceedings 数据库是美国费城科学情报研究所（Institute for Scientific Information，简称 ISI）基于 Internet 环境开发的数据库，实行每天 24 小时服务，收录国际上主要与自然科学、工程技术、社会科学和人文科学有关的会议信息。检索人员可以通过 ISI Proceedings 的索引，检索到来自于期刊、专著、丛书出版的各种国际著名会议、座谈会、研讨会及其他各种会议录信息资源中发表的会议论文信息。ISI Proceedings 数据库可提供 1990 年以来的会议录论文的文献信息和著者摘要。

通过检索会议录文献可以：

（1）了解最新概念的出现和发展，掌握某一学科最新的研究动态和趋势。

（2）一个创新的想法和概念，一般是在刊物正式发表之前，可以从会议录中发现它。

5.4.2　检索基础

ISI Proceedings 数据库检索要注意的检索规则：

（1）检索词输入不分大小写；

（2）输入单词或词组均可，但不可输入标点符号；

（3）数据库检索采用的逻辑（布尔）算符为：AND，OR，NOT，SAME；

（4）当 AND、OR、NOT、SAME 不作逻辑算符时，要加引号；

（5）截词算符为：＊和？

＊代表任意多个字符

？代表一个字符

截词算符可以用在检索项的中间或者最后，但不能放在检索词的开头；

（6）在同一检索项中如果使用多种逻辑算符，最好使用括号，括号决定哪个检索项被优先执行检索，从而可以优化检索策略。逻辑算符的默认执行顺序为：SAME，NOT，AND，OR。

5.4.3　检索途径

ISI Proceedings 数据库的检索界面如图 5 – 34 所示。从数据库界面中可以看出，有两种检索方式可供选用，简单检索（Easy Search）和高级检索（Full Search）。用户可选用其中一种检索方式进行查找资料。

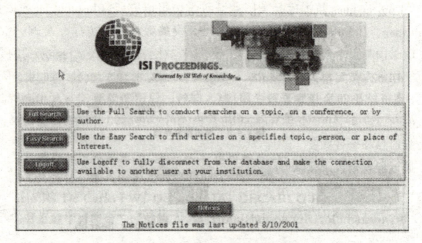

图 5 – 34　ISI proceedings 检索界面

（1）简单检索（Easy Search）

ISI proceedings 数据库的简单检索提供三种检索途径：主题（TOPIC）、著者（PERSON）和作者地址（PLACE）。如图5 – 35所示。

① TOPIC（主题）检索：

当我们选择主题来检索文献时，在检索界面提供的检索栏中可以输入一个检索词进行检索，也可同时输入多个检索词，但词与词之间需要采用逻辑算符编制成检索式，方可进行检索。如图 5 – 36 所示。

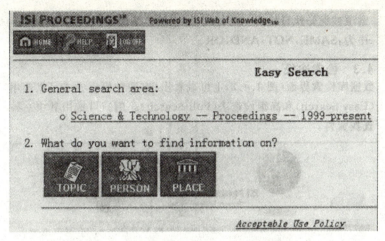

图 5 – 35　ISI proceedings 简单检索界面

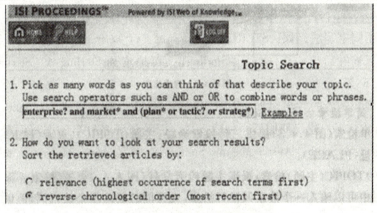

图 5 – 36　TOPIC 检索界面

【举例】检索"企业市场营销策略"方面的有关文献

可以编制检索式为：

enterprise? and market ＊ and（plan ＊ or tactic? or strateg ＊）

读者在进行检索时，可以选择检索结果排序，有两种排序方式：

relevance（highest occurrence of search terms first）表示输入检索词在检索结果的文献中出现的频率高的优先。

reverse chronological order（most recent first）表示检索结果文献按时间排列，最近的优先。

② PERSON（著者）检索：

ISI proceedings 数据库中，可以根据作者来检索特定著者或编者的文献，或者是特定著者论文被引文献。如图 5 – 37 所示。

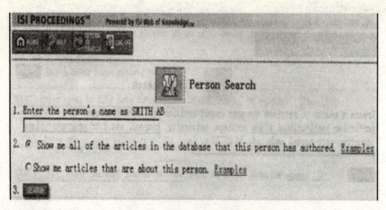

图 5 – 37　PERSON 检索界面

注意：著者检索须严格遵守姓前名后的规则，输入著者的姓后要空一格，然后输入著者的名，著者名必须采用首字母输入。详细见下列输入法：

● 不同书写法，如：STERLING, Sterling, or sterling。

● 只输姓后空一格，如："Sterling"，可检索到 Sterling A, Sterling AM, Sterling JW 等。

● 详知著者的姓名时如 Alison Magrow. Smith，输入格式为：Smith AM 或者是 Smith A *。建议使用后一种输入法，因为该著者姓名的书写可有这样几种：Alison M. Smith；Alison Magrow Smith；或者是 Alson Magrow Smith；Alisonmagrow Smith。

● 姓前带前缀的著者，如 Decarlo * 也可能是 De Carlo *，输入时要采用逻辑算符 OR 连接。输入检索式为：Decarlo * or De Carlo *。找出的著者可能是 De Carlo R；De Carlo FW；DeCarlos JA；DECARLORA；等等。

● 著者姓中可能带 " – " 的输入，如：Holm – Hanson OR Holmhanson，可检索到 HOLM – HANSON 和 HOLMHANSON。

● 检索结果排序选项：

检索该著者或编者所有的文献。

检索该著者论文被引的所有文献。

③ PLACE（地址）检索：

根据著者的机构或地理位置检索的方法（图 5 – 38）。

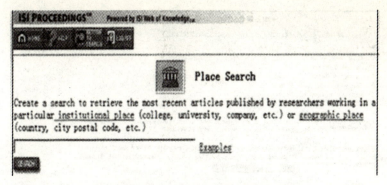

图 5 -38 PLACE 检索界面

● 按著者的地址如著者所在的国家、州、省市名称及其名称缩写和邮政编码；也可以查找著者所在的机构、合作单位或大学、院系、部门等，如：

输入 NY 可检索地址字段中含有 NY 的记录；

输入 Rutgers 可检索地址字段中含有 Rutgers 的记录；

输入 IBM SAME NY 可检索地址字段中同时含有 IBM 和 NY 的记录。

【著者地址检索规则】：

● 不同书写法，如：MERCK，Merck，merck 等。

● 用国家、省市二位代码检索，如输入 PA 既表示要检索地处 Pennsylvania 州全部著者的文献。用时请核对国家/州名缩写一览表。

● 若用机构名称检索也需核对机构名称缩写一览表，如 National Institute of Health 其缩写为 NTH。有些平时常见的机构缩写并不一定为本数据库采用，如 Univ. 在 ISI 数据库中不能用来表示 University。

● 著者其他的有关部门地址的检索信息请核对相应的一览表。

用逻辑算符 OR 同时查找属于两个地址的著者，如 USDA OR FDA.

用 SAME 来查找属于某一地区某一机构的著者情况，如 IBM SAME Japan 可检索到地处日本的 IBM 公司。

（2）高级检索法（Full Search）

从 ISI proceedings 数据库的高级检索界面上（图 5 -39），先选定要检索的年限选项，点击蓝色的 GENERAL SEARCH 标记按钮，进入功能检索界面。如图 5 -40 所示。

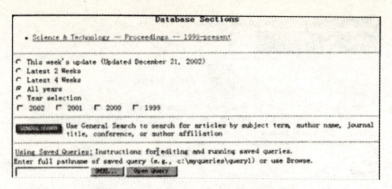

图 5 – 39　ISI proceedings 高级检索界面

根据需要用户可以选定特定的检索功能栏，输入相应的检索词或词组。在高级检索界面上可供 TOPIC（主题）、AUTHOR（作者）、SOURCE TITLE（文献来源）、CONFERENCE（会议信息）和 ADDRESS（地址）五种检索途径。其中主题、作者和地址的检索方法与简单检索法中的介绍一样。

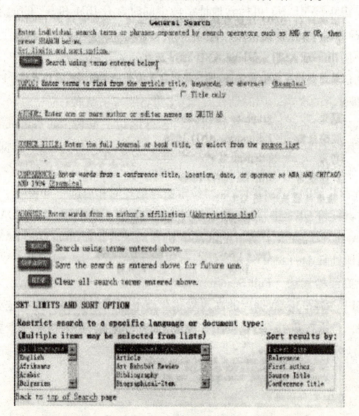

图 5 – 40　ISI proceedings 高级检索的功能检索界面

在 ISI proceedings 数据库的各种检索途径中，它们所用的逻辑算符和规则与简单检索中的一模一样，可以参考简单检索中的介绍。下面仅介绍文献来源和会议信息途径的检索方法。

①SOURCE TITLE（文献来源）检索：

利用文献来源途径检索时可用刊物的全称也可用刊物名称中的几个词，或者列在检索栏右边的 source list 刊物一览表检索。当然也可用截词算符对检索词进行前方一致的检索或用逻辑算符 OR 连接检索词查找多种刊物，如：Political Behavior Or Political Communication。

②CONFERENCE 会议（信息）检索：

可以采用会议标题、会议地点、主办者和会议日期进行检索，也可用简单的几个词用逻辑算符 AND 连接查找某一特殊的会议。例如查找 9th International Meeting on Lithium Batteries，Edinburgh，Schotland，July 12 – 17，1998，你仅需输入 lithium AND Scotland AND 1998 即可。

如果想查找某篇会议论文，你只需将会议的某一主题词或者作者组合在一起，如：

主题为 graphite electrode

会议信息为 Edinburgh AND 1998

作者为 Edstrom K ＊

会议信息为 lithium AND 1998

（3） 显示检索结果

在对 ISI proceedings 数据库进行检索后，可得到带题录和文摘的结果。如图 5 – 41 所示。

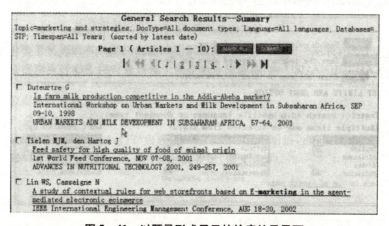

图 5 – 41　以题录形式显示的检索结果界面

在对显示的题录进行阅读后，读者可以对满意的文献进行标记。还可以点击画线会议标题进一步了解某篇会议文献的文摘内容，如图 5 – 42 所示。

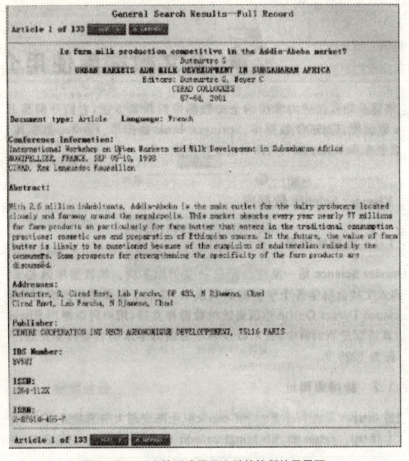

图 5 – 42　以文摘形式显示文献的接所结果界面

通过上面的介绍，读者对 ISI proceedings 的检索使用流程，可以用下面的示意图来加以概括和总结。如图 5 – 43 所示。

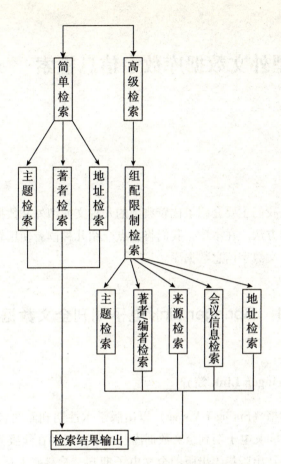

图 5 – 43　ISI proceedings 的检索流程

第六章

全文型外文数据库数字信息检索

在第五章，我们主要介绍了比较典型的几种文摘型外文数据库数字信息的基本情况和使用方法。在本章，我们将重点介绍几种读者使用较多，且公认为比较好的外文全文数字信息数据库。

6.1 Springer Link 电子期刊全文数据库

6.1.1 Springer Link 简介

德国施普林格（Springer-Verlag）以出版学术性期刊而闻名于世。其 1996 年推出 Springer Link 电子期刊全文数据库及电子图书的在线服务，可检索阅读德国施普林格科技出版集团出版的全文电子期刊，是科研人员的重要信息源。Springer Link 中的期刊及图书等所有资源划分为 12 个学科：建筑学、设计和艺术；行为科学；生物医学和生命科学；商业和经济；化学和材料科学；计算机科学；地球和环境科学；工程学；人文、社科和法律；数学和统计学；医学；物理和天文学等及很多跨学科内容。并由此构成了 Springer Link 的 12 个"在线图书馆"。Springer 的线上出版服务平台 Springer Link，已经迅速成为面向全球科研服务的最大在线全文期刊数据库和丛书数据库之一。Springer Link 数据库首页，如图 6-1 所示。

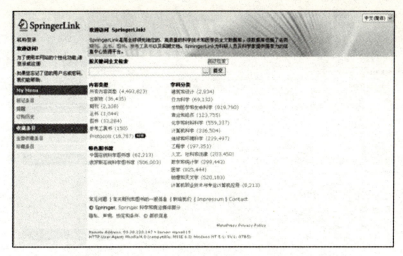

图 6 – 1 Springer Link 电子期刊全文数据库首页

6.1.2 Springer Link 检索方法

Springer Link 电子期刊全文数据库提供两种检索方式：浏览方式和检索方式。

（1）浏览方式

Springer 提供了按内容类型（期刊、图书、丛书等）、学科分类和特色图书馆进行浏览。每种分类后都有一个数字标记种类的个数。在浏览页面的右侧，可以按期刊名称的起始字母检索或浏览，按内容发行状态、或按出版时间、内容类型、学科、语种、作者等分类浏览。

点击 Springer Link 主页上的"内容类型、学科分类和特色图书馆"的任何一种浏览方式，就进入了浏览检索界面，比如期刊浏览检索界面。如图6 – 2所示。

点击"期刊"，进入期刊字顺浏览界面，该界面上系统列出了按字顺排列的期刊名称一览表，可用翻页按钮翻页浏览，查看需要的期刊。如果已知期刊的首字母，可直接点击该字母进入以该字母打头的期刊名称一览表。

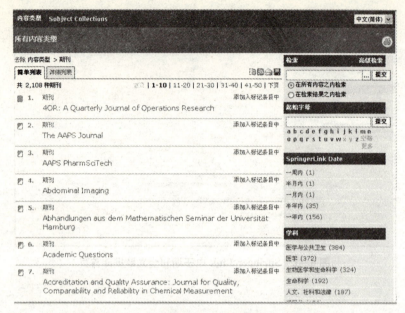

图 6-2 Springer Link 全文数据库期刊浏览页面

　　在浏览界面的右上角，系统还提供了快速检索功能。该功能可使用户在浏览期刊的过程中进行快速检索，在右上角的快速检索输入框内输入要检索的刊名，如图 6-3 所示，点击"提交"按钮，即可实现对某一特定期刊发表的有关内容文献的检索。

图 6-3 Springer Link 刊物的快速检索界面

　　在浏览的过程中，如果点击所选期刊名称，系统将列出数据库收录该期刊的全部卷期信息，逐级点击打开，即可查找到自己所需的文献。如图 6-4、图 6-5 所示。

图 6-4 Springer Link 期刊卷、期详细信息的界面

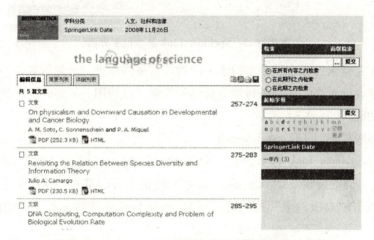

图 6-5 Springer Link 期刊具体文献详细信息的界面

"学科分类和特色图书馆"的浏览检索方式和期刊的浏览检索方式一样，不再重复。

（2）检索方式

①基本检索（Basic Search）

在 Springer Link 首页（如图 6-1 所示）的左上角有一个"按关键词全文检索"的输入框内输入关键词，从"…"下拉列表中选择检索范围，点击"提交"按钮即可进行检索。如图 6-6.1 所示。

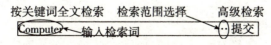

图 6-6.1 Springer Link 基本检索界面

当基本检索结束后，如果读者对检索结果不满意，还可以增加条件在"检索结果之内检索"中进行二次检索（可以多次进行），直到检索结果满足读者需要。如图 6 – 6.2 所示。

图 6 – 6.2　Springer Link 基本检索界面

由于在检索过程中，基本检索不能对检索条件作进一步的设置，因此检索结果的精确度不高。要想进行较为精确的检索，可使用 Springer Link 提供的高级检索功能。

②高级检索（Advanced Search）

打开 Springer Link 首页，在"基本检索"输入框的"提交"按钮上方（每一种"浏览检索"输入框的"提交"按钮上方，都有一个"高级检索"按钮）点击"高级检索"按钮进入到 Springer Link 高级检索界面，如图 6 – 7 所示。

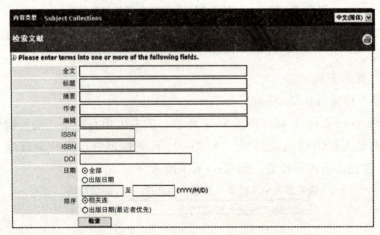

图 6 – 7　Springer Link 高级检索界面

从"高级检索"界面可以看出，读者可以根据掌握的条件和具体检索要求，在系统所提供的检索字段中，输入一个或多个检索词对文献的出版时间、排序进行限定，使得所得文献尽量满足检索的要求。

当需要在同一字段输入多个关键词时，应该使用逻辑运算符来表达关键词之间的逻辑组配关系。

逻辑运算符：在检索框中输入"AND"表示逻辑"与"；输入"OR"表示逻辑"或"；输入"NOT"表示逻辑"非"。

"＊"截词符：前方一致，用于关键词的末尾，以代替多个字符。

优先级运算符"（　）"：可使系统按照检索者要求的运算次序，而不是系统默认的逻辑运算优先级次序进行检索。

【字段范围选项】：选择"全文"时在全文、文摘和篇名中检索；选择"摘要"时在文摘和篇名中检索；选择"标题"时只在文献篇名或书名中检索。

【排序选项】：用于设置检索结果的排序方式。选择"出版日期（最近者优先）"时，检索结果将按出版时间排序，新近出版的排在前，较早出版的排在后；选择"相关性"时，检索结果将按照与检索关键词的相关度（或称：符合度）排序，相关度高的排在前。

【限定文章的出版时间】：用于设置检索结果的出版发行时间。选择"全部"时，系统内所有符合检索条件的文献全部输出；选择"出版日期"时，仅仅输出符合时间设置范围的文献，此时最早出版时间和最晚出版时间都必须填写，且格式为：月／日／年。如："02/01/2008"或"8/1/09"等。

在新版本的"Springer Link 电子期刊全文数据库"系统中，高级检索不再像以前的老版本中系统中有 Articles by citation（引文检索）、Articles by text（文章检索）、Publications（出版物）三个折叠标签，而是集中为一个统一的检索界面。但是，在"高级检索"界面的顶部的左上角有"内容类型"和"Subject Collections"链接按钮，读者在检索的过程中，随时可以根据需要进行浏览检索的转换，如图 6-8 所示。

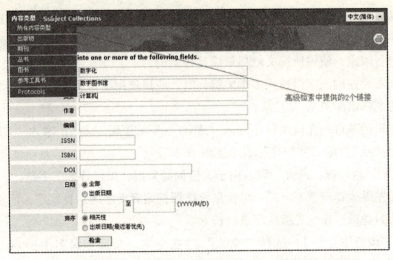

图 6 - 8　Springer Link 高级检索界面上的浏览检索链接界面

6.1.3　显示检索结果

检索条件输入完毕后，单击"检索"按钮，进入检索结果显示界面，如图 6 - 9 所示。

在检索结果显示界面上，系统列出了满足检索条件的命中记录总数、当前显示记录数、页面快速定位以及命中记录的题录列表等内容。点击翻页按钮可以翻页浏览检索结果；点击期刊名链接可以获得数据库收录该期刊的全部卷期信息；逐级点击可查看全文；点击作者名链接可以获得该作者撰写的其他文献信息；每条记录显示题名、出版物名称、作者、出版时间、相关度及摘要的节选等信息；点击文献题名可链接到该文献题录界面，该界面右上方设有一获取全文区（Full Text Access），上面标明该文章的 PDF 格式全文的大小；点击"Open Full Text"按钮，即可打开 PDF 格式文献全文，此时可进行浏览、保存、打印文献的操作。此外在结果显示界面上还提供有二次检索（Search Within Results）功能，可进行二次检索。在"For"输入框中输入检索词，点击"Search"按钮，即可检索到检索结果中出现有该检索词的文献。

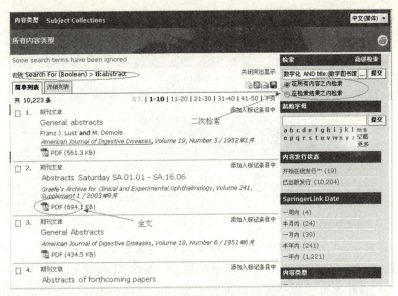

图 6 – 9 **Springer Link** 高级检索结果的显示界面

6.2 Elsevier SDOS 全文电子期刊数据库

6.2.1 Elsevier SDOS 数据库简介

荷兰 Elsevier 爱思唯尔公司是全球最大的科学文献出版发行商，产品包括 2000 多种高质量的学术期刊、5000 多种书籍以及电子版全文和文摘数据库。Elsevier 公司出版的期刊大部分被 SCI、SSCI、EI 收录，是世界上公认的各个学科领域当中的高品位学术期刊。Science Direct 是 Elsevier 公司最全面的全文文献数据库，数据库内容至少每周更新一次，时效性强。其中 "Elsevier SDOS" （Science Direct On Site） 是我国本地化镜像服务器，"Elsevier SDOL" （Science Direct Online） 是荷兰的主站点。如图 6 – 10 所示。

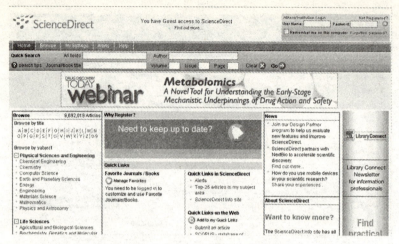

图 6-10 Elsevier SDOS 检索主页

Science Direct 全文数据库规模增长迅速，2000 年收录期刊仅 1100 多种，现在超过 2000 多种。目前该数据库收录期刊的学科分类也更加详细，由原来的 12 类发展为现在的 24 类，内容涵盖社会、人文、管、农、医、理和科技等各个领域，收录期刊类目与数量如下表所示。

表 6-1 Science Direct 全文数据库收录期刊类目一览表

序号	类目名称（按类名字顺序排列）	期刊种数
1	Agricultural and Biological Sciences（农业与和生物科学）	143
2	Arts and Humanities（艺术和人文科学），	37
3	Biochemistry，Genetics，Molecular Biology（生物化学，遗传学，分子生物学）	211
4	Business，Management and Accounting（商业，管理与会计）	89
5	Chemical Engineering（化工）	103
6	Chemistry（化学）	133
7	Civil Engineering（土木工程）	59
8	Computer Science（计算机科学）	148
9	Decision Sciences（决策学）	38
10	Earth and Planetary Sciences（地球和行星科学）	101
11	Earth and Planetary Sciences（地球和行星科学）	101
12	Economics，Econometrics and Finance（经济学，经济计量学与金融学）	80
13	Energy and Power（能源与动力）	55
14	Engineering and Technology（工程与技术）	198
15	Environmental Science（环境科学）	90
16	Immunology and Microbilogy（免疫与微生物学）	118

续表

序号	类目名称（按类名字顺排列）	期刊种数
17	Materials Science（材料科学）	132
18	Mathematics（数学）	81
19	Medicine（医学）	316
20	Neuroscience（神经科学）	96
21	Pharmacology, Toxicology and Pharmaceutics Science（药理学，毒理学与制药学）	67
22	Physics and Astronomy（物理与天文学）	108
23	Psychology（心理学）	101
24	Social Science（社会科学）	157

6.2.2 Elsevier SDOS 数据库检索

Elsevier SDOS 数据库可以使用浏览和检索两条途径获取论文。在检索途径中，又支持快速检索、简单检索、高级检索和专家检索等四种检索方式。

（1）浏览检索（Browse）

在 Elsevier SDOS 数据库主页的左中间的位置，有一个"浏览"检索窗口。通过"浏览"可以看到系统中的 960 多万条全文；可以通过刊名或书名的"字顺"浏览全文；同时还可以通过"学科主题"浏览文献内容。浏览检索的方法简单易行，浏览检索界面和浏览检索结果界面分别如图 6 – 11 所示。

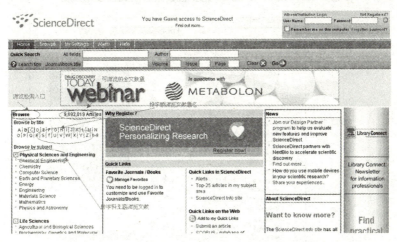

图 6 – 11　Elsevier SDOS 浏览检索界面示意图

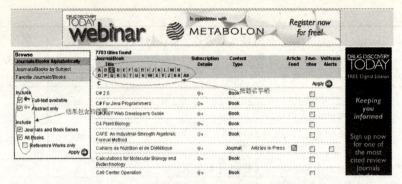

图 6－12　Elsevier SDOS 浏览检索结果示意图

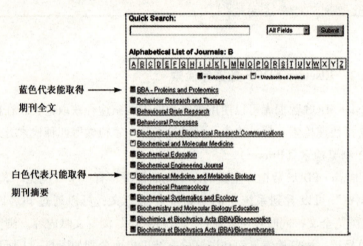

图 6－13　Elsevier SDOS 浏览检索结果全文权限示意图

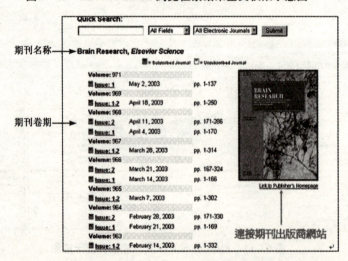

图 6－14　Elsevier SDOS 检索结果中期刊的卷期目次示意图

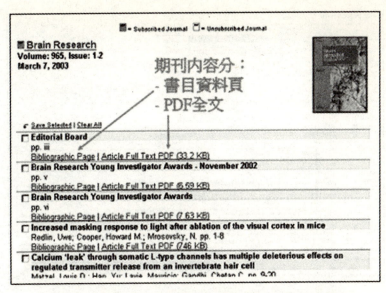

图6-15 Elsevier SDOS 期刊内容全文与书目资料示意图

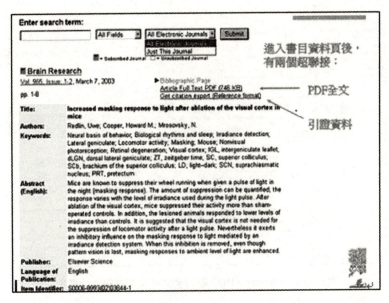

图6-16 Elsevier SDOS 期刊内容阅读示意图

图 6 – 17 Elsevier SDOS 期刊全文参考文献示意图

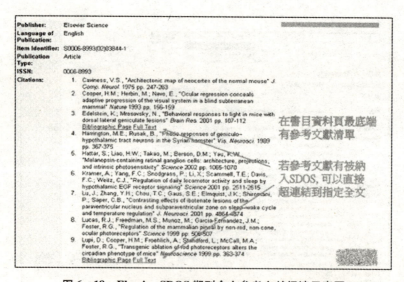

图 6 – 18 Elsevier SDOS 期刊全文参考文献阅读示意图

图 6 – 19　Elsevier SDOS 使用 Adobe Acrobat Reader 阅读、打印示意图

　　Adobe Acrobat Reader 是读者阅读和打印 Elsevier SDOS 全文所必须具备的软件，只能在 Adobe Acrobat Reader 工具列表中点击"打印"后，才能打印出文献。如图 6 – 20 所示。

图 6 – 20　在安装了 Adobe AcrobatReader 后打印文献示意图

（2）快速检索（Quick Search）

　　Elsevier SDOS 数据库的"快速检索"在数据库主页的左上角，如图 6 – 21 所示。在进行"快速检索"时，用户只要在"All fields"输入框中输入检索词或检索式，并可在右边的"Author"输入框中输入想要找的文献的作者姓名；在下边的"Journal/book？ title"输入框中输入刊名或书名，并在指定刊物的卷、期后，点击按钮即可进行检索，并获得检索结果内容。如果想改变检索条件，点击按钮即可清除原先的输入检索条件。

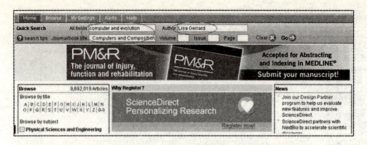

图 6 – 21　**Elsevier SDOS 的 Quick Search 示意图**

在快速检索后，发现结果范围过大，结果不不令人满意时，同样可以进行二次检索。二次检索是在前一次检索结果的基础之上进行主题范围的缩小，所以应该选择在"Search Within Results"进行检索，同时还可以选择"Limit To"和"exclude"对检索结果进行范围的限制和排除。如图 6 – 22 所示。

图 6 – 22　**Elsevier SDOS 的"二次检索"示意图**

（3）简单检索（Simple search）

点击 Elsevier SDOS 数据库界面上方"Simple search"的图标，进入到 Elsevier SDOS 的全文数据库简单检索界面，如图 6 – 23 所示。

图 6 – 23　**Elsevier SDOS 的简单检索界面**

简单检索界面分为上、下两个区，即检索策略输入区和检索结果的限定区。在"Enter Search terms"输入框中输入检索词后（注意：多个检索词之间可用布尔逻辑算符 AND、OR、NOT 和位置算符等连接，以实现更精确的检索）。在"which field"的下拉选择框中选择"Search in any field（所有字段）"、"Search in title only（文章标题）"、"Search in abstract field（文摘）"、"Author's Name（作者）"、"Journal Title（期刊名）"等检索字段；再利用限定区，限定检索结果的出版时间、命中结果数及排序方式，而后点击"Search the Collections"按钮开始检索；最后点击"Submit Query"进入结果显示页。

检索结果有两类信息。一类是期刊题名，在题名下有该刊目次页（table of contents）的超链接和搜寻相关文件按钮；另一类是期刊论文题录，排在靠后的部分为论文标题、出处、作者、相关度和搜寻相关文件按钮，通过搜寻相关文件按钮可检索到与该文内容类似的文章。

单击期刊题名下的"table of contents"按钮，可浏览目次信息；单击论文题录下的"Abstract"按钮，可浏览该文章的标题、作者、作者单位、关键词、文摘等进一步信息；单击"Article Full Text PDF"按钮，即可看到论文全文（PDF 格式）。单击页面左侧的"Search"按钮，即进入简单检索界面。

（4）高级检索（Advanced Search）

如果需要进行更详细的检索，在简单检索的界面或检索结果的界面上，点击左上方的"Expanded"或"Expanded search Form"图标，进入到 Elsevier SDOS 数据库高级检索界面。如图 6 - 24 所示。该界面为用户提供了两个"Enter Search terms"输入框，用户可输入两个检索词。检索字段除增加了"ISSN（国际标准刊号）"、"PII（Published Item Identifier，出版物识别码）"、"Search in author keywords（作者关键词）"、"Search in text only（正文检索）"等检索字段外，还增加了学科分类、文章类型、语种、日期范围等限定条件，可进行更精确的检索。"正文检索"（Search in text only）指的是在正文中检索而不是在参考文献中进行检索。"论文类型"（Article type）的限定中，"Article"表示只显示论文；"Contents"表示只显示期刊题名；"Miscellaneous"表示只显示其他题材的论文。在进行高级检索时，还可以选择每页显示结果的数量及其排序方式。高级检索方式为用户进行更为详细和准确的检索要求提供了极大的方便。

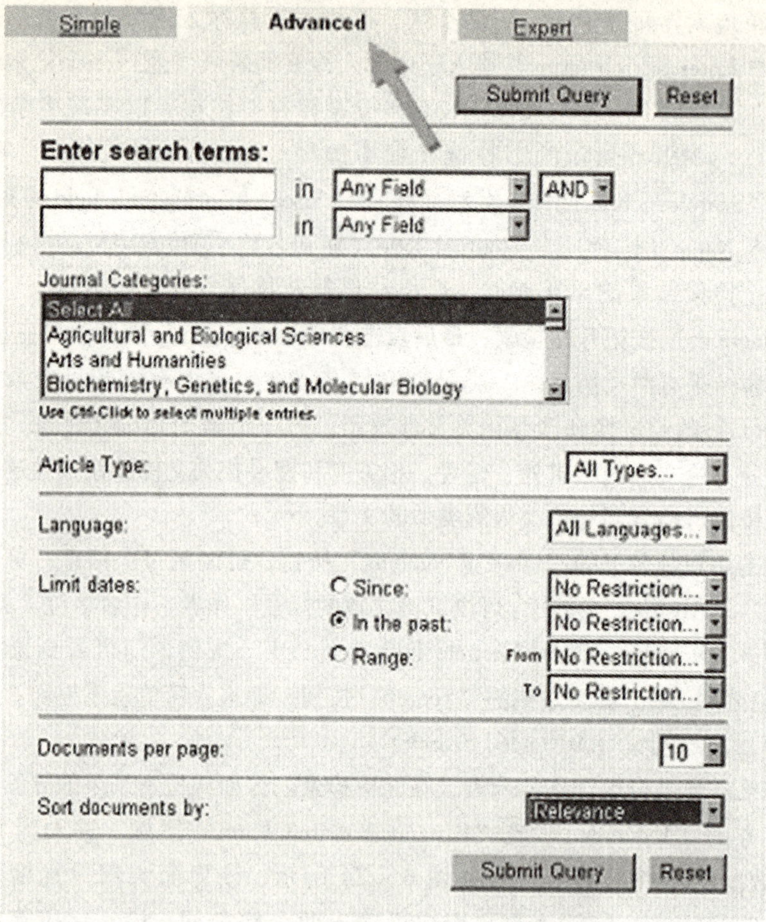

图 6 – 24 　Elsevier SDOS 的高级检索界面

【说明】：

系统默认各检索字段间为"AND（与）"的关系；

系统默认的显示结果数为 50 个，且按相关度排列，用户也可以自选；

作者姓名的输入方法为：姓在前用全称，名在后用首字母，例：smith m；

在同一检索字段中，可以用布尔逻辑算符 AND （与）、OR （或）、NOT （非）来确定检索词之间的关系（布尔逻辑算符要求大写）；

截词符：在检索词尾部加"＊"，表示检索同输入词起始部分一致的词。

（5）专家检索（Expert Search）

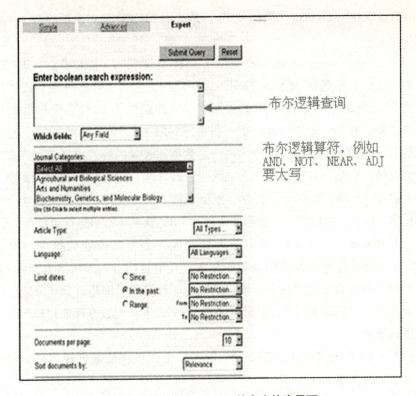

图 6 - 25　Elsevier SDOS 的专家检索界面

　　点击简单检索或高级检索界面上的"Expert Search"按钮，进入到 Elsevier SDOS 数据库专家检索界面，如图 6 - 25 所示。这项检索需在布尔检索表达式（Erter boolean Search Expression）输入框中输入用"AND"、"OR"、"NOT"等构建的布尔逻辑检索式，其他的限定和步骤与高级检索一致。专家检索要求具有较高的检索知识和检索技巧，适合专业人员使用。

6.3　EBSCO 全文数据库

6.3.1　EBSCO 全文数据库介绍

　　EBSCO 是 Elton B. Stephens Company 的缩写，这是美国一家创始于 1943 年，已经具有 60 多年历史的大型文献服务专业公司，它提供期刊、文献定购及出版等服务。开发了近 100 多个在线文献数据库，涉及自然科学、社会科学、人文和艺术等多种学术领域。其中 Academic Search Premier（简称 ASP）

和 Business Source Premier（简称 BSP），是美国 EBSCO 公司出版的两个主要全文数据库。

（1）Academic Source Premier 提供了 7876 种期刊的文摘和索引；近4700种出版物全文，其中包括 3600 多种同行评审期刊。它为 100 多种期刊提供了可追溯至 1975 年或更早年代的 PDF 过期案卷，并提供了 1000 多个标题的可检索参考文献。SCI & SSCI 收录的核心期刊为 1453 种（全文有 350 种），是全球最大的多学科学术期刊全文数据库之一。数据库收录内容几乎覆盖了所有的学术研究领域，包括：社会科学、人文科学、教育学、语言学、艺术、文学、历史学、法律、军事、心理学、哲学、工商经济、工程技术、计算机科学、物理学、化学、医学、生物等。此数据库还通过 EBSCO host 每日进行更新。

（2）Business Source Premier 是世界上最大的全文商业数据库，提供近8350份学术性商业期刊及其他来源的全文，其中包括1100多份学术商业刊物，与商业相关的所有主题范围几乎均包括在内。数据库提供超过 350 份顶尖学术性期刊的全文（PDF 格式），最早可回溯至 1922 年。此数据库通过EBSCO host每日进行更新。

（3）EBSCO 的其他数据库资源。除了以上两种主要数据库以外，EBSCO 还有下面一些数据库：

①ERIC（教育资源信息中心）包含 2200 多篇文摘和附加信息参考文献以及 1000 多种教育或与教育相关的期刊引文和摘要。

②History Reference Center（历史教育中心）提供了 750 多部历史参考书和百科全书的全文以及近 60 种历史杂志的全文，并包含 58000 份历史资料、43000 篇历史人物传记、12000 多幅历史照片和地图以及 87 小时的历史影片和录像。

③Master FILE Premier，此多学科数据库专门为公共图书馆而设计，它为2005种普通参考出版物提供了全文，全文信息最远可追溯至 1975 年。Master FILE Premier 中几乎涵盖了综合性学科的每个领域，它还包括 320 多本全文参考书、84074 本传记、86135 份主要来源文献和一本包含 107135 张相片、地图和标志的图片集。此数据库通过 EBSCO host 每日进行更新。

④Medline 提供了有关医学、护理、牙科、兽医、医疗保健制度、临床前科学及其他方面的权威医学信息。国家医学图书馆创建的 MEDLINE 允许用户搜索来自 4800 多种当前生物医学期刊的摘要。

⑤Newspaper Source（报刊资料库）提供了近 30 个民族（美国）和国际出版的报纸的精选全文。该数据库还包含来自电视和收音机的全文新闻副本以及

200 多种地区（美国）报纸的精选全文。此数据库通过 EBSCO host 每日进行更新。

⑥Professional Development Collection（职业教育发展库），此数据库为职业教育者而设计，它提供了 550 多种非常专业的优质教育期刊集，包括 350 多个同行评审刊。此数据库还包含 200 多篇教育报告。Professional Development Collection 是世界上最全面的全文教育期刊集。

⑦Regional Business News（美国地区商业新闻数据库），此数据库提供了地区商业出版物的详尽全文收录。Regional Business News 将美国所有城市和乡村地区的 75 种商业期刊、报纸和新闻专线合并在一起。此数据库每日都将进行更新。

⑧Vocational and Career Collection 为服务于高等院校、社区大学、贸易机构和公众的专业技术图书馆而设计。该数据库提供了 400 种与贸易和工业相关的期刊的全文收录。

6.3.2　EBSCO 全文数据库检索方法

（1）选择数据库

用户进入 EBSCO host 后，既可以一次选择单个数据库检索，也可以一次选择多个数据库检索，这是因为 EBSCO 数据库检索系统支持多文档检索功能。在欲检索的数据库前面的方框内单击，当方框内显示"√"时即为选中，再单击则"√"消失，表示不选。如图 6－26 示。

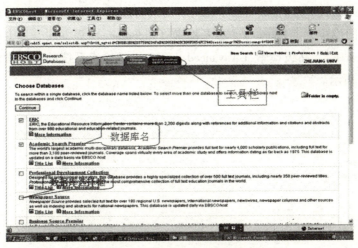

图 6－26　EBSCO 数据库选择页面

对单个数据库进行检索时，除用上述选择方法，还可用鼠标直接点击这个数据库的名称。对多个数据库检索，则在所有欲同时检索的数据库前的方框内打钩。（注意：同时对多个数据库进行检索可能会影响某些检索功能或数据库的使用。如：所选多个数据库使用了不同的主题词表，则无法使用主题检索功能。）数据库选择完毕后，点击"Continue"按钮。如图6-27所示。

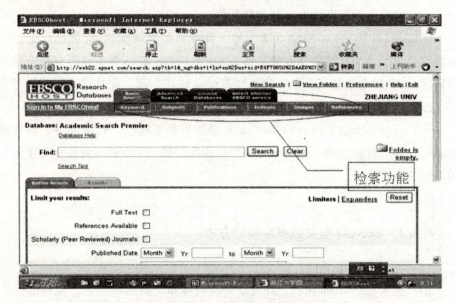

图6-27　EBSCO数据库检索界面

（2）EBSCO检索方法

EBSCO数据库检索系统提供基本检索（Basic Search）、高级检索（Advanced Search）、主题检索（Subjects）、出版物检索（Publications）、索引（indexes）、图像检索（Images）、参考检索（Reference）等方法。其中基本检索（Basic Search）、高级检索（Advanced Search）是检索系统的主检索窗口。如图6-28所示。

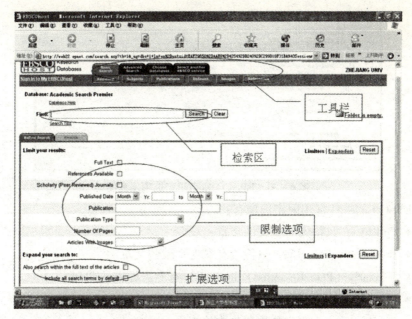

图 6 – 28 EBSCO 检索方法示意图

①基本检索（Basic Search）

对记录进行全文检索，方法为在检索框中输入检索词或检索策略，然后单击 Search。检中记录包括检索式中的字或词，检索结果按出版日期顺序，从最近期次开始排列。在检索的过程中，允许使用布尔逻辑检索、截词检索、字段限制检索、位置算符检索。如：可在检索框中输入：ti（digital librar * ）and su（reference or information retrieval）。如图 6 – 29 所示。

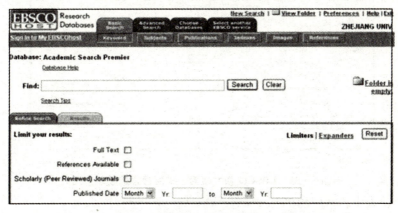

图 6 – 29 EBSCO 基本检索示意图

我们在进行检索的过程中，可以通过字段对检索结果作一些限定。如图 6－30 所示。

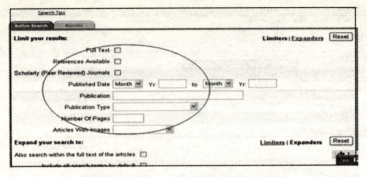

图6-30 EBSCO 常用限定选项示意图

EBSCO 的一些常用限定选项有：

- Full text：只检索有全文的文章；
- References Available：只检索有参考文献的文章；
- Scholarly（Peer Reviewed）Journals：有专家评审的期刊；
- Published Date：限定出版时间；
- Publication：在限定的出版物中检索；
- Publication Type：出版物的类型（期刊、报纸、书）；
- Number Of Pages：全文页数。如：1-3；10-；-5；
- Articles With Images：检索有图片的文章；
- Cover Story：在期刊封面上着重介绍的文章中检索；

在基本检索中，除了在检索词输入框中使用关键词外，扩展检索也是为了提高文献的查准率必须常用的方法。如图6-31所示。

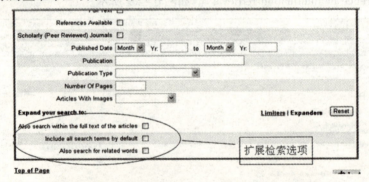

图6-31 EBSCO 基本检索—扩展检索选项示意图

在检索中，常用的扩展选项有：

- Also search within the full text of the articles：在默认字段和全文中检索；
- Include all search terms by default：包括默认的检索项；
- Also search for related words：检索相关词；

● 相关词指同义词，如 bike，bicycle。

②高级检索（Advanced Search）

在 EBSCO 的高级检索界面，提供三个关键词输入框，同时可输入三组关键词或检索策略，还可同时为每组关键词限定检索字段，并可指定各组关键词之间的逻辑运算关系。

【检索方法】

在检索框中根据需要选择检索字段，输入检索词，使用逻辑算符，进行逻辑组配。最后点击"Search"。如图 6 – 32 所示。

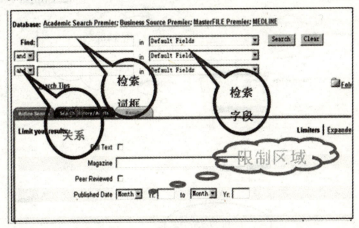

图 6 – 32　EBSCO 高级检索界面示意图

在高级检索过程，可提供限定关键词的检索字段有：作者、文章题目、主题词、关键词、摘要、索取号、ISSN 号、期刊名、作者提供文摘、工业代号、分类号等。如图 6 – 33 所示。

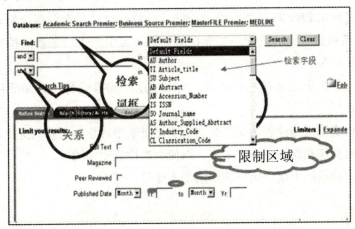

图 6 – 33　EBSCO 高级检索中的检索字段示意图

在 EBSCO 的高级检索中，也有像基本检索一样的几个常用扩展选项，分别为：

- Also search within the full text of the articles：在默认字段和全文中检索；
- Include all search terms by default：包括默认的检索项；
- Also search for related words：检索相关词；
- 相关词指同义词，如 bike，bicycle。

EBSCO 的高级检索中的限制选项和扩展选项如图 6 - 34 所示。

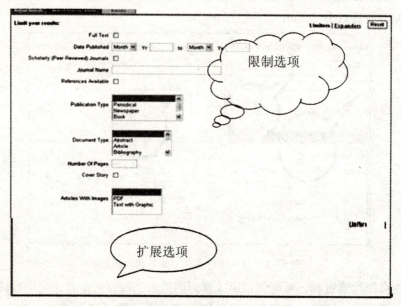

图 6 - 34　EBSCO 高级检索限制选项和扩展选项示意图

【检索历史记录表】

在读者利用 EBSCO 的高级检索功能进行检索时，每次在高级检索中点击"Search"按钮进行新的检索，都会在历史记录表中产生一条新的检索历史记录。如图 6 - 35 所示。

- 每一条历史记录有一个编号，可以用这个编号代替检索命令用于构建检索表达式。
- 用历史记录构建表达式也会在历史记录表中产生一条新的历史记录。
- 可以打印和保存历史记录表，以便再次检索时使用。
- 保存检索历史前，用户须申请个人账号。

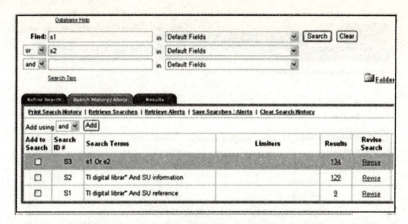

图 6 – 35 EBSCO 高级检索—检索历史记录表

【检索技术】在 EBSCO 的高级检索中，可以使用一些策略和某些限定等检索技术，一般可以使用以下三种：

检索技术 1：布尔逻辑检索，适用于基本检索和高级检索，算符为 and、or、not。优先级（）＞not＞and＞or。

截词检索：没有前截断，使用"＊"符号代表后截断，如 comput＊，使用"？"代表中截断（也称通配符），替代任何一个字母或数字，如 wom?n。

检索技术 2：位置检索，共两个算符。

"N"表示两词相邻，顺序可以颠倒，如"information N retrieval"；

"W"表示两词相邻，但顺序不能改变。

N 和 W 都可以用数字表示两词中间相隔的词的数量，如"information W2 management"的检索结果可以包括 information management，information technologies and management 等。

如果两个关键词之间无逻辑算符，则按照固定词组处理。

检索技术 3：字段限制检索，可以使用八种字段代码进行限制检索

作者——AU；文章题名——TI；文摘—AB；主题——SU；数据库存取号——AN；国际统一刊号——IS；图像——FM；作者提供文摘——AS。

字段限制检索使用方法：先键入字段代码，然后输入检索式，如"TI information W2 management"。

作者的输入方式特别规定为"姓，名"格式，如"AU Wiley，Ralph"。

如：ti digital library and su（reference or information retrieval）；

ti digital library and ti reference

检索技术使用过程如图 6 – 36、图 6 – 37 和图 6 – 38 所示。

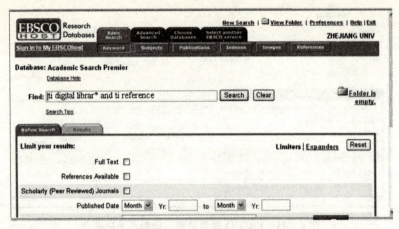

图 6 - 36 EBSCO 检索技术使用示意图

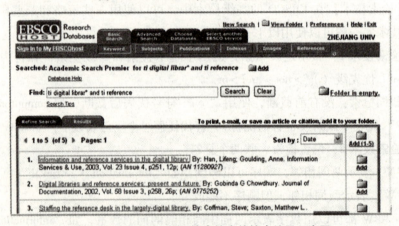

图 6 - 37 EBSCO 使用检索技术的检索结果示意图

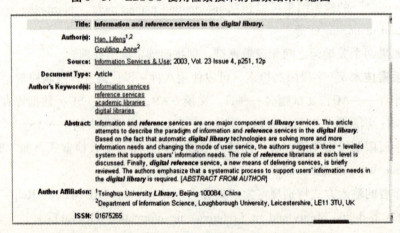

图 6 - 38 EBSCO 检索结果详细信息示意图

③ EBSCO 数据库的全文情况

EBSCO 数据库提供的全文有三种：HTML、XML、PDF。在如图 6 - 36 所示的阅读检索结果的详细信息时，有"Linked Full Text"图标时，说明这篇文章在其他 EBSCO 数据库（指当前检索者拥有使用权的数据库）中有全文。但要浏览 PDF 格式的全文，需事先安装 Acrobat Reader 等 PDF 浏览器。如图 6 - 39、图 6 - 40 所示。

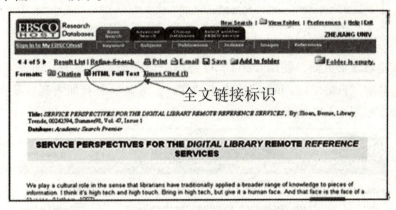

图 6 - 39　EBSCO 检索结果阅读界面示意图

图 6 - 40　EBSCO 检索结果全文阅读示意图

④ EBSCO 数据库的收藏夹功能

在 EBSCO 数据库检索系统中，有一个临时的个人收藏夹。在一次检索的过程当中，检索者可随时将需要进一步处理的文章存入收藏夹中，以便检索完成后集中处理。如图 6 - 41 所示。

图 6 - 41　EBSCO 数据库收藏夹界面

在检索结果页面，使用"add"可将选中记录加到收藏夹。加入完成后，收藏夹显示"Folder has Items"，点击"🖶"，可显示所有加入到收藏夹的文献记录。如图 6 - 42 所示。

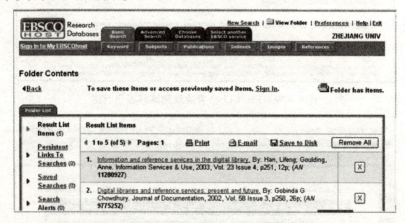

图 6 - 42　EBSCO 数据库打开收藏夹截面

⑤主题检索（Subjects）

在 EBSCO 数据库系统的基本检索或高级检索窗口点击工具栏中的"Subjects"标签，进入主题词检索界面，如图 6 - 43 所示。

图 6 - 43　EBSCO 数据库主题检索界面

　　系统提供的规范化主题词表按主题词字顺排列，可点击上下箭头翻页浏览，查看需要的主题词；也可在"Browse for"输入框内直接输入检索词后点击"Browse"按钮；或者是先在"Browse for"浏览框中输入主题词，选择主题词排序方式后，点击"Browse"按钮，在系统列出的主题词表中选择主题词。所以"主题检索"读者可以按字母顺序和相关性对主题词表进行检索。比如查找主题为"数字图书馆"方面的文献，按顺序浏览，直至找到该主题词。如图6－44所示。

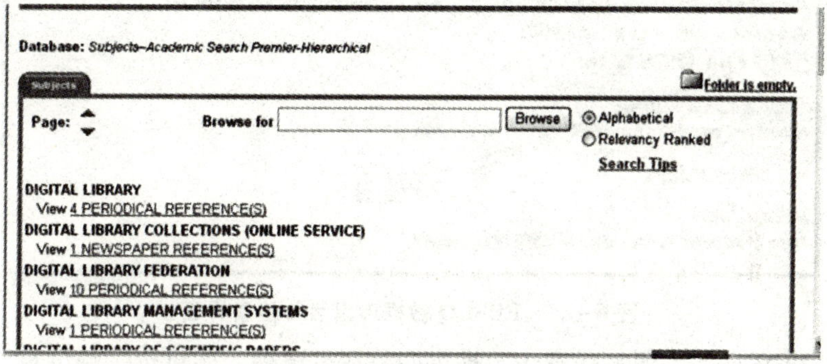

图6－44　EBSCO 数据库主题浏览检索示意图

　　在一个主题词下面，数据库中可能有很多相关的文献，再在主题词浏览所得到的结果里面，根据需要浏览规定时间范围内或卷期范围内的具体文献内容，如图6－45所示。

图6－45　EBSCO 数据库主题检索结果浏览示意图

⑥出版物检索（Publications）

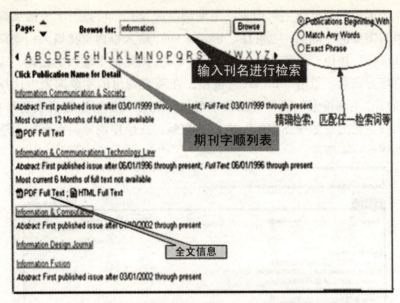

图 6-46 EBSCO 数据库出版物检索界面

在 EBSCO 的出版物检索中，提供四种检索途径，即可按字顺浏览、Publications Beginning With（以输入词开始浏览）、Match Any Words（匹配任一词方式浏览）、Exact Phrase（精确词组浏览）。出版物检索界面如图 6-46 所示。

通过检索得到了所需刊物后，还可以查看期的详细信息：期刊的出版者、ISSN 号、全文收录期限、出版频率等内容。如图 6-47 所示。

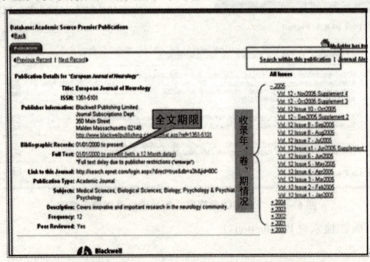

图 6-47 EBSCO 数据库出版物检索结果中期刊的详细信息界面

⑦图像检索（Images）

　　在 EBSCO 数据库系统的基本检索或高级检索窗口，点击工具栏中的 "Images" 标签，进入图像检索界面。如图 6 - 48 所示。

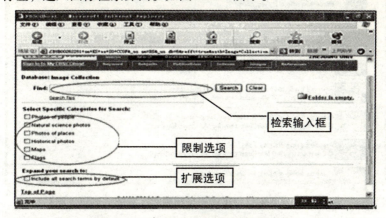

图 6 - 48　EBSCO 数据库图象检索界面

　　读者在 "find" 检索输入框中输入检索词，检索词之间可用逻辑算符组配。如：baseball AND Boston，点击 "Search" 按钮即可。如果点击 "clear" 就可以清除输入框中先前的输入。检索时，可利用页面下面的选项确定要检索的图片，如果不作选择，则在全部图片库中检索。提供的选项有：人物图片 (Photos of People)、自然科学图片 (Natural Science Photos)、某一地点的图片 (Photos Of Places)、历史图片 (Historical Photos)、地图 (Maps) 或国旗 (Flags)。检索中国地图的过程如图 6 - 49、图 6 - 50、图 6 - 51 所示。

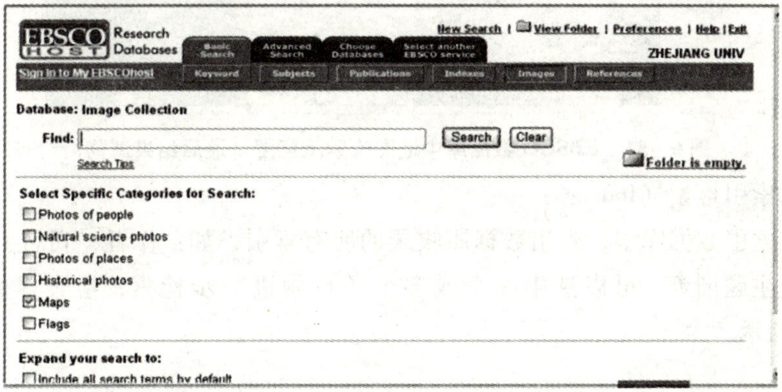

图 6 - 49　EBSCO 数据库中地图检索示意图 (选择地图限制选项)

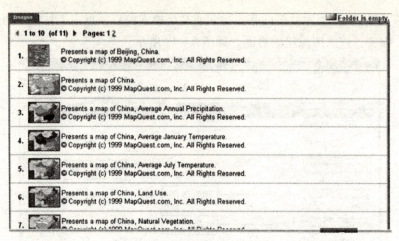

图 6-50　EBSCO 数据库中地图检索示意图（浏览地图）

图 6-51　EBSCO 数据库中地图检索示意图（最后结果浏览）

⑧索引检索（Indexes）

　　在索引数据库中，列出数据库收录的所有索引，如：作者、刊名、ISSN、语种、主题词等。可以选中一个或多个条目做进一步检索，检索界面如图 6-52所示。

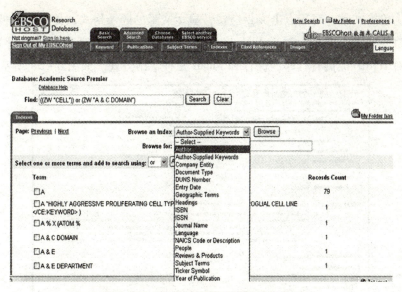

图 6 – 52　EBSCO 数据库索引检索界面

⑨参考检索（Reference）

在参考检索中，有作者（Author）、题名（Title）、出版物来源（Source）、年代（Year）四种检索途径。如图 6 – 53 所示。分别在"Author"、"Title"、"Source"和"Year"输入框内输入检索词，点击"Search"，即可检索出满足检索条件的参考文献列表，该列表包括参考文献的题名、作者、刊名、出版日期、卷期页码、文献类型及被引次数等信息。点击国内馆藏及全文链接可查看国内图书馆收藏情况和全文。要想查看引用文献情况，先在参考文献列表左边的方框内作标记，然后点击"find Citing Article"按钮即可得到引用文献记录。点击参考文献链接或被引次数链接可进一步得到参考文献记录或被引记录。

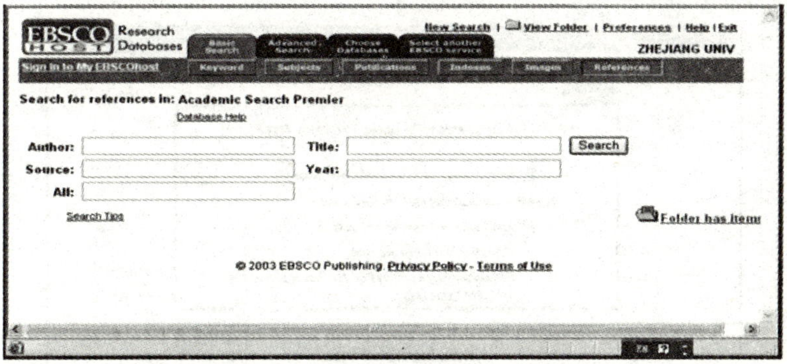

图 6 – 53　EBSCO 数据库参考检索界面

（3）EBSCO 数据库的检索结果处理

①单篇文献：对于点击文献链接，显示文献的题录格式，提供有多种文献显示格式和输出方式，对于 PDF 格式采用浏览器自带的存盘和打印管理器，系统对 HTML 提供有打印、保存和 Email 三种输出方式。如图 6 - 54 所示。

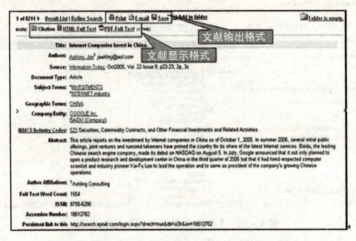

图 6 - 54　EBSCO 数据库单篇文献输出格式

②多个记录的处理

将选中的记录添加到收藏夹中，打开收藏夹，可以选择打印、E - mail 或存盘的形式保存。

【打印（Print）】：选择要打印的条目，可以同时打印 HTML 形式的全文；FDF 格式的文献，请用 PDF 浏览器提供的打印功能打印；文本格式的全文可使用数据库提供的打印管理器打印。打印管理器会对全文进行格式化，并将结果显示在一个单独的窗口中，然后就可以用浏览器提供的打印功能打印文章了。如图 6 - 55 所示。

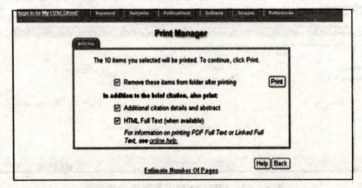

图 6 - 55　EBSCO 数据库的打印管理界面

【E - mail】：可以选择用 E - mail 发送题录信息、全文，也可以选择用

E-mail发送可进行书目信息管理的文献题录形式。如图6-56所示。

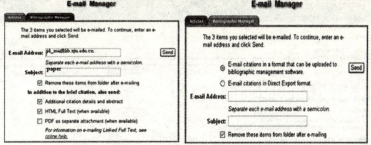

图6-56 EBSCO数据库检索的结果E-mail界面

【保存】：除了保存全文外，还可以保存选定的条目，保存文献的链接，以便以后打开使用。存盘后的内容将显示在浏览器页面，需利用浏览器的"另存为"保存到自己所需的路径下。如图6-57所示。

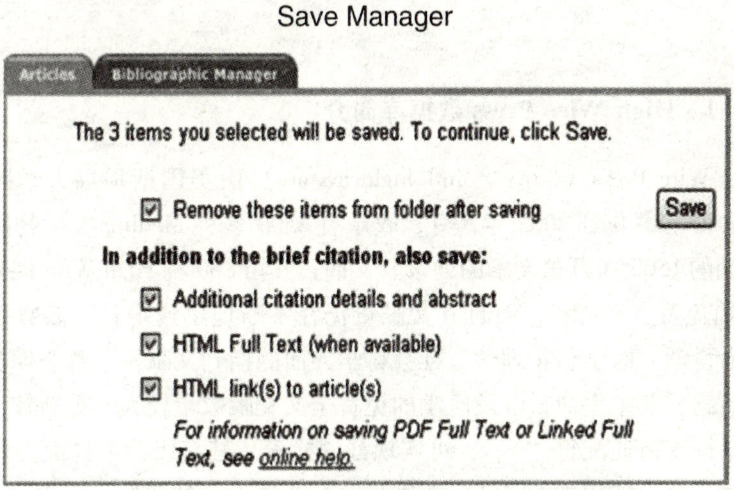

Save Manager

The 3 items you selected will be saved. To continue, click Save.

☑ Remove these items from folder after saving Save

In addition to the brief citation, also save:

☑ Additional citation details and abstract

☑ HTML Full Text (when available)

☑ HTML link(s) to article(s)

For information on saving PDF Full Text or Linked Full Text, see online help.

图6-57 EBSCO数据库的检索结果的保存界面

6.3.3 Business Source Premier 特点

BSP的检索与ASP检索方法基本相同，但有一个"公司概况数据库"，它提供了"Company Profiles"（公司信息检索）。

在单独检索商业资源（Business Source 系列）数据库时，可以使用公司概况数据库。它可以提供较详细的公司情况报告。点击"Company Profiles"按钮即可打开公司概况数据库的检索画面，然后可以浏览或检索公司名称。如图6-58所示。

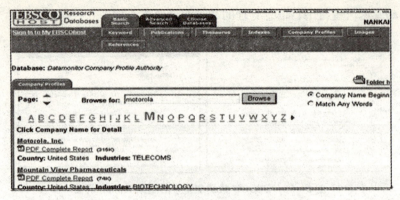

图 6-58　EBSCO 数据库中的 BSP 数据库界面

6.4　High Wire Press 全文数据库系统

6.4.1　High Wire Press 数据库简介

High Wire Press（http：//intl. highwire. org）由美国斯坦福大学图书馆于 1995 年创立。截止到 2005 年 5 月，收录有 4500 多种 Medline（生物医学数据库）期刊的 1500 多万篇文章的题录、文摘；并由 860 种 High Wire 期刊提供约 90 多万篇免费全文资料，而且其文献量仍在不断地迅速增长。该数据库内容包括生命科学、医学、物理学、社会科学方面的期刊文献及一些非期刊类型的网络出版物，其中生命科学及医学的免费全文文献数量较大、更新较快。

该系统支持通配符"＊"，可实现截词检索。其高级检索界面提示内容丰富，功能较全，使用方便灵活，深受相关专业检索者的青睐。点击"advanced search"，进入高级检索界面，该页面设制了 5 个检索、限定条件。如图6-59所示。

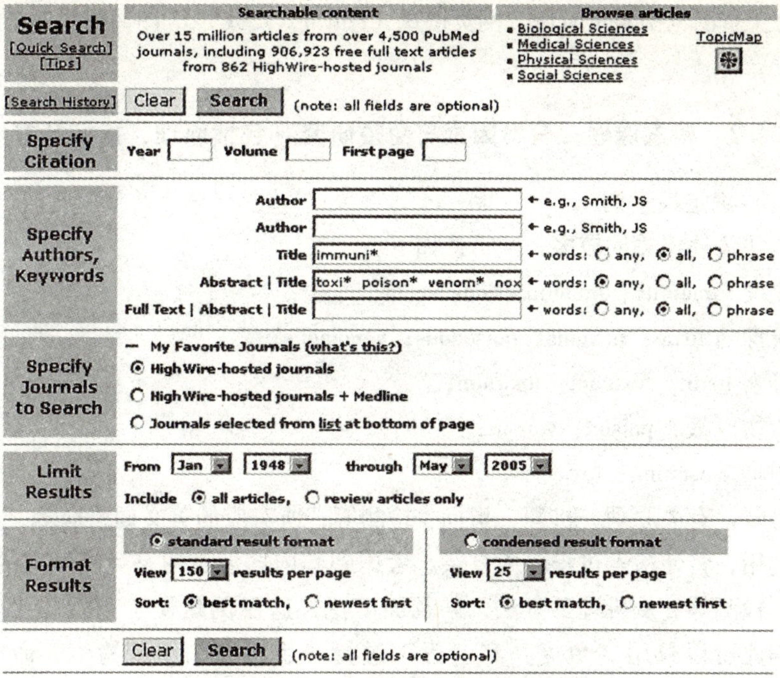

Search
[Quick Search]
[Tips]

Searchable content
Over 15 million articles from over 4,500 PubMed journals, including 906,923 free full text articles from 862 HighWire-hosted journals

Browse articles
- Biological Sciences
- Medical Sciences
- Physical Sciences
- Social Sciences

TopicMap

[Search History] Clear Search (note: all fields are optional)

Specify Citation
Year [   ] Volume [   ] First page [   ]

Specify Authors, Keywords
Author [   ] ← e.g., Smith, JS
Author [   ] ← e.g., Smith, JS
Title [immuni*   ] ← words: ○ any, ● all, ○ phrase
Abstract | Title [toxi* poison* venom* nox] ← words: ● any, ○ all, ○ phrase
Full Text | Abstract | Title [   ] ← words: ○ any, ● all, ○ phrase

Specify Journals to Search
— My Favorite Journals (what's this?)
● High Wire-hosted journals
○ High Wire-hosted journals + Medline
○ Journals selected from list at bottom of page

Limit Results
From [Jan ▼] [1948 ▼] through [May ▼] [2005 ▼]
Include ● all articles, ○ review articles only

Format Results
● standard result format   ○ condensed result format
View [150 ▼] results per page   View [25 ▼] results per page
Sort: ● best match, ○ newest first   Sort: ● best match, ○ newest first

Clear Search (note: all fields are optional)

图 6 – 59 High Wire 高级搜索界面

（1）Specify Citation 检索框。提供年、卷、页范围的限定。

（2）Specify Authors，Keywords（作者及关键词）检索框。提供了分别包括作者（Author）、题名（Title）、摘要（Abstract）、全记录（Full Text）等内容的 5 个检索输入框。后面 3 个检索框后提供了 3 个选项："Any"（检索任何一个：逻辑或）、"All"（命中全部输入词：逻辑与）、"Phrase"（短语检索）。

（3）Specify Journals to Search（期刊范围）。

① "High wire-based journals" 为 High wire 期刊。

② "High wire-based journals + Medline" 为 High wire 期刊加上 Medline 期刊。

③ "Journals selected from list at bottom of page" 为期刊目录选项。另外，高级检索界面下方也有期刊列表。

（4）Limit Results（结果限定）。可选择检索年限；另外，还有 "all articles"（全部文献）和 "review articles only"（综述文章）选项。

5）Format Results（结果显示格式）。分为标准格式（standard）和压缩格式（condensed），并可指定每页显示文献数；选项 "best match" 表示检索结果按相关度排序，而 "newest first" 则表示按时间排序（由新至旧）。

最后可点击 "Search" 按钮，执行检索。

检索结果中的文献题录均有期刊主页链接图标，对附有 "FREE" 字样的记录，可免费浏览摘要及 HTML 网页格式（Full text）或 PDF 图像格式的全文。

6.4.2 检索课题：有毒因素与免疫研究（包括原理、指标及方法）

（1）确定检索词

本课题的相关词较多，经筛选如下：

免疫 immunity；immunization；

有毒的 toxic；noxious；poisonous；venomous；

毒素 toxin；toxicant；toxinum；

毒物（液）poison；venom；

中毒 poisoning；toxicosis；

另外，有关原理、机理、指标、检测等，所对应的英文词语众多，若一一列出选用，将使检索过程较为复杂。考虑到其内容涉及的是免疫反应的原理、指标、检测等，从机理到方法，涉及面广泛，这反倒是便于我们简化信息提问。因此可以只用"免疫"和"毒"进行"逻辑与"组配检索，命中结果中，无论是理论还是技术的内容，大都可供选择参考。

（2）进行信息提问

进入高级检索界面，在"Title"检索框输入"immuni＊"；另在"Abstract | Title"检索框输入"toxi＊ poison＊ venom＊ noxious"（指定"Any"选项）。选择检索范围为 High wire 期刊"High wire – based journals"，以便获取全文；并指定每页显示文献记录数为 150 项。系统默认，检索结果以标准格式（standard）按相关度（best match）排序。

（3）得到检索结果

点击"Search"按钮，执行检索，然后显示：

Results 1 – 150（of 338 found）

…… …… ……

结果命中 338 篇文献记录，当前页显示 150 项。点击其中 1 条记录的"Full text"选项，便打开了 HTML 格式的全文：

Infection and Immunity, June 2003, P. 3409 – 3418, Vol. 71, No. 6

Immunity Profiles of Wild-Type and Recombinant Shiga-Like Toxin-Encoding Bacteriophages and Characterization of Novel Double Lysogens

ABSTRACT

The pathogenicity of Shiga-like toxin（stx）-producing Escherichia coli

（STEC），notably serotype O157，the causative agent of hemorrhagic colitis，hemo-lytic-uremic syndrome，and thrombotic thrombocytopenic purpura，is based partly on the presence of genes （stx1 and/or stx2） that are known to be carried on temper-ate lambdoid bacteriophages. ……

INTRODUCTION

Strains of Shiga-like toxin （Stx） -producing Escherichia coli （STEC），espe-cially serotype O157，are increasingly implicated as causative agents of human dis-ease，including hemorrhagic colitis，hemolytic-uremic syndrome，and thrombotic thrombocytopenic purpura （21）. There are many virulence factors that contribute to the pathogenic personalities of STEC strains，including the locus of enterocyte efface-ment （17），which provides genes for promoting both attachment and effacement le-sions and a type III secretion system （10），two different hemolysins （29，35），attachment fimbriae （11），a heat-stable enterotoxin （28），an iron transport sys-tem （14，19），and Stx （22）. ……

REFERENCES

①Barondess，J. J. ，and J. Beckwith. 1990. A bacterial virulence determi-nant encoded by the lysogenic coliphage. Nature 346：871-874. ［**Medline**］

②Calef，E. 1967. Mapping of integration and excision crossovers in superin-fection double lysogens for phage lambda in Escherichia coli. Genetics 55：547 – 556. ［**Free Full Text**］

③Eisen，H. ，P. Brachet，L. P. da Silva，and F. Jacob. 1970. Regulation of repressor expression in lambda. Proc. Natl. Acad. Sci. USA 66：855 – 862. ［**Abstract**］

……

This article has been cited by other articles：

Gamage，S. D. ，Patton，A. K. ，Hanson，J. F. ，Weiss，A. A. （2004）. Diversity and Host Range of Shiga Toxin-Encoding Phage. Infect. Immun. 72：7131 – 7139 ［**Abstract**］ ［**Full Text**］

在上述文献中，还提供了被引用情况和引用文献的相关链接。如：

［**Medline**］：Medline 数据库系统的链接

［**Free Full Text**］：免费全文的链接

［**Abstract**］：文摘的链接

［**Full Text**］：收费全文的链接

第七章

电子图书及数字信息综合检索平台

7.1 《超星数字图书馆》电子图书检索方法

《超星数字图书馆》电子图书数据库是由北京超星信息技术发展有限责任公司开发出版，到目前为止共生产制作了 100 多万种图书的数字信息资源，并以每年近 10 万种的数量递增，内容涵盖理、工、农、医、文、史、哲等"中国图书馆图书分类法"中的 22 个大类的所有学科，除可以从出版社、作者、书号、书名入口进行单项检索外，还提供分类检索、"高级检索"等检索功能。阅读《超星数字图书馆》的电子图书，须下载安装超星图书阅读器。

图7-1 超星数字图书馆主页

进入《超星数字图书馆》的方式：从学校的主页（http：//www. wust. edu. cn）进入→进入图书馆主页（www. lib. wust. edu. cn）→"电子资源"→

中文数据库→"超星数字图书馆"→超星数字图书馆主页，如图7-1所示。

7.1.1 分类导航阅读图书

（1）单击主页上的"图书馆分类"，逐步打开图书馆各个分类，如图7-2所示。

图7-2 超星数字图书馆各个分类馆

（2）直到出现图书书目，如图7-3所示。

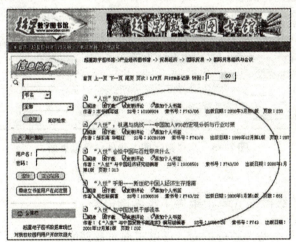

图7-3 超星数字图书某分类馆书目

（3）点击该书目下方的阅读按钮进入阅读状态，如图7-4所示。

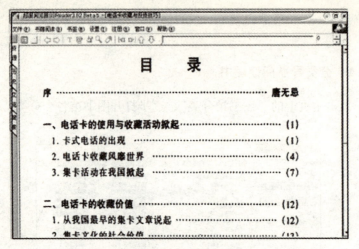

图 7 – 4　超星数字图书全文浏览

图 7 – 5　超星数字图书单条件检索页面

7.1.2　初级检索（单个条件下检索图书）

利用某一单个条件进行检索，可以实现对数据库中图书的书名、作者、出版社和出版日期的单项模糊查询。对于一些无明确目的、范围较大的查询，建议使用该检索方案。

【举例】读者想在数据库中查询计算机学科中关于"aps"语言类图书，操作步骤如下：

（1）在"初级检索"的"检索内容"对话框中输入"aps"，在检索范围下拉菜单中选择想要查询的大类，点击"查询"图标，如图7 – 5所示。

（2）查询结果会显示出来，从中选择您感兴趣的图书，双击进入就可阅读。如图 7 - 6 所示。

图 7 - 6　超星数字图书单条件检索结果列表

7.1.3　高级检索（多条件下检索图书）

利用高级检索可以实现图书的多条件检索，对于目的性较强的读者建议使用该检索。单击"高级检索"按钮，得到如图 7 - 7 所示的检索页面。

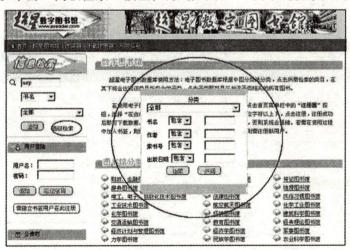

图 7 - 7　超星数字图书高级检索页面

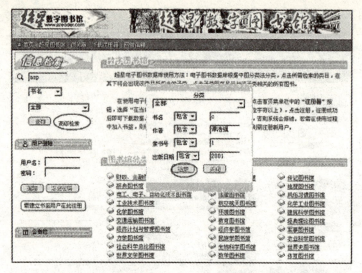

图7-8 超星数字图书高级检索提问单

【举例】查询计算机学科中书名含有"C"作者为"谭浩强"索书号含有"1"，出版日期在2001年的图书。

（1）点击"高级检索"出现"高级检索"对话框，进入高级检索提问单面。如图7-8所示。

（2）"高级检索"对话框书名一栏中敲入"C"，在检索范围下拉菜单中选择想要查询的大类。在"作者"对话框中敲入"谭浩强"，在索书号中敲入"1"，在出版日期中敲入"2001"点击"检索"图标，得到如图7-9的检索结果。

图7-9 超星数字图书高级检索结果列表

（3）查询结果会显示出来，从中选择您感兴趣的图书，点击"阅读"按钮就可阅读

7.1.4 添加个人书签

对于一些阅读频率较高的图书，在超星数字图书镜像站点中可以添加"个人书签"，这样就免去了每次检索的麻烦。具体步骤如下。

（1）注册成为登陆用户

点击主页中的"注册新用户"，如图7－10所示。

图7－10 新用户注册界面

进入注册页面，按照提示填入您的个人信息，填写完成后，点击"提交"按钮。

如填的个人信息合法，系统将提示您"注册成功"，点击"返回"回到主页。如图7－11所示。

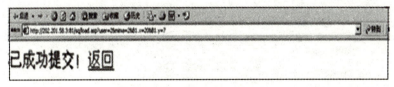

图7－11 注册提交成功界面

（2）用户登陆。

回到主页后，在用户登陆栏中填入您注册成功的用户名和密码，点击登陆

图标。如图 7 - 12 所示。

图 7 - 12 用注册的"用户名"和"密码"登陆的界面

此时，如果填写正确，系统将提示您"登陆成功"，点击"返回"回到主页，如图 7 - 13 所示。

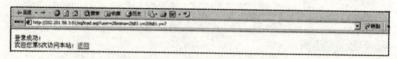

图 7 - 13 用户登陆成功界面

（3）添加"个人书签"

当用户登陆成功并返回到主页后，已经可以添加"个人书签"了。添加书签的方法如下：在每一本图书书目的下方有一个"添加个人书签"的按钮，点击一下就可以把此本书添加为自己的个人书签。如图 7 - 14 所示。

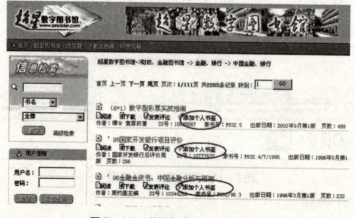

图 7 - 14 "添加个人书签"界面

当你把需要"添加个人书签"完成以后，回到主页刷新一次页面就可以看到此书签。并且在下次阅读图书的时候用自己的用户名和密码登陆页面时就可以看到以前添加的个人书签。如图7－15所示。

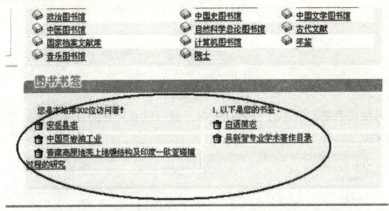

图7－15 完成"添加个人书签"后再次登陆看到的书签界面

点击该书签就可以直接进入此书的阅读状态。如果想删除该书签，直接点击书签左侧的删除标记即可。

7.1.5 进行图书评论

在对图书进行阅读以后，可以对该本书发表自己的评论，系统会在每本图书的书目下方有一个"发表评论"的入口。如图7－16所示。

图7－16 图书阅读后发表书评界面

点击进入后会看到书评发表的信息栏。每一位读者都可以发表对此本书的读后感。填写完成后，点击"提交"按钮。此时您的评论已经可以让所有的读者分享了。如图7－17所示。

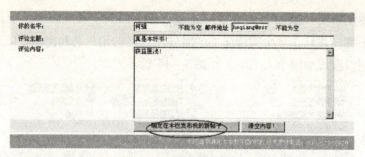

图 7 –17　对图书发表自己的评论

当其他读者来到此书评论信息栏时，就可以看到您对此书发表的评论。图 7 –18 所示。

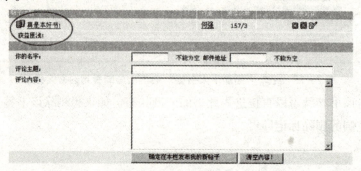

图 7 –18　其他读者阅读书评信息和进行书评

7.1.6　镜像站点下载图书

超星图书提供下载功能，但在进行下载之前必须运行"注册器"程序。具体运行方法如下：

（1）下载并运行"注册器"程序，点击站点中"下载注册器"按钮。如图 7 –19 所示。

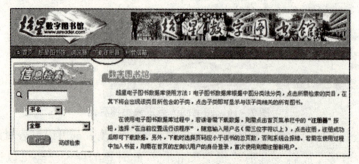

图 7 –19　"下载注册器"示意图

（2）选择在当前位置运行该程序。如图 7 - 20 所示。

图 7 - 20　程序下载示意图

（3）在"用户名"一栏中随意填入 3 位以上的用户名，并且点击注册。系统将提示您"注册成功"。如图 7 - 21 所示。

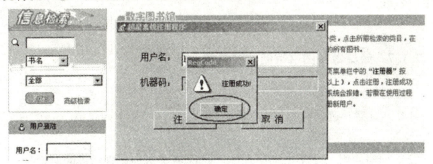

图 7 - 21　下载器注册成功界面

（4）选择图书的下载

在注册器下载并注册成功以后，就可以在浏览器中阅读或者是下载自己所需要的图书。如图 7 - 22 所示。

图7-22 在浏览器中下载图书的界面

但值得注意的是，下载后的图书只可在本机阅览，如果您要把下载后的图书在非下载机器上阅读，请在非下载机器上重新运行"注册码"，用下载时用的用户名重新注册。

7.1.7 超星数字图书馆阅览器使用

（1）查看阅览器版本的方法

打开阅览器，选择阅览器上方的"帮助"→"关于阅览器"→"阅览器版本"，即可查看阅览器的版本。

（2）如何使用"文字识别"功能，vista系统出现识别错误的原因

①"图像图书"可以使用文字识别的功能，选择"阅览器阅读"在图书的阅读页面点击鼠标右键，弹出菜单选择"文字识别"。按住鼠标左键在页面拖动，即可将选中的文字识别出来。（注："文字识别"功能是有错误率的，需与原稿校对一下。）

②计算机安装的是vista系统，使用"文字识别"功能，去安装阅览器的路径下查询ssreader.exe，右键点击此程序选择"以管理员身份运行"即可正常使用文字识别功能。

（3）如何使用文本图书"复制"功能

"文本图书"可以使用复制功能，对文字进行复制，选择"阅读器阅读"点击阅览器工具栏按钮，按住鼠标左键在页面上拖动，选中的字体变成蓝颜

色，点击鼠标右键选择"复制"即可！

（4）如何使用"区域选择"工具

"区域选择"工具比较适用于图片，如果图书的某一页是图片，可以使用"区域选择"工具，将图片复制到剪贴板或将图片另存为保存下来。使用方法是：选择"阅读器阅读"点击阅览器工具栏按钮，按住鼠标左键在页面上拖动，当松开左键时在弹出的菜单中选择您需要的功能即可！

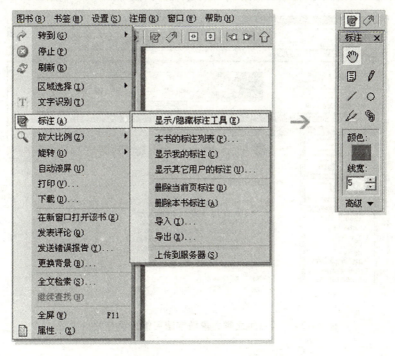

图 7 – 23　超星图象图书阅读时的标注示意图

（5）如何使用"标注"功能

网站的图书分为"图像图书"和"文本图书"两种格式的图书，目前"图像图书"可以使用标注功能，"文本图书"暂时不支持标注功能，使用"标注"功能的方法是：选择"阅览器阅读"在图书的阅读页面上点击鼠标右键选择"标注"→"显示标注工具"，在标注工具中选择铅笔的工具，即可在页面上进行标注了，如图 7 –23 所示。

7.2　《书生之家数字图书馆》电子图书检索方法

《书生之家数字图书馆》电子图书数据库是由北京书生之家数字技术有限

公司开发建立。几年来，已获得300多家出版单位的授权，共生产制作了几十万种图书的数字信息资源，并以每年近10万种的数量递增，内容涵盖理、工、农、医、文、史、哲等学科，除可以从分类号、关键词、作者、书名、ISBN号等入口进行单项检索外，还提供分类检索、高级检索、二次检索、全文检索等强大的检索功能，并具有前方一致和逻辑组配检索功能。阅读书生之家数字图书全文必须使用书生之家阅读器，其检索主页面如图7-24所示。

图7-24 《书生之家之家数字图书馆》镜像站点主页

7.2.1 简单检索

简单检索是在所选定的数据库字段中进行检索，检索的关键词（字）只有一个，在书生之家电子图书主界面上，单击"登录"按钮→点选检索入口下拉菜单如图7-25选定检索入口→在文本输入框中输入检索词→单击"检索"按钮，即可输出中选图书书目列表（图7-26）→点选图书名称→即可输出该书的文摘等详细信息→单击"全文"按钮，即可自动调用书生之家阅读器浏览该书的全文（图7-27）。单击左侧的目录窗口，可浏览某一章节的内容。

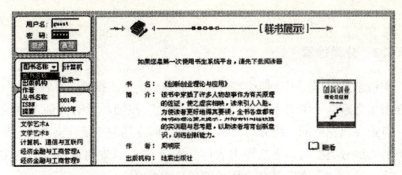

图 7-25 书生之家数字图书简单检索页面

图 7-26 检索命中图书列表显示页面

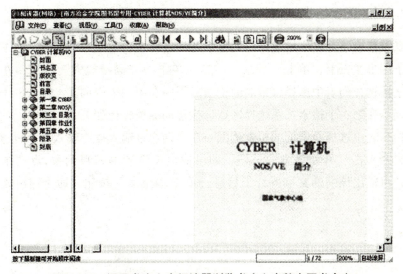

图 7-27 调用书生之家阅读器浏览书生之家数字图书全文

7.2.2　分类检索

分类检索是根据图书所属类别，从大类到小类逐步推进，直到检中所需图书。在书生之家电子图书主界面上单击"登录"按钮→点选界面左侧的分类类名→点选界面左侧的二级分类类名→点选界面左侧的三级分类类名→点选界面左侧的四级分类类名→点选图书名称（图7－28），即可输出该书的文摘等详细信息，单击"全文"按钮，即可输出该书的全文。

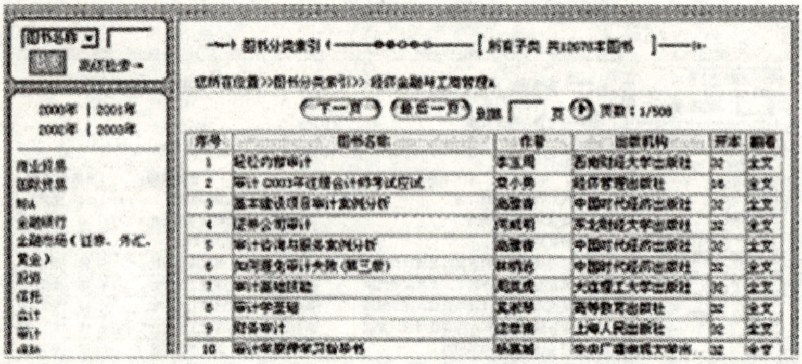

图7－28　书生之家数字图书分类检索结果列表

7.2.3　高级检索

高级检索是对多个检索入口的检索条件进行逻辑组配后的检索。在书生之家电子图书主页上，单击"登录"按钮→单击→"高级检索"按钮→在第一检索字段选择列表中选择检索词的检索范围→在第一个查询文本输入框中输入检索词→在第一个检索关系选择区点选检索词的逻辑组配关系→在第二检索字段选择列表中选择检索词的检索范围→在查询文本输入框中输入检索词（图7－29）→单击"开始检索"按钮，即可输出中选图书书目列表；点选图书名称，即可输出该书的文摘等详细信息；单击"全文"按钮，即可输出该书的全文。

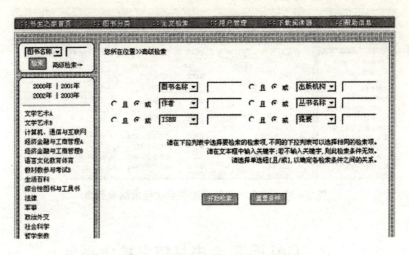

图 7 – 29　书生之家数字图书高级检索页面

7.2.4　全文检索

全文检索是对所有图书全文中包含某个词的检索。在书生之家电子图书主页上单击"登录"按钮→单击"全文检索"按钮→在第一个查询文本输入框中输入检索词（图 7 – 30）→点选所检图书的分类→单击"检索"按钮，即可输出中选图书书目列表（图 7 – 31）；点选图书名称，即可输出该书的文摘等详细信息；单击"全文"按钮，即可输出该书的全文。

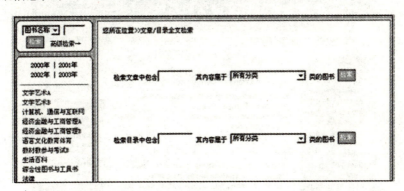

图 7 – 30　书生之家数字图书全文检索页面

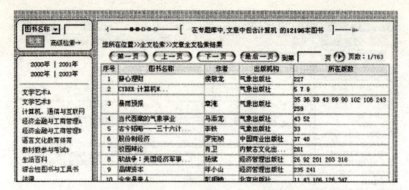

图7-31 书生之家数字图书全文检索结果列表

7.3 CALIS联合书目信息检索平台

7.3.1 CALIS简介

中国高等教育文献保障系统（China Academic Library & Information System 简称CALIS）是我国高等教育"211工程"、"九五"、"十五"总体规划中三个公共服务体系之一。在浏览器地址栏中输入"http//www.calis.edu.cn"就可以进入CALIS主页，如图7-32所示。

图7-32 CALIS主页

从 1998 年开始建设以来，CALIS 管理中心引进和共建了一系列国内外文献数据库，主持开发了联机合作编目系统、文献传递与馆际互借系统、统一检索平台、资源注册与调度系统，形成了 CALIS 较为完整的文献信息服务网络。参加 CALIS 项目建设和获得 CALIS 服务的成员馆已超过 500 家。其管理中心设在北京大学，下设了文理、工程、农学、医学四个全国文献信息服务中心，华东北、华东南、华中、华南、西北、西南、东北七个地区文献信息服务中心和一个东北地区国防文献信息服务中心。

CALIS 始终坚持现代图书馆理念，利用先进的技术手段，将高校丰富的文献资源和人力资源整合起来，以系统化、数字化的学术信息资源为基础，建设以中国高等教育数字图书馆为核心的教育文献联合保障体系，建立了包括文献获取、参考咨询、教学辅助、科研、培训和个性化服务在内的六大数字服务环境，为高等院校教学、科研和重点、全方位的文献信息保障与服务，实现信息资源共建、共知、共享，以发挥最大的社会效益和经济效益，为中国的高等教育服务。

7.3.2　CALIS 主要技术

（1）统一检索平台。CALIS 统一检索系统采用了新型的基于元数据的检索技术，能够对分布在本地和异地的各种异构资源提供统一的检索界面和检索语言。系统可检索的资源类型包括原文、图片、引文、文摘、馆藏、相关文献等。CALIS 统一检索系统提供多种检索方式，包括简单检索、高级检索、二次检索等，并支持多种检索运算符。利用 CALIS 统一检索系统，管理员能对各种信息资源的访问进行限制、监控、统计、计费等处理。CALIS 统一检索系统为用户提供"我的学科"、"我的资源"、"我的收藏夹"、"我的检索历史"等个性化检索服务。CALIS 统一检索系统还实现了与 CALIS 其他各种应用系统（如资源调度、统一用户管理、馆际互借等）的无缝集成，可以使读者更方便地访问国内外文献资源。

CALIS 统一检索系统旨在针对 CALIS 中心、各个图书馆和数据库商中的各种异构数字资源进行整合，为用户提供一种更好的整合检索服务，从而提高资源的利用率。目前已完成了近 100 个国内外电子资源数据库的配置工作。

（2）联机合作编目（OPAC）系统。2003 年 3 月，CALIS 联机合作编目系统正式启动，该系统以联合目录数据库为基础，以高校为主要服务对象，开展了联机合作编目、编目数据批量提供，专用于 CALIS 中外文书刊联合目录

（含古籍）的建设，实现广域网的联机共享编目和书目数据下载功能，提高了书目数据库建设效率。联合目录的登录地址是：http：//opac. calis. edu. cn，页面如图 7－33 所示。

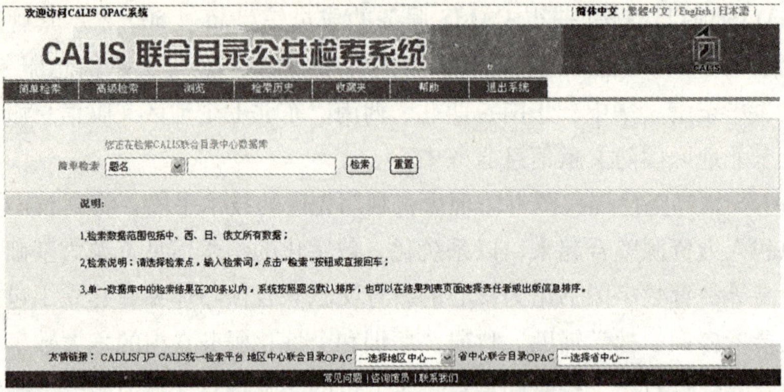

图 7－33　CALIS 联合目录主页

（3）虚拟参考咨询系统。分布式联合虚拟参考咨询系统构建了一个中国高等教育分布式联合虚拟参考咨询平台，建立有多馆参加的，具有实际服务能力的，以本地化运作为主，结合分布式、合作式的运作，实现知识库、学习中心共享共建的目的。分布式联合虚拟参考咨询平台是沟通咨询馆员与读者的桥梁，通过此平台的建立，将能真正实时地解答读者在使用数字图书馆中第一时间所发生的问题。咨询员可不受时间、地点的限制，在网上解答读者的疑问。从而为实现 24/7 的理想服务模式解决技术上的问题。

（4）馆际互借与文献传递。馆际互借与文献传递是 CALIS 公共服务软件系统的重要组成部分。读者直接通过网上提交馆际互借申请，并且可以实时查询申请处理情况。读者通过馆际互借或文献传递的方式可以获取 CALIS 文献传递网成员馆丰富的文献收藏。

（5）CCC 西文期刊篇名目次。CCC 西文期刊篇名目次数据库综合服务系统包含了 2.3 万种西文学术类期刊，涵盖 9 种著名二次文献的期刊收录数据，包括 100 多个大型图书馆的馆藏数据和 15 个已在国内联合采购的电子全文期刊数据库的全文链接（覆盖 8000 种以上期刊），具备篇名目次检索、馆藏期刊的 OPAC 链接、电子全文期刊链接，揭示了 9 种二次文献收录情况、国内馆藏情况以及提供各种分类统计数据，并且还无缝链接了馆际互借和文献传递系统（需另购 CALIS 馆际互借和文献传递系统即可实现其功能），具备了强大、准确的揭示功能、完善的链接功能和各种统计分析功能。CCC 西文期刊篇名目次数据库综合服务平台的应用将对资源进行科学、全面的整合调度，为各类读者提供更深层次的文献服务，大大促进全国范围内的西文期刊文献资源共享。

7.3.3　CALIS 的联机合作编目（OPAC）系统使用

在 CALIS 的 OPAC 系统中，提供中文联合目录、英文联合目录、日文联合目录、学位论文库和会议论文库等资源库，如图 7 – 34 所示。

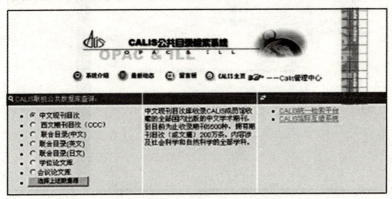

图 7 –34　CALIS 公共目录系统

用户首先选择要检索的数据库：《中文现刊目次库》收录了 CALIS 成员馆收藏的全部国内出版的中文学术期刊，到目前为止收录期刊 5500 种，内容涉及社会科学和自然科学的全部学科；《西文期刊目次库》收录 2.4 万种西文期刊的二次文献数据，标注了全国图书馆三大系统的主要馆藏，连接了 CALIS 馆际互借系统，并标注有世界著名二次文献的收录情况及单位、读者的各种查询统计；《CALIS 联合书目数据库》是全国"211 工程"的 100 所高校图书馆馆藏联合目录数据库，它建立了多语种书刊联合目录数据库和联机合作编目、资源共享系统，为全国高校的教学科研提供书刊文献资源网络公共查询，支持高校图书馆系统的联机合作编目，为成员馆之间实现馆藏资源共享、馆际互借和文献传递奠定了基础；《高校学位论文数据库》收录包括北京大学、清华大学等全国著名大学在内的 83 个 CALIS 成员馆的硕士、博士学位论文；《会议论文数据库》收录来自于"211 工程"的 61 所重点学校每年主持的国际会议的论文。

例如选择"中文现刊目次库"，点击"选择上述数据库"，打开检索界面，系统提供了 Basic Search 和 Advanced Search 两种检索方式，按照提示输入相应的检索条件即可。

①基本检索方式

基本检索方式界面如图 7 – 35 所示。基本检索方式的检索界面包括 3 个输入框，可以进行最多 3 个检索词的复合检索。检索步骤如下：

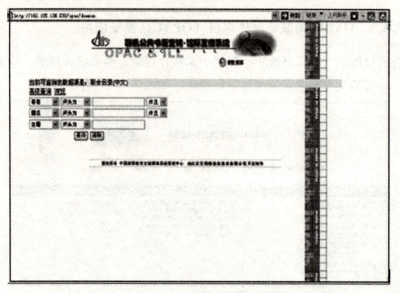

图 7 – 35　CALIS 基本检索界面

第一，在第一个列单中选择检索字段：包括题名、著者、主题、订购号、ISBN、ISSN 等，或在所有字段里进行全面检索。第二，确定检索词的匹配模式：选择"开头为"表示前方一致，选择"结尾为"表示与检索词后方一致，选择检索词出现在检索字段的任意位置表示与检索词精确匹配，模糊匹配是指与检索词基本相同但不完全等于的一种匹配方式。第三，在输入框里输入检索词。第四，如果要进行多个检索条件的复合检索，根据检索条件的逻辑关系，在第四个选择框里选择逻辑词"并且、或者、非"。第五，点击"查询"按钮。

②高级检索方式

高级检索界面如图 7 – 36 所示。高级查询可以从更多选项进行进一步限制。

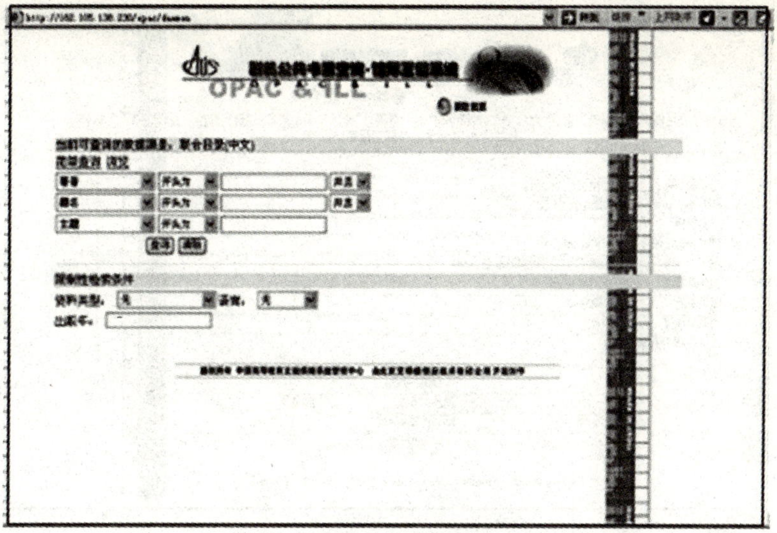

图 7 – 36　CALIS 高级检索界面

资料类型下拉菜单有如下限定选项：文字资料印刷品和手稿、乐谱印刷品、测绘资料印刷品和手稿、放映视频资料、非音乐性录音资料、二维图形、电脑存储介质。

语言下拉菜单有如下选项：汉语、英语、法语、德语、日语、西班牙语、俄语。

限定出版年：在输入框里指明年代。

例如，利用高级检索方式检索 1947 年出版的鲁迅的散文集

先选择著者字段，输入"鲁迅"。然后，选择"题名"字段，输入"朝花夕拾"，出版年限定为 1947 年。点击"查询"后，出现如图 7 – 37 所示结果。

图 7 – 37　CALIS 检索实例

点击这两条记录，看到它们的书目信息和馆藏信息是不同的，如图 7 – 38 和图 7 – 39 所示。

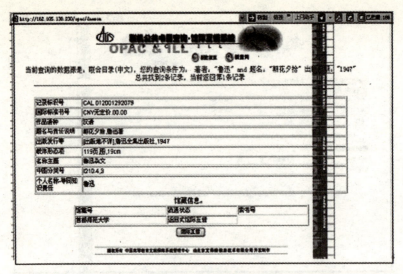

图7-38　CALIS书目检索端点信息之一

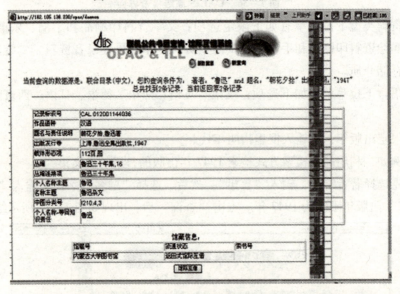

图7-39　CALIS书目检索端点信息之二

在CALIS公共目录检索系统的首页右侧，还有两个检索系统的链接：

【CALIS统一检索平台】提供了基于异构系统的资源跨库检索服务，用户可按学科、按数据库名称、按文种同时检索多个系统中的多种资源，包括数据库、电子期刊和电子图书，输入一个检索式，便可以看到多个数据库的查询结果，并可进一步得到详细记录和下载全文，与此同时，读者也可选择单个数据库，针对某种具体资源进行个性化检索。

【CALIS的馆际互借系统】作为公共服务软件的一个组成部分，是依照馆际互借国际标准来设计的，是全方位的网络系统。

7.4 国家科技图书文献中心检索平台

国家科技图书文献中心检索平台（NSTL）是根据国务院领导的批示于2000年组建的一个虚拟的科技文献信息服务机构，成员单位包括中国科学院文献情报中心、工程技术图书馆（中国科学技术信息研究所、机械工业信息研究院、冶金工业信息标准研究院、中国化工信息中心）、中国农业科学院图书馆和中国医学科学院图书馆。网上共建单位包括中国标准化研究院和中国计量科学研究院。NSTL 根据国家科技发展需要，按照"统一采购、规范加工、联合上网、资源共享"的原则，采集、收藏和开发理、工、农、医各学科领域的科技文献资源，面向全国开展科技文献信息服务。其发展目标是建设成为国内权威的科技文献信息资源收藏和服务中心、现代信息技术应用的示范区和同世界各国著名科技图书馆交流的窗口。NSTL 统筹协调，较完整地收藏了国内外科技文献信息资源，制定数据加工标准、规范，建立科技文献数据库，利用现代网络技术，提供多层次服务，推进了科技文献信息资源的共建共享，组织了科技文献信息资源的深度开发和数字化应用，并开展国内外合作与交流。

NSTL 登录网址为 http：//www. nstl. gov. cn，如图 7-40 所示。

图 7-40 国家科技图书文献中心（NSTL）主页

7.4.1 NSTL 的文献检索

NSTL 提供了期刊论文/会议文献/学位论文/科技报告、专利文献、标准文献/计量检定规程三类 21 个数据库的文献检索。用户可以采用普通检索、高级检索、期刊检索和分类检索四种方式，并根据需要设置查询条件，包括查询范围、时间范围、查询方式和馆藏范围。查询到的文献可查看其详细内容。注册用户还可以进行"加入购物车"或"加入我的书架"等操作。"加入购物车"操作进入全文订购流程。

7.4.2 NSTL 的全文提供

全文提供服务是 NSTL 面向注册用户的网络化全文请求特色服务，是文献检索栏目的一项重要功能。用户可以在检索的基础上，通过原文请求的方式获得所需要的文献全文复印件。提供方式包括电子邮件、普通信函、平信挂号、传真或特快专递等。文献检索无需注册也无需付费，全文提供则需要注册并需支付文献复制费及相应的邮费。

7.4.3 NSTL 的代查代借服务

在用户填写"全文申请表"后，NSTL 的工作人员将根据申请表提供的文献线索及用户所限定的地域、时间与费用，依次在 NSTL 成员单位、国内其他文献信息机构和国外文献信息机构查找用户所需文献。

7.4.4 NSTL 的全文浏览

报道 NSTL 订购、收集和编制的各类型全文文献。主要包括 NSTL 订购或参与订购的网络版期刊和北大方正电子图书、NSTL 组织搜集编制的网上免费全文文献以及 NSTL 组织试用的拟订购网络版期刊。设有 5 个子栏目：全国开通文献、部分单位开通文献、免费获取期刊、试用期刊和 NSTL 研究报告。

7.4.5　NSTL 的目次浏览

目次浏览栏目提供外文科技期刊的目次页（Current Contents）浏览服务，报道内容均为国家科技图书文献中心各单位收藏的各文种期刊。

7.5　中国高校人文社会科学文献中心检索平台

中国高校人文社会科学文献中心（China Academic Humanities and Social Science Library，简称 CASHL），是教育部根据高校人文社会科学的发展和文献资源建设的需要而设立的。其宗旨是组织若干所具有学科优势、文献资源优势和服务条件优势的高等学校图书馆，有计划、有系统地引进国外人文社会科学期刊，借助现代化的服务手段，为全国高校的人文社会科学教学和科研提供高水平的文献保障。它是全国性的唯一的人文社会科学外文期刊保障体系，不仅可以为高校教学科研服务，也成为全国其他科研单位文献获取的基地。与科技部建设的《国家科技图书文献中心》互为补充，可谓是"珠联璧合"，并具有巨大的社会效益。CASHL 主页界面如图 7-41 所示。

图 7-41　CASHL 主页

CASHL 的数据库：

（1）《高校人文社科外文期刊目次数据库》：收录了 CASHL 中心 4000 多种人文社会科学外文期刊，涉及地理、法律、教育、经济/商业/管理、军事、历史、区域学、人物/传记、社会科学、社会学、体育、统计学、图书馆学/信息科学、文化、文学、心理学、艺术、语言/文字、哲学/宗教、政治等学科。可提供目次的分类浏览和检索查询，以及基于目次的文献原文传递服务。其中带有《核心》标识的期刊为核心期刊。

（2）《高校人文社科外文图书联合目录》：提供北京大学、复旦大学、武汉大学、南京大学、吉林大学、中山大学以及四川大学这7所高校图书馆的人文社科外文图书的联合目录查询。用户可按照书名进行检索，或按照书名首字母进行排序浏览，还可以按照学科分类进行浏览。

（3）《高校人文社科核心期刊总览》：包含由北京大学图书馆主持编纂的《国外人文社会科学核心期刊总览》和被 SSCI、A&HCI 收录的核心期刊两大序列。

（4）《国外人文社科重点期刊订购推荐》：提供9000多种国外人文社科重点期刊的目录供用户推荐订购，用户的推荐意见将作为 CASHL 订购期刊的重要依据。

另外，CASHL 还为全国读者提供了文献传递服务和专家咨询服务。

7.6　湖北省高等学校数字图书馆检索平台

7.6.1　hbdlib 简介

湖北省高校数字图书馆检索平台（http：//www.hbdlib.cn，域名为：hbdlib）项目是由湖北省教育厅主导并投资建设的公共服务体系。目前已构建出一个面向全省高校用户的网上文献服务平台：建立了中心门户网站和统一检索、文献传递、虚拟参考咨询、门户使用统计、联合目录检索、资源调度及资源导航等各类应用系统，为读者提供一站式的高水平文献信息服务；可为全省高校提供70万册中文电子图书和9000多种中文全文电子期刊的访问；筛选了20余个适合全省大多数高校的数据库进行全省免费试用；对10余个数据库进行了组团采购，构建了全省的文献传递服务网络。所有服务均向全省高校开放。

湖北省高校数字图书馆门户网站于2009年5月11日正式投入使用，它不仅是将湖北省10个管理中心成员馆的资源进行了整合，而且构建了一个湖北省10个管理中心成员馆分布式联合虚拟参考咨询系统，开展多馆参加，具有实际服务能力，以本地化运作为主，结合分布式、合作式的运作虚拟参考咨询服务，进行了区域性的服务整合，在全国高校尚属首次。其网上文献服务共享平台如图7-42所示。

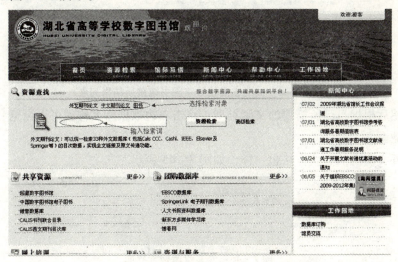

图7-42 湖北省高校数字图书馆门户界面

7.6.2 hbdlib 的信息检索

读者在登陆网页以后，就可以看到"资源检索"和"高级查找"两个检索按钮，在检索的过程中，可以选择"中文期刊、外文期刊、图书"等检索对象。其中期刊检索分中文和外文两种，而"图书检索"包含了中外文图书的馆藏查找。如图7-43所示。

图7-43 湖北省高校数字图书馆外文期刊论文检索

读者仅需输入一次检索提问，就可以得到所有的数据库的检索结果，并将各个数据库检索结果列表。如图7-44所示。

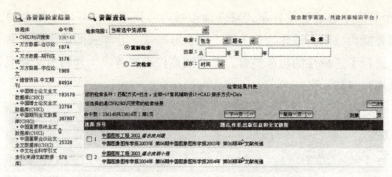

图7-44　湖北省高校数字图书馆接所结果列表

然后根据自己所需要的文献类型，点击右边数据库名称就可以浏览和打开或下载全文。

外文资源的查找方法也一样，如图7-45所示。

图7-45　外文资源检索界面

通过检索后并得到了如下结果，如图7-46所示。

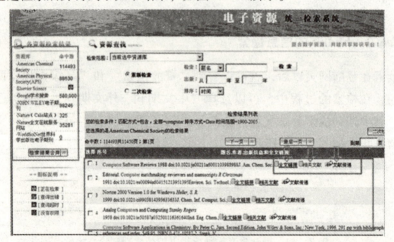

图7-46　外文资源检索结果界面

通过检索结果文献后面全文链接，可以直接打开和检索提问内容相关的外文全文。如果学校没有购买某一个数据库，即便该原文存在，也是无法打开的，此时可以点击后面的文献传递，提交申请，数字图书馆中心就可以为您完成该文章的全文提供服务。

7.6.3　hbdlib 全文传递（馆际互借）

全文传递系统是湖北省高校数字图书馆门户系统的重要组成部分，能为读者提供成员馆丰富的文献收藏。读者直接通过网上提交全文传递申请，不仅可以快速获取自己所需的文献全文，还可以实时查询申请处理情况。读者在使用此功能之前，需预先进行全文传递账号的申请和有关设置。

当我们在检索结果中打不开全文，可点击文献传递。如图7－47 所示。

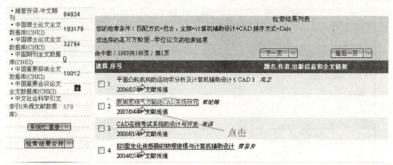

图 7－47　无原文时原文传递示意图

当你点击文献传递后，系统就会自动跳到如下界面。如图7－48 所示。

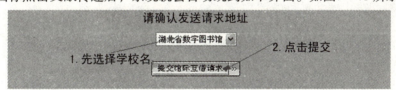

图 7－48　请求原文传递界面

当你点击提交以后，此时把你先前在某校图书馆申请的全文传递账号和密码填写进去就可以了。如图 7－49 所示。

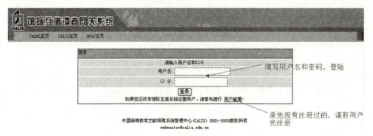

图 7－49　登陆原文传递界面

如果你原先没有注册过，那就请你先完成注册，以后就直接可以用了。其流程如图 7－50、图 7－51 和图 7－52 所示。

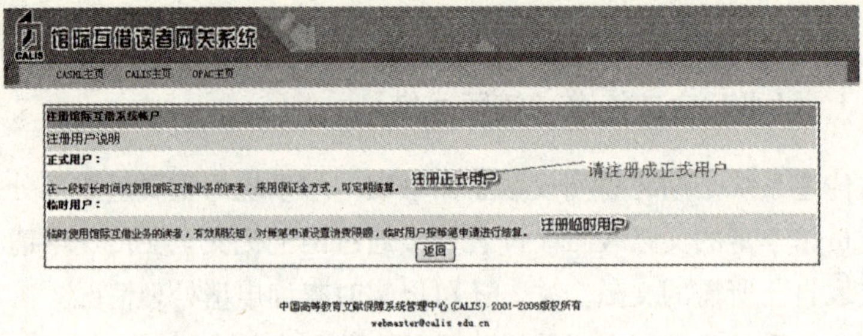

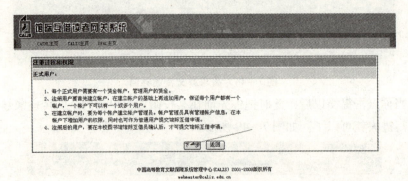

图 7 - 50　注册原文传递流程图（一）

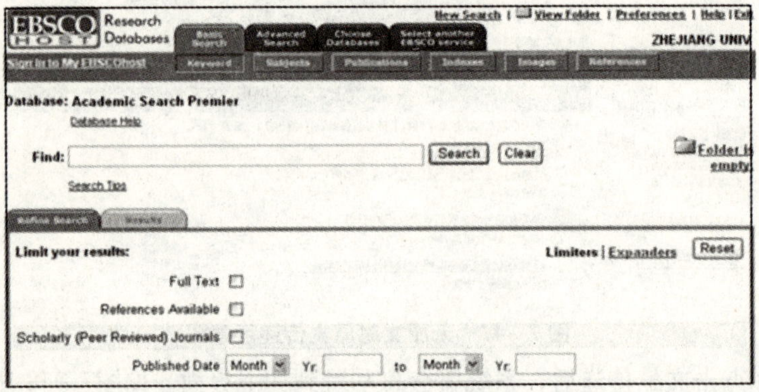

图 7 - 51　注册原文传递流程图（二）

图 7 - 52　注册原文传递流程图（三）

　　请认真填写以下表格内容，其中标记有"＊"的地方必须填写，然后提交。如图 7 - 53 所示。

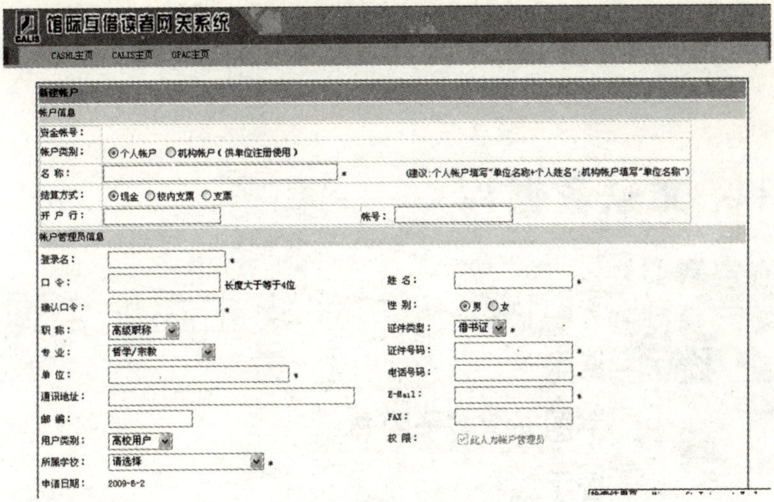

图7-53 注册信息填写示意图

在申请注册的表单得到本校图书馆或数字图书馆的确认以后，就可以开展文献传递服务了。此时点击文献传递请求以后，你所要的文献信息会自动填写进文献传递申请单，申请者仅需对文献金额作出限定，整个全文传递请求的提交就完成了。

7.6.4 hbdlib 虚拟参考咨询

湖北省高校数字图书馆推出的"虚拟参考咨询"是一个湖北省高等教育分布式联合虚拟参考咨询平台，旨在为全省高校读者提供咨询服务的一个窗口，是沟通咨询馆员与读者的桥梁，通过此平台的建立，将能真正实时地解答读者在使用数字图书馆中第一时间所发生的问题。咨询员可不受时间、地点的限制，在网上解答读者的疑问，从而实现24/7的理想服务模式来为广大读者解决和提供帮助。

当读者有问题需要咨询时，随时点击主页面上的咨询窗口里面咨询员的图像，完成简单注册，就可实时在线提问；当咨询员离线时，也可填写表单进行提问，但要同时填写自己的邮箱，便可接收咨询员回复的答案。如图7-54所示。

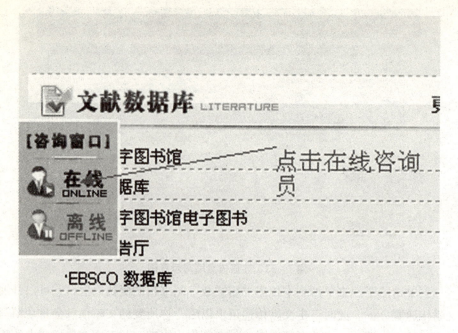

图 7 – 54 咨询员状态示意图

按照下图所示填写用户信息，如图图 7 – 55 所示。

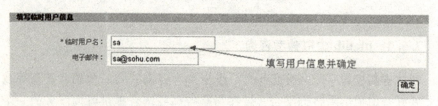

图 7 – 55 填写咨询信息示意图

进入到了和咨询员实时对话框，就可以进行提问，如图 7 – 56 所示。

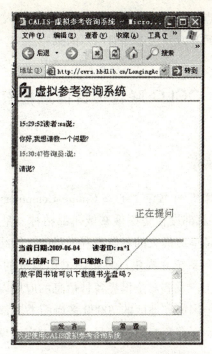

图7－56　在先咨询示意图

当咨询员不在时，点击后进行如下填表。如图7－57所示。

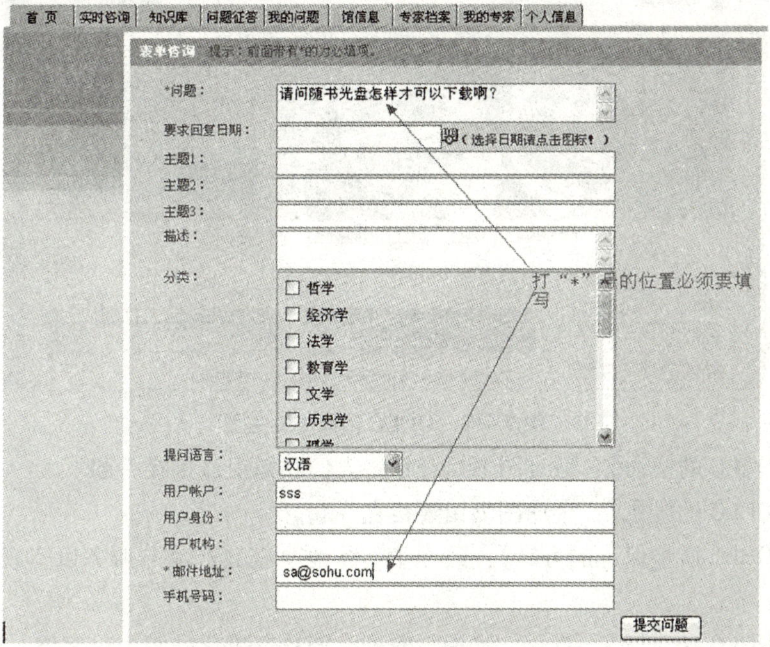

图7－57　离线咨询填表示意图

当读者完成填表点击"提交问题"后，提问就存入门户系统，咨询员上线后，就会将问题的回答发到读者注册填写的邮箱。

7.7 OCLC 联合书目信息检索平台

7.7.1 OCLC 简介

OCLC 是联机计算机图书馆中心（Online Computer Library Center）的简称，创立于1967年，总部设在美国俄亥俄州都柏林，是世界上最大的提供文献信息服务的机构。是全球最大的不以赢利为目的、始终坚持使用最先进的技术维护和管理电子资源系统并提供计算机图书馆服务的会员制合作和研究组织，其宗旨是为广大用户发展对全世界各种信息的应用以及降低获取信息的成本。目前全球有112个国家和地区的70000多所图书馆都在使用 OCLC 的服务来查询、采集、出借、保存资料以及编目。简体中文主页如图7-58所示。

图7-58　OCLC 简体中文主页

【OCLC 的使命】：通过图书馆合作将人们和知识连接在一起。

【OCLC 的愿景】：全球图书馆连接在一起。

【OCLC 质量保证的方针】：致力于不断地改进其产品与服务以实现 OCLC 的愿景。

【OCLC 的目标】：建立、维护与管理已经计算机化的图书馆网络；促进对图书馆的使用与加强图书馆本身与图书馆学的发展；为图书馆及其用户提供各种处理信息的方法与产品。目标是增加图书馆用户对图书馆资源的利用和降低各图书馆费用的增加幅度，而最终的目的是推进公众查询和利用世界各国在科学、文学与教育领域中日益增加的知识与信息。

【OCLC 的信息服务】：

（1）OCLC 针对图书馆信息服务所作的研究计划和成果；

（2）OCLC 联结全球图书馆以促进图书馆合作的服务项目；

（3）OCLC 提供的电子信息服务；

（4）OCLC 增进图书馆自动化功能的软件；

（5）OCLC 透过互联网向大众提供的信息服务；

（6）杜威分类法。

7.7.2 OCLC 的使用（First Search）

OCLC 拥有世界上最大的书目数据库，提供文献记录和馆藏地点信息，以帮助 OCLC 成员更好地进行联合编目和资源共享。

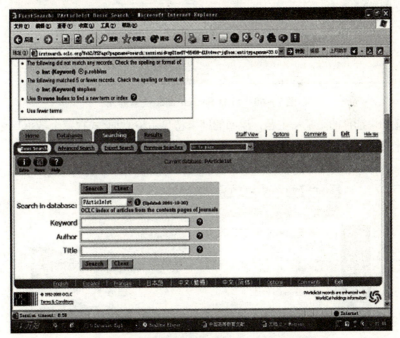

图 7-59 OCLC 的 First Search 界面

First Search 是 OCLC 近年来的一个新产品。它提供的联机信息检索服务系统，是一个综合性、收费非常低而且非常容易使用的检索系统。它也是世界上使用量最大的联机信息检索系统。目前，全世界有 55 个国家的 12000 个大学、研究机构以及公共图书馆使用这个系统。当前，利用 First Search 可以检索到 80 多个数据库，数据库的记录中有文献信息、馆藏信息、索引、名录、文摘和全文资料等内容。资料的类型包括图书、期刊、报纸、胶片、计算机软件、音频资料、视频资料等。这些数据库涉及的学科范围有：艺术和人文科学、工商管理和经济、会议和回忆录、教育、工程和技术、综合类、生命科学、医学与保健科学等。点击"OCLC First Search"进入检索界面。如图 7 - 59 所示。

在 OCLC 的 First Search 检索中，包括基本检索和高级检索两种方法。

（1）基本检索（Basic Search）

①进入 First Search 的初始界面进行查询：在"查询"文本框后输入检索词/式，在"选择"一栏的下拉菜单中选择一个主题范畴或一个数据库，点击"检索"按钮即可，如图 7 - 60 所示。

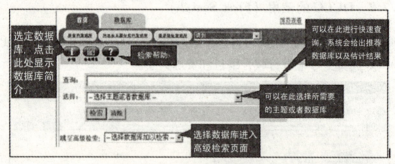

图 7 - 60　First Search 简单检索界面

②如果选择的是某一主题，返回的结果将显示检索词/式在每个数据库中匹配的估计记录条数，然后可最多选择 3 个数据库进行进一步的检索，如图 7 - 61 所示。如果对每个数据库的收录范围不太熟悉，可以使用此方法进行选库。

图 7 - 61　First Search 列出按主题分类的数据库界面

③选定数据库，按照关键词、著者、题名、资料来源、年代等检索条件进

行检索，在"限制内容"项中可限制检索有全文的文章或者只检索某个图书馆馆藏，点击"检索"键开始检索，也可以用"清除"键清除所有输入项目，如图7－62所示。

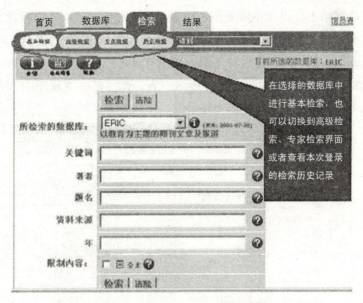

图7－62　First Search 基本检索界面

（2）高级检索（Advanced Search）

通过高级检索可以构造更复杂的检索式。各个检索词之间使用布尔逻辑算符进行组配。使用圆括号可把检索式输入同一个检索框中，但也可以把每一个检索词分别输入不同的检索框。如图7－63所示。

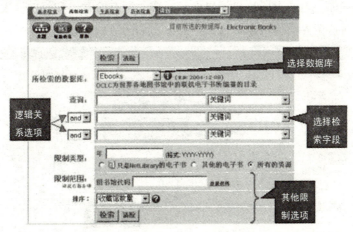

图7－63　First Search 高级检索界面

（3）专家检索

专家检索是为喜欢输入检索式且有经验的检索员而设计的界面，如图7－64所示。构造检索式可以使用逻辑算符、截词符和位置算符等。用专家检索可以更好地表达检索课题中检索词之间的关系。

在下拉菜单中提供库中所使用的检索词索引和标识索引。可据此判断要使用的检索词是否合乎库中要求。例如，要查询有关"dog"的资料，同时作者是 Harry Mellon Rhoads，检索时先输入检索式 kw:: dog and au:: rhoads harry mellon，然后再参见下拉菜单中的作者索引表，此时你会发现库中所使用的作者名表达方式只能是：rhoads harrymellon.

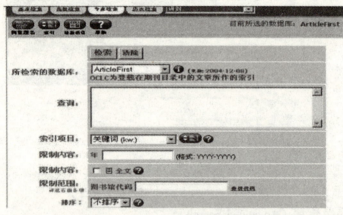

图 7－64　First Search 专家检索界面

（4）历次检索

一次登录的几次检索后，点击导航菜单中的历次检索链接，即可看到本次登录的检索史。检索史屏幕显示出已经完成的所有检索式和每次检索结果数的一览表，在这个界面你可以进行如下操作，如图 7－65 所示

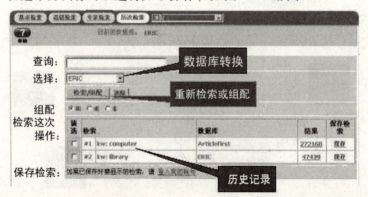

图 7－65　First Search 历次检索界面

（5）检索结果及全文查阅

执行检索后，会得到检索结果列表，如图 7 - 66 所示。列表中标明了使用的检索式、命中的文章数量和命中文章的简要信息，包括题目、资料来源、馆藏信息等。

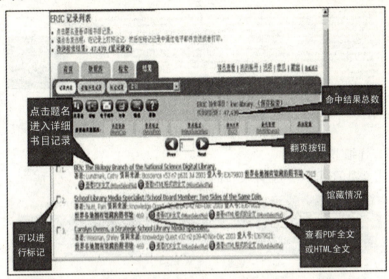

图 7 - 66　First Search 显示检索结果

图 7 - 67　PDF 全文界面

对于感兴趣的文章可以点击前面的方框对它作标记，点击左栏的"标记记录"可显示所有标记记录，点击屏幕顶部的图标，系统会将所有标记记录以一种简洁的格式显示，此时再使用浏览器本身的功能将结果打印或保存。此外，系统也提供检索结果 E - mail 功能。

如果出现"查看 PDF 全文"或"查看 HTML 全文"链接，说明该文章全文可获得，直接点击即可查阅全文及进行打印等其他操作，操作时间倒计时15 分钟，见图 7 - 67、图 7 - 68。

图7-68　HTML全文界面

（6）详细书目记录

点击文章的题目，可显示文章的详细信息页面，如图7-69所示。

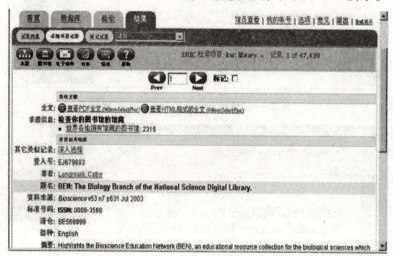

图7-69　详细记录页面

注意：检索结束后，务必点击导航菜单的"退出"，否则影响其他用户进入First Search。停止无操作的时间也不可太长，否则系统会自动退出。

7.7.3　常用算符使用方法及示例

表7-1　常用算符使用方法及示例

And 逻辑与	car and industry	检中结果中必须同时含有 car 和 industry 才符合要求
Or 逻辑或	college or university	检中结果中含有 college 或 university 任一个就符合检索要求
Not 逻辑非	television not cable	检中结果中出现 television 但不能出现 cable

＊截词符	Comput ＊	表示检索输入同词根的词，本检索式可检 computer computing computerization 等
＃通配符	Wom#n	#代表 1 个字符，本检索式可检出 woman women 等
？通配符	colo？r	？代表 0 个到 9 个字母，本检索式可检出 color colour colonizer colorimter 等
？n 通配符	Colo？4r	n 代表可替换的字符数，本检索式可检出 colonizer
＋复数标志符	Coach ＋	可同时检索该词的单数和复数形式，本检索式可检出 coach、coachs 和 coaches
Nn 位置算符	Television N2 cable	两检索词顺序可以颠倒，中间最多可以插入 n 个词，n 可以是 1 到 25 之间的整数
Wn 位置算符	Tree W9 pine	两检索词顺序不能颠倒，中间最多可以插入 n 个词，n 可以是 1 到 25 之间的整数

7.7.4　检索式的构造及举例

字段代码＋冒号（：）＋检索项，如：kw：gene（在关键词字段检索）

字段代码＋等号（＝）＋检索项，如：ti＝gone with the wind

著者字段代码 AU	关键词字段代码 KW	标准号码字段代码 SN
主题字段代码 SU	篇名字段代码 TI	年代字段代码 YR

专家检索举例

检索内容：查找 2002 年发表的有关以基因疗法治疗癌症的文章

检索式可以为 ti：（cancer and gene w1 therapy）and yr：2002

7.7.5　检索注意事项

（1）关于主题检索 Subject（su：）search：不同的库主题检索查找的范围不同。

Articlefirst：在这个数据库中，主题检索在题名和文摘字段查找信息。

ECO：主题检索在以下字段查找信息：题名、文摘、叙词和引用。

ERIC：在这个数据库中，主题检索在以下字段查找信息：叙词、题名、文摘和注释。

GPO：在该数据库中，主题检索在以下的索引字段中查找信息：主题词、题名和注释。

MEDLINE：在这个数据库中，主题检索在以下字段查找信息：题名、文摘和 MeSH 主题词。

PapersFirst：在这个数据库中，主题检索在以下字段查找信息：题名、来源和承办者。

Proceedings：在这个数据库中，主题检索在以下字段查找信息：题名，来源、承办者和叙词。

UnionLists：在这个数据库中主题检索在以下字段查找信息：图书馆名、OCLC 代号和题名。

WilsonSelectPlus：该数据库中的主题检索在以下的字段中查找信息：文章题名、文摘和主题词。

WorldAlmanac：该数据库中的主题检索在以下字段查找信息：题名、文本和表格字段。

WorldCat：在该数据库中，主题检索在以下的字段中查找信息：主题词、题名和内容注释字段。

（2）关于作者名检索 Author names（au:）searches

ECO：绝大多数记录中的作者名（au:）是姓在前，后面是第一个名或第一个名的首字母。可在检索中考虑使用?n 和 OR 操作符。

MEDLINE：用作者关键词或作者准确短语检索某一个作者的文献时，键入的作者名采用以姓打头的格式，后面紧跟第一和中间名的首字母，中间不要逗号。例如，Berger TA。

（3）限定 Limit

如果初次检索得到的结果太多，可对初次检索的结果进行限定。每个数据库都允许用户限制检索，以便使查找到的记录更能满足需要。如限制语种、出版年份、记录类型等。

（4）期刊名/来源（so:）检索

在 ECO 数据库中可使用期刊名/来源（so:）索引检索指定期刊的文章，或者当用其他索引字段时，同时用 so：限制在一种或多种期刊中检索。

7.7.6　结果处理

标记：点击记录前的小方框，可标记所需要的记录。

E-mail 结果：点击结果显示框上的"电子邮件"按钮，可以把所需记录发送至指定的信箱。

打印：点击结果显示框上的"打印"按钮，可以打印所需记录。

输出：点击结果显示框上的"输出"按钮，可以输出所需记录（该项功能必须首先下载"EndNote"软件）。

第八章

特种数字信息检索及其利用

特种数字信息（文献）是指介于普通图书与期刊之间的在出版发行和获取途径上都比较特殊的一类科技信息的总称。特种数字信息一般包括学位论文、标准信息、专利信息、会议信息、科技报告、政府出版物、科技档案等8大类。特种数字信息特色鲜明、内容广泛新颖、数量庞大，涉及科学技术、生产生活的各个领域，出版发行无统一规律，参考价值高，是非常重要的数字信息源。

8.1 学位论文检索及其利用

学位是对专业人员根据其专业学术水平而授予的一种称号。学位制起源于12世纪欧洲的意大利，随后风行于法国和英国。现代许多国家都实行了学位制。尽管各国学位的设置不尽相同，但多数国家采用的是三级学位制，即学士（Bachelor）、硕士（Master）和博士（Doctor）制度。

学位论文是伴随着世界上学位制度的实施而产生的，是高等院校或科研单位的毕业生为获取学位资格递交的学术性研究论文。学位论文在欧洲国家多称"Thesis"，美国称之为"Dissertation"。

8.1.1 学位论文的种类与特点

学位论文一般分为两大类型。一类是理论研究型的，作者通常在搜集、阅读了大量资料之后，依据前人提出的论点和结论，再通过自己的深入研究或大量实验，进一步提出自己的新论点和新假说。另一类是调研综述型的，作者主要是以前人关于某一主题领域的大量文献资料为依据，进行科学地分析、综合和核实后，对其专业领域的研究课题作出概括性的总结，提出自己独特的论点和新见解。

（1）出版形式特殊。学位论文的目的只是供审查答辩之用，一般都不通过出版社正式出版，而是以打印本的形式储存在规定的收藏地点，且每篇论文打印的数量均不多。目前才开始有单位进行网上提交学位论文和有专业机构出版网络版的学位论文。

（2）内容具有独创性。学位论文一般都具有专业性、知识性、独创性的特点，探讨的课题比较专深。但因学位论文有不同的等级，故水平参差不齐。通常情况下，所谓学位论文习惯上只限于硕士论文和博士论文。

（3）数量大，难以系统地收集、管理和交流。随着科学技术的迅速发展，学位教育越来越受到各国的高度重视。仅美国每年授予硕士学位的学生达 30万人，博士学位学生约 3 万人；目前在我国每年授予硕士和博士学位的人数早已经超过美国的授予人数。因学位论文一般在各授予单位或指定地点才有收藏，搜集起来比较困难。

基于以上特点，学位论文需要通过专门检索工具和特殊搜集渠道才能获得。为此，许多国家都编辑出版各类报道学位论文的检索工具。其中，有报道世界各国的或几个国家的学位论文目录或文摘，也有报道一个国家的学位论文通报，还有报道某所大学的学位论文摘要汇编和一些学术期刊所附的学位论文介绍专栏等。

8.1.2　国内外学位论文的手工检索工具

（1）国内学位论文的手工检索工具

①《中国学位论文通报》是报道我国自然科学领域学位论文的主要检索工具，由中国科技信息研究所编辑，科技文献出版社出版，1985 年创刊，原为季刊，1986 年以后改为双月刊。以题录、简介和文摘结合的形式，报道该所收藏的我国高等院校和科研机构的博士和硕士论文。每期内容包括分类目录、正文和索引。分类目录按《中图法》分类，共设 9 个大类和 18 个子类；正文按《中图法》标引编排；著录内容：分类号、顺序号、论文题目、学位名称、文种、著者姓名、学位授予单位、总页数、发表年月、文摘、图表及中国科学技术情报研究所馆藏资料索取号等。索引部分有"机构索引"和"年度分类索引"。

②《中国科学院博士学位论文文摘》收录中国科学院所属各研究机构和

高校博士研究生的学位论文。正文按《科图法》分类顺序编排，其后有"作者索引"、"导师索引"、"中图法分类号索引"和"授予学位单位"。

（2）国外学位论文的手工检索工具

据统计，目前国际上较有影响的学位论文检索工具书约有20多种，一些比较常用的检索工具有以下几种。

①《Dissertation Abstracts International》（简称 DAI）（国际学位论文文摘），由美国 University Microfilms International（UMI）编辑出版，1938 年创刊，是目前世界上检索学位论文使用最广泛的一种检索工具。

②《Masters Abstracts International》（国际硕士学位论文文摘），由 UMI 出版，1962 年创刊。原称《Master Abstracts》（硕士学位论文文摘），1985 年后改为现称。主要报道美国和加拿大数百所大学的硕士论文，报道范围包括自然科学、社会科学和应用科学等各个方面。每年的第 4 期附有年度累积主题索引和著者索引，第 1－3 期只附有单期著者索引。每隔 5 年单独出版一次累积版。印刷版《Masters Abstracts International》的检索途径：

学科类名途径：分类目次表—论文文摘—原文

题名关键词途径：关键词题名索引—论文文摘—原文

论文著者途径：著者索引—论文文摘—原文

③《American Doctoral Dissertation》（美国博士学位论文），由 UMI 为研究图书馆协会，每学年出版一次，年刊。包括美国和加拿大各大学接受的全部博士学位论文，其中收录有许多 DAI 上未摘录的学位论文。自 1957 年起作为《国际学位论文文摘》的附刊出版。正文按分类编排，附有著者索引。

8.1.3　学位论文的计算机网络检索

（1）CNKI《中国学术文献网络出版总库》检索系统

在 CNKI 的《中国学术文献网络出版总库》中，《中国博士学位论文全文数据库》和《中国优秀学士学位论文全文数据库》是专门用来报道学位论文的两个子库，其中：

《中国博士学位论文全文数据库》收录了 380 家博士培养单位，从 1999年至今，并部分收录 1999 年以前的博士论文数据库。是目前国内相关资源最完备、高质量、连续动态更新的中国博士学位论文全文数据库，至 2007 年 12月 31 日，累积博士学位论文全文文献 7.3 万多篇。数据库涉及基础科学、工程科技、农业科技、医药卫生科技、哲学与人文科学、社会科学Ⅰ、社会科学

Ⅱ、信息科技、经济与管理科学等 168 个专题和近 3600 个子栏目。

《中国优秀硕士学位论文全文数据库》收录了全国 460 家硕士培养单位，从 1999 年至今，并部分收录 1999 年以前的的优秀硕士学位论文数据库。是目前国内相关资源最完备、高质量、连续动态更新的中国优秀硕士学位论文全文数据库，至 2007 年 12 月 31 日，累积博士、硕士学位论文全文文献 54 万多篇。数据库涉及基础科学、工程科技、农业科技、医药卫生科技、哲学与人文科学、社会科学Ⅰ、社会科学Ⅱ、信息科技、经济与管理科学等 168 个专题和近 3600 个子栏目。

以上两个数据库的详细检索方法，在前面第四章的"4.1.2"中已作详细介绍，在此不再重复。

（2）《万方数据》知识服务平台

在《万方数据》总库中，收录了国家法定学位论文收藏机构——中国科技信息研究所提供的自 1980 年以来我国自然科学领域各高等院校、研究生院及研究所的硕士研究生、博士及博士后论文 146 万篇。文献内容包括：论文题名、作者、专业、授予学位、导师姓名、授予学位单位、馆藏号、分类号、论文页数、出版时间、主题词、文摘等字段信息。

进入方法：学校图书馆主页→电子资源→中文数据库→万方数据。《万方数据》主页如图 8 - 1 所示。《万方数据》还为每个单位制定个性化的页面，所以看到的数据库页面会有所不同。

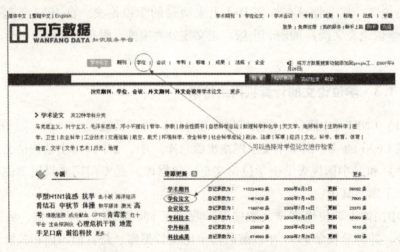

图 8－1 《万方数据》主页界面

在选择了学位论文检索以后，就可以直接使用浏览功能进行检索，还可以根据自己的检索要求来增加限定条件，选择"高级检索"或者"简单检索"

来进行学位论文的查找工作。如图8－2所示。

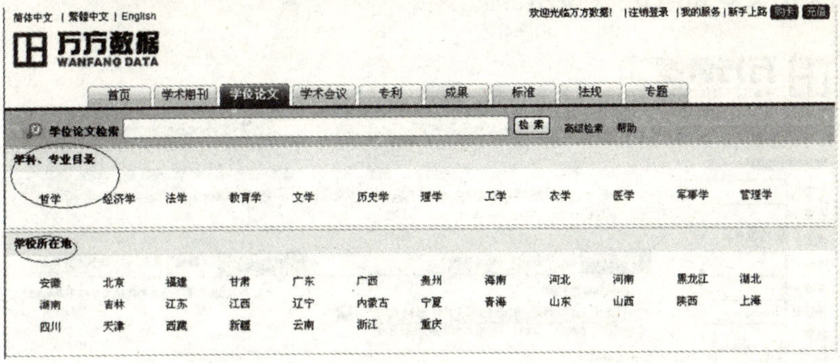

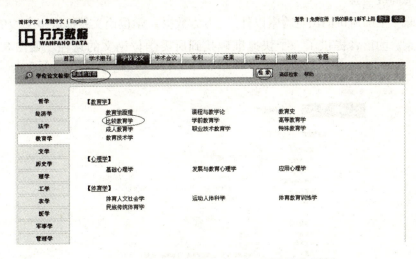

图8－2　《万方数据》学位论文简单检索界面

①进入学位论文浏览页面，可以通过两种方式查找论文。现以查找与"美国教育券"有关论文为例：

【在检索框直接检索】：在"学位论文检索"输入框输入检索词"美国教育券"，按"检索"按钮即可。

【缩小范围浏览】：在学科、专业目录中选择"教育学"学科通过逐级缩小范围浏览相关论文。在选择"教育学"后，得到如图8－3所示页面，可以继续选择"比较教育学"学科。

图8－3　《万方数据》学位论文浏览检索界面

在比较教育学科下可以找到689篇相关论文，其中有关于美国教育券的论文。

同时，也可以在这个学科基础上通过二次检索、分类查询继续缩小范围，找到相关论文。如图8－4所示。

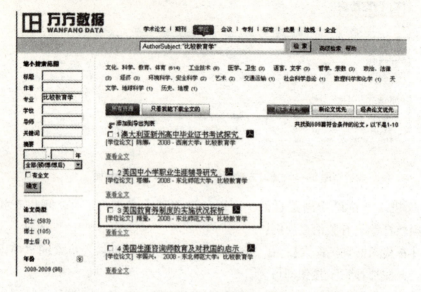

图8－4 《万方数据》学位论文浏览结果二次检索界面

《万方数据》还根据学位授予单位的地理位置，设置了地区分类导航。

②高级检索

除了上面所讲的浏览检索以外，《万方数据》学位论文还提供多字段的高级检索，为读者提供了一个快速准确找到所需学位论文的途径。如图8－5所示。

图8－5 《万方数据》学位论文高级检索界面

从图中可以看出，读者可以论文题名、作者、导师、关键词，摘要、学校、专业、发表日期、有无全文等进行限制，还可以指定论文类型（硕士、博士、博士后）、检索词之间的相关性等条件。所得结果查准率高。

（3）高校学位论文数据库

"高校学位论文数据库"是"中国高等教育文献保障系统"（CALIS）的一个高校学位论文数据库子项目，是在"九五"期间建设的博硕士学位论文文摘数据库基础上，建设的一个集中检索、分布式全文获取服务的 CALIS 高校博硕士学位论文文摘与全文数据库。如图 8-6 所示。

图 8-6　CALIS 的"高校学位论文数据库"界面

CALIS 对中文学位论文通过网上直接采集电子文本的方式，逐年累积，到 2005 年收集超过 10 万篇；另外通过集团采购补贴的方式，与高校图书馆、公共馆、情报所合作，按篇选择购买国外电子版博硕士学位论文，集中存放在 CALIS 的全文服务器中。计划可共享全文论文 6 万篇。

CALIS 的"高校学位论文数据库"子项目与"高等学校中英文图书数字化国际合作计划（CADAL）"专题下的学位论文子项目分工合作。CALIS 除负责所有论文的目次报导任务，并负责对 2000 年起 CALIS"九五"期间参建单位利用网上提交系统收取的电子版学位论文（这些论文由于受到一定程度的版权保护，无法公开上网获取）采取分散在各成员馆保存各自的电子全文并由各成员馆提供全文服务的方式。参建馆在收取学位论文时将同时取得作者的使用授权书，并在作者授权范围内提供直接下载、文献传递等全文服务。

CADAL 专题则负责非原生电子版论文的数字化加工，并在得到版权赠与，许可公开无限制利用后纳入百万书库。

读者进入"高校学位论文数据库"后，可以通过题名、导师、关键词、文摘和全文等字段来检索相关论文。

（4）ProQuest Digital Dissertation（PQDD）（美国博硕士论文数据库）

PQDD 是美国 UMI 公司 ProQuest Direct（PQD）系统的"博硕士论文数据库"，该库收录欧美 1000 余所大学文、理、工、农、医等领域的 150 万篇博士、硕士论文的摘要及索引，其中博士论文摘要 350 字左右，硕士论文摘要 150 字左右，并可看到 1997 年以来论文的前 24 页。每年约增加 4.5 万篇论文摘要，每周更新。如图 8-7 所示。

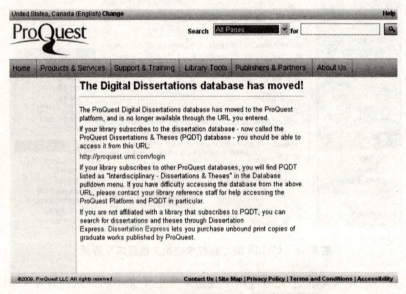

图 8-7 PQDD 美国博硕士论文数据库界面

PQDD 是目前世界上最大和最广泛使用的学位论文数据库。收录年代长，从 1861 年开始；更新快，每周更新；1997 年以来的部分论文不但能看到文摘索引信息，还可以看到前 24 页的论文原文。其学位论文检索界面如图 8-8 所示。

点击"Search"进行检索；点击"Browse"浏览学科分布。

基本检索：选字段→输检索词→选逻辑算符，确定年代范围后，点击"Search"开始检索。如图 8-9 所示。

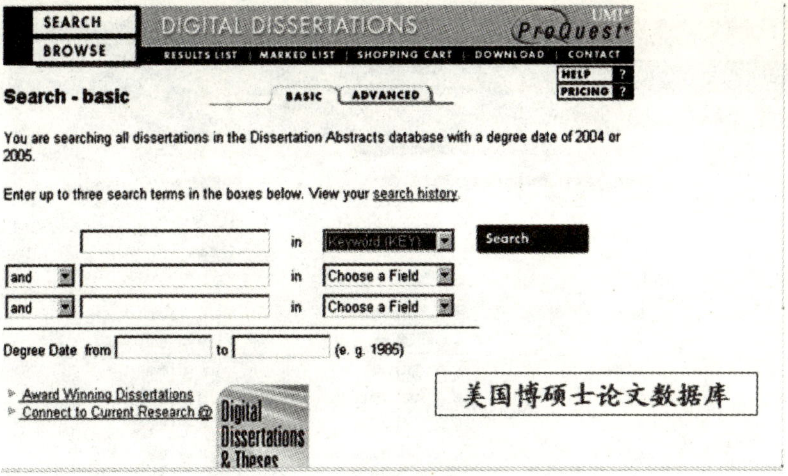

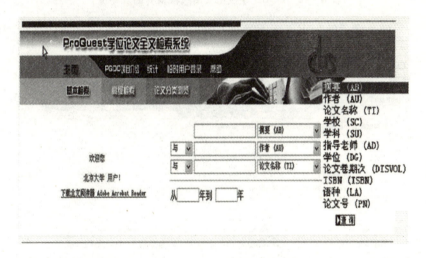

图 8 - 8　PQDD 学位论文检索界面

图 8 - 9　PQDD 学位论文基本检索界面（中文）

高级检索：点击"Advanced"进入高级检索。高级检索界面分为检索式输入框和检索式构造辅助表两部分。如图 8 - 10 所示。

在 PQDD 数据库系统中，提供"文摘、导师、作者、学位授予日期、授予的学位、学位论文数据库编号、学位论文卷/期、国际标准刊号、关键字（基本索引）、论文的语言、出版/订单号码、学校名称/代码、主题、标题"等 14 个检索字段。

在检索完后，读者可以先进行题录浏览的阅读，看看检索情况怎么样。如果觉得范围偏大或者结果不够精确的话，还可以增加条件进行"二次检索"，

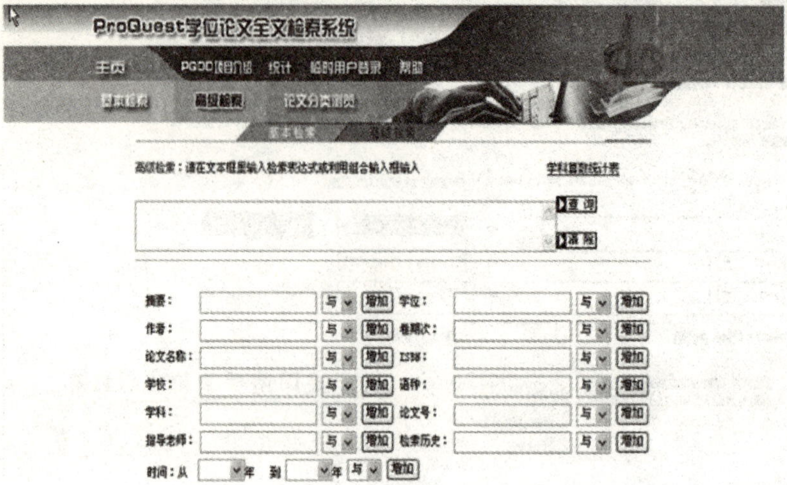

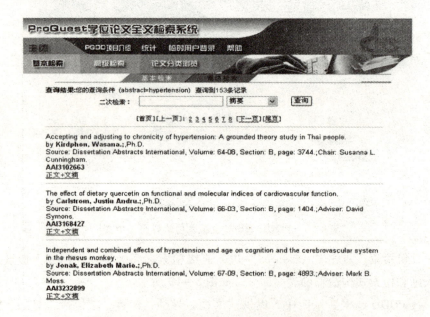

图 8 - 10　PQDD 学位论文高级检索界面（中文）

以使结果满足读者的需求。如图 8 - 11 所示。

图 8 - 11　PQDD 学位论文检索结果题录浏览界面

在我国有 20 多所高校购买了 PQDD 数据库的使用权。从这些高校的网站也可检索到 PQDD 提供的 150 万篇博士、硕士学位论文。

与 PQDD 相应的书本式期刊有：

Dissertation Abstracts International；

American Doctoral Dissertation；

Comprehensive Dissertation index；

Masters abstracts international。

8.1.4 学位论文原文的获取

学位论文的原文一般可直接向授予单位索取，也可通过 UMI 订购全文缩微片，或者向国内外一些收藏单位借阅或复制。

对于学位论文的搜集、管理与利用，欧美等国家一直给予高度重视。20世纪30年代后期，美国就已成立了专门的学位论文复制收藏中心（UMI），定期报道所收藏的学位论文的题目和内容提要。目前美国已有300多所（占90%）设有博士课程的大学与该公司保持协作关系，凡属协作的高等学校的论文，可以直接从该公司获取。另外，美国研究图书馆协会（ARL）也开展了类似的业务。加拿大的学位论文由国家图书馆统一管理。英国的学位论文则由国家统一规定收藏于国家外借图书馆（NLL），由该馆负责供应学位论文的缩微复制件。欧洲其他国家通常是将学位论文复制数百份，供图书馆收存和国际交换。日本国立或公立大学的学位论文由国会图书馆收藏，私立大学的学位论文则由授予学位的大学图书馆收藏。我国学位论文的收藏，没有统一的规定，一般收藏于本院校的图书馆。如果要获取学位论文全文或复制件时，可向相应国家的收藏单位索取；现可以通过网络数据库来获取绝大部分的学位论文。

另外，国外学位论文在我国的主要收藏中心有：国家图书馆（收藏有自然科学和社会科学方面的博士论文）；中国科技信息研究所和中国社会科学院信息所（分别收藏自然科学和社会科学方面的博士和硕士论文）；清华大学图书馆等。这些单位均提供国外学位论文的原文复制件。国内学位论文的收藏中心为中国科技信息研究所，它提供原始文献的复制服务。对于北京之外的读者来说，可首先考虑到原文所在院校或该地区的图书情报部门查阅。

8.2 标准数字信息检索及其利用

标准信息（文献）是按照规定程序编制并经过一个公认的权威机构（主要机关）批准的，供在一定范围内广泛而多次使用，包括一整套在特定活动领域必须执行的规格、定额、规划、要求的技术文件，通常统称为"标准"。标准文献与图书、期刊、专利、学位论文、技术报告、会议文献等完全不同，标准文献的制定要通过起草、提出、批准、发布等，并规定出实施时间与范围。

标准信息有利于企业或生产实现经营管理统一化、制度化、科学化。标准信息反映的是当前的技术水平，国外先进的标准可以为我们提高工艺技术水平、开发新产品提供参照。另外，标准信息还可以为进口设备的检验、装配、维修和配置零部件提供参考。因此，标准信息可以说是世界重要的情报资源，它为整个社会提供了协调统一的标准规范，起到了解决混乱和矛盾的整序作用。

8.2.1　标准的种类与标准数字信息的特点

（1）标准的种类

标准的分类可按其使用范围、内容和性质、成熟程度来划分。

① 按使用范围，标准划分为：

国际标准，指国际间通用的标准，如 ISO、IEC 等；

区域标准，指世界某一地区通过的标准，如"欧盟标准"等；

国家标准，由国家标准化机构批准颁布的标准，我国的国家标准号是 GB；

专业标准，根据某专业范围统一的需要，由专业主管机构和专业标准化机构批准发布的标准；

部门（部颁）标准，由某个部门和企业单位等制定的适用于本部门的标准，如"部标准"、"企业标准"等；

基础标准，在一定范围内，普遍使用或具有指导意义的标准。

② 按内容及性质，标准划分为技术标准和管理标准。技术标准包括基础标准、产品标准、方法标准、安全与环境保护标准；管理标准包括技术管理标准、生产组织标准、经济管理标准、行政管理标准、业务管理标准、工作标准。

③ 按成熟程度，标准划分为正式标准和试行标准两类（或称强制性标准和推荐性标准）。

（2）标准数字信息的特点

标准数字信息的主要特点是有固定的代号和专门的编写格式。按照我国管理标准的有关部门的规定，我国标准的代号一般用两个大写汉语拼音字母表示。企业标准则在大写拼音字母"Q"后加斜线"/"加企业代码表示。标准的编号结构采用标准代号 + 发布顺序号 + 发布年代号（即发布年份的后两位数字）的形式。

① 时效性强：我国在国家标准管理办法中规定国家标准实施 5 年内要进行复审，即国家标准有效期一般为 5 年。也就是说我国的标准每 5 年要修订一次。要及时地废除一些与工农业发展极不相适应的过期标准。

② 具有法律约束力，要求人们自觉遵守。

③数量多，篇幅小，文字简练，通常一个标准只解决一个问题。

④ 新陈代谢频繁，各种标准都将随着科学技术的发展而不断地修改、修订和补充。

（3）标准表示方法

标准的表达方式由三个部分组成，如下所示：

"代码 + 顺序号（流水号） + 颁布（修订）年代"

比如：GB 3793—83 "GB——中国国家标准的代码，3793——标准的顺序号，83 代表该标准是 1983 年颁布的国家标准。

再如：ISO 9001—1994 "ISO——国际标准的代码，9001——国际标准的流水号（但现在 9000 已经是全世界都通用的质量管理体系的一套标准），1994——该标准的颁布年代。

8.2.2　国内标准数字信息检索

（1）我国标准的类型

在我国，标准一般分为以下几种类型：

① 国家标准。根据我国"国家标准管理办法"规定，强制性国家标准用"GB"（即"国标"两个字的汉语拼音首字母）为代号，推荐性国家标准用"GB/T"（T—推荐的汉语拼音首字母）为代号。

② 部（行业、专业）标准。根据我国"行业标准管理办法"规定，强制性行业标准的代号，用行业名称的两个汉语拼音字母表示；推荐性行业标准的代号，则在该拼音字母后加斜线"/"加"T"表示。

③指导性技术文件。用部（行业、专业）标准代号为分子，以"Z"为分母表示。

④ 企业标准。根据我国"企业标准管理办法"规定，企业标准的代号，用"Q"加斜线"/"加企业的数字代号表示。

⑤ 地方标准。自从我国"地方标准管理办法"颁布后，强制性地方标准

的代号用"DB"加省、市、自治区代码前两位数加斜线"/"表示，推荐性地方标准的代号在斜线后再加上"T"表示。此前，地方标准的代号用"Q"前加省、市、自治区简称汉字表示。

⑥我国行业标准代码。我国一共有56个行业标准，其代码如表8-1所示。

表8-1　我国56个行业标准名称及其代码

代码	代表行业名称	代码	代表行业名称
BB	包装 中国包装总公司	JT	交通 交通部
CB	船舶 国防科工委（船舶）	JY	教育 教育部（教育）
CH	测绘 国家测绘局	LB	旅游 国家旅游局
CJ	城镇建设 建设部（城镇建设）	LD	劳动和劳动安全（工资定额）
CY	新闻出版 国家新闻出版总署	LY	林业 国家林业局
DA	档案 国家档案局	NY	农业 农业部（农业）
DB	地震 国家地震局	QB	轻工 中国轻工业联合会
DL	电力 中国电力企业联合会	QC	汽车 中国汽车工业协会
DZ	地质矿产 国土资源部（地质）	QJ	航天 国防科工委（航天）
EJ	核工业 国防科工委（核工业）	QX	气象 中国气象局
FZ	纺织 中国纺织工业协会	SB	商业 中国商业联合会
GA	公共安全 公安部	SC	水产 农业部（水产）
GY	广播电影电视（总局）	SH	石油化工 石油和化学工业协会
HB	航空 国防科工委（航空）	SJ	电子 信息产业部（电子）
HG	化工、石油和化学工业协会	SL	水利 水利部
HJ	环境保护 国家环境保护总局	SN	商检 国家质量监督检验检疫总局
HS	海关 海关总署	SY	石油天然气 石油和化学工业协会
HY	海洋 国家海洋局	SY	（10000号以后）海洋石油天然气
JB	机械 中国机械工业联合会	TB	铁路运输 铁道部
JC	建材 中国建筑材料工业协会	TD	土地管理 国土资源部（土地）
JG	建筑工业 建设部（建筑工业）	TY	体育 国家体育总局
JR	金融 中国人民银行	WB	物资管理 中国物资流通协会
WH	文化 文化部	YC	烟草 国家烟草专卖局
WJ	兵工民品 国防科工委（兵器）	YD	通信 信息产业部（邮电）
WM	外经贸 对外经济贸易合作部	YS	有色冶金 中国有色金属工业协会
WS	卫生 卫生部	YY	医药 国家药品监督管理局
XB	稀土 国家计委稀土办公室	YZ	邮政 国家邮政局
YB	黑色冶金 中国钢铁工业协会		

（2）检索我国标准的印刷型检索工具

①《中国标准化年鉴》1992 版；

②《中国国家标准汇编》1－195 册（1983－1995 年，标准出版社出版，收入至 GB14866 号）；

③《国家标准和行业标准目录》（1993 年国家技术监督局标准化司）；

④《标准化通讯》（月刊，中国标准化协会编）；

⑤《轻工业国内标准目录》（1994 年，轻工业标准化编辑出版委员会）；

⑥《中国食品标准资料汇编》（1988 年，河北食品研究所）；

⑦《中华人民共和国工农业产品国家标准和部标准目录》；

⑧《中华人民共和国机械、电工产品国家标准，部标准目录》；

⑨《中华人民共和国国家标准和部标准目录》；

⑩标准文献数据库，如中外标准库。

在我国，除了国家标准总局外，在各个部委情报所，一些省、市的标准局都可以查到标准信息。也还有一些提供标准信息的网站，如表 8－2 所示。

表 8－2　我国提供标准文献的网站一览表

提供标准文献的网站	
中国技术监督局情报所	www. cssn. net. cn
中国工程技术准标信息网（GJB）	www. std. cetin. net. cn
国家质量技术监督局标准化司	www. csbts. cn. net
环保法律法规和标准汇编	www. xjwlptt. net. cn/xjepb/epb－law. htm
建筑法规及标准	zg169. net/winnings/standard/standard. htm
中国环保法规与标准	www. cei. gov. cn/cnenvir/fgbz/fgbz. htm
无线通信标准研究组	www. cwts. org
《中国标准化》杂志	www. chinainfo. cn. net/periodical/zgbzh/index. htm
中国质量信息网	www. cqi. gov. cn
中国 ISO	www. chinaiso. com
中国标准化与信息分类编码所	www. csicci. gov. cn
机械标准化与 CAD	fjwww. guangzhou. gd. cn/elewolf
台湾标准局	www. moea. gov. tw/nbs/nbs. htm
中国标准化协会	www. chinaiso. com/ CAS /cas. htm
深圳技术监督局	www. szbts. gov. cn
中国建筑标准设计研究所	www. building. com. cn

续表

提供标准文献的网站	
中国电子标准化与质量信息网	www. cesi. ac. cn
服装标准	www. sh. col. com. cn：624/fushi/f/f. htm
河北技术监督信息网	www. tsb. heb. gov. cn
通信标准与质量信息网	www. ptsn. cn. net
煤炭标准	www. coalinfo. ac. cn
中国仪器仪表信息网	www. itet. com. cn
船舶标准件计算机设计	sscad. 363. net
中国环境与健康网	www. hygiene. cn. net

（3）我国标准的手工检索方法

标准信息的手工检索，大都是从标准目录中查找。由于标准目录编排方法大致相同，所以检索途径也基本相似，主要有分类、主题和标准号三种途径。如果不熟悉标准分类情况，可先从主题索引中查找，查到所属类目时再从分类目录中查出，否则可以直接从分类目录中查找。

下面以 1992 年版《中国标准化年鉴》为例，介绍其结构和使用方法。其他各类标准目录的用法与此相似。

《中国标准化年鉴》是一本介绍中国标准化工作发展情况的综合性参考书，是查找我国标准必不可少的工具。年鉴主要分三部分：

①中英文介绍我国标准化事业发展情况，管理机构，法规建设及科学研究工作的现状；

②国家标准顺序目录，收集 1991 年 1 月到 12 月国家新修订、新发布并付诸实施的所有国家标准，著录格式分为专业分类号、标准号、标准名称、发布日期、修订日期、实施日期六项；

③国家标准分类目录，著录格式分为专业分类号、标准号、标准名称、发布日期、修订日期、实施日期六项。

《中国标准化年鉴》的检索途径有两条：

第一，分类途径

首先确定待查标准所属的类别，然后使用分类目录，按目次所示，顺次查找。如，在查找"火腿猪肉罐头"标准时，首先确定该标准属于 X 食品类，然后使用分类目录，按如下所示，从 321 页 X 食品类顺次查找，即能在 323 页查得所需标准为：

X71　GB13213-91　火腿猪肉罐头　91-09-14　92-08-01

类号　　标准号　　　标准名称　　　批准年份　实施年份

第二，标准号途径

如果已知待查标准的标准号，则可以按标准号直接翻阅"顺序目录"，就能查到所需标准。如已知标准号为 GB 12996-91，按上述方法即能在 195 页查得所需标准为：Y14 GB12996 -91 电动轮椅车。

（4）国内标准信息的网络检索

① 万方数据资源系统的标准检索

万方数据标准信息资源综合了由国家技术监督局、建设部情报所、建材研究院等单位提供的相关行业的各类标准题录，包括中国标准、国际标准以及各国标准等数据库，计20 多万多条记录。该库每个季度更新一 次，保证了实用性和实效性。是广大企业及科技工作者从事生产经营、科研工作不可或缺的宝贵信息资源。万方数据资源系统主页如图8-12 所示。

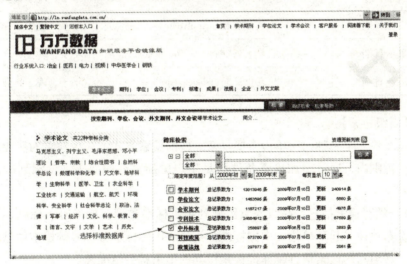

图 8-12　万方数据资源主页标准数据库选择示意图

进入主页后，在检索的文献类型中选择"标准"数据库。万方数据系统提供了简单检索和高级检索两种方式，其中高级检索包括专业检索。默认为简单检索。

【简单检索】：

1）在输入框输入检索表达式，点击"检索"，系统自动检索标准信息。首页和检索结果等页面的输入框接受默认的检索语言。

2）如果想要在输入框中输入正式语言查询，需要在输入语句之前先输入语言的某些字段前缀：//前缀。见表8－3：

表8－3　万方标准检索字段前缀

字段名	可用检索字段名	可用检索方式
标准编号	标准编号、编号、code	exact
标准名称	标题、标准名称、名称、题名、title、name	All、=
发布单位	发布单位	=
起草单位	起草单位、draftingcommittee、draftcomp	=
中国标准分类号	分类号、中国标准分类号、CCS	exact
国际标准分类号	国际标准分类号	exact
摘要	abstract、摘要	All
发布日期	发布日期、date、issuedate	早于，晚于，介于
实施日期	实施日期、applydate	早于，晚于，介于
确认日期	确认日期、validate、affirmancedate	早于，晚于，介于
废止日期	废止日期、disusedate	早于，晚于，介于

【高级检索】：

高级检索是一种比简单检索要复杂一些的检索方式。高级检索的功能是在指定的范围内，通过增加检索条件满足用户更加复杂的要求，检索到满意的信息。

1）填写检索信息：高级检索区域列出了标准类型、标准号、标题、关键词、发布单位、起草单位、中国标准分类号、国际标准分类号等检索信息供您选择，您填写的检索信息越详细检索得到的结果就会越准确。

2）发布日期：通过选择年份，使其在限定的年份范围内检索。

3）排序：高级检索区域为您提供了两种排序方式：发布日期优先和相关度优先。

4）选择显示条数：可以选择在检索结果页面每页显示的文章数。

5）执行检索：检索信息填写完毕，点击"检索"按钮，执行检索。如图8－13所示。

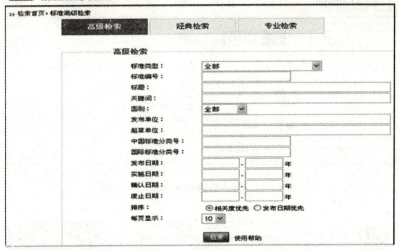

图 8 - 13　万方数据高级检索界面

【标准经典检索】：

1）经典高级检索提供了五组检索条件，这些检索条件是"并且"的关系。

2）选择检索字段：点击检索项的下拉列表，选择按哪一个字段（如：标准名称、关键词、发布单位等）来检索。

3）在检索表达式框中直接输入检索式。

4）执行检索：检索信息填写完毕后，点击"检索"按钮，执行检索。如图 8 - 14 所示。

【标准专业检索】：

专业检索比高级检索功能更强大，但需要检索人员根据系统的检索语法编制检索式进行检索。适用于熟练掌握 CQL 检索语言的专业检索人员。

1）您可以在检索表达式框中直接输入检索式。

2）执行检索：当检索信息填写完毕后，点击"检索"按钮，执行检索。

②CNKI 中国知网《国内外标准数据库》检索

进入方法：中国知网 CNKI 主页→中国学术文献网络出版总库→选择"中国标准数据库"或"国外标准数据库"→进入"国内外标准数据库"主页。如图 8 - 15 所示。

《中国标准数据库》收录了所有的国家标准（GB）、国家建设标准（GBJ）、中国行业标准的题录信息，共计标准约 8 万条，标准的内容来源于中

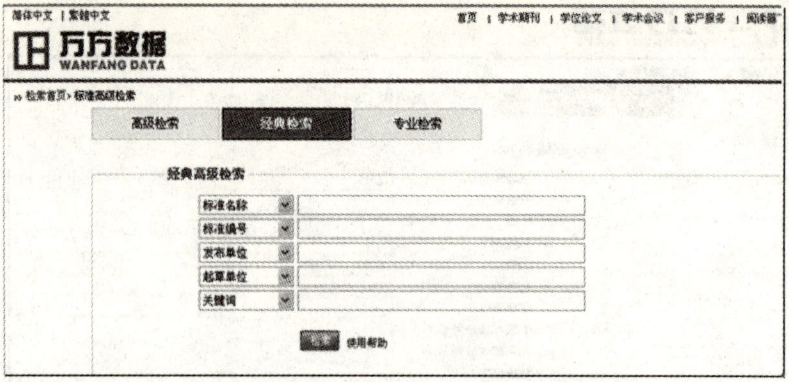

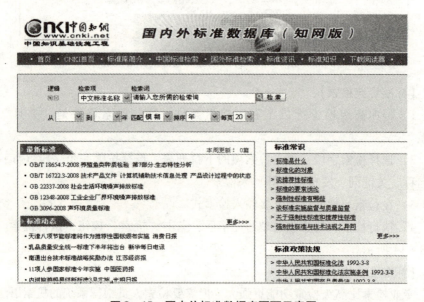

图 8-14　万方数据标准经典检索界面

图 8-15　国内外标准数据库页面示意图

国标准化研究院标准馆，相关的文献、成果等信息来源于 CNKI 各大数据库。可以通过标准号、中文标题、英文标题、中文关键词、英文关键词、发布单位、摘要、被代替标准、采用关系等检索项进行检索。与通常的标准库相比，CNKI－《中国标准数据库》每条标准的知网节集成了与该标准相关的最新文献、科技成果、专利等信息，可以完整地展现该标准产生的背景、最新发展动态、相关领域的发展趋势，可以浏览发布单位更多的论述以及在各种出版物上发表的信息。收录标准年限 1975 年至今，并采用国际标准分类法（ICS 分类）和中国标准分类法（CCS 分类）。用户可以根据各级分类导航浏览。

《国外标准数据库》收录了国际标准（ISO）、国际电工标准（IEC）、欧洲标准（EN）、德国标准（DIN）、英国标准（BS）、法国标准（NF）、日本工业标准（JIS）、美国标准（ANSI）、美国部分学协会标准（如 ASTM、IEEE、UL、ASME）等题录信息，共计标准约 19 万条，标准的内容来源于中国标准化研究院标准馆，相关的文献、成果等信息来源于 CNKI 各大数据库。可以通过标准号、中文标题、英文标题、中文关键词、英文关键词、发布单位、摘要、被代替标准、采用关系等检索项进行检索。其余的和国内标准数据库一样。

8.2.3　国外标准数字信息检索

（1）国际标准 ISO 的检索

① ISO 概况

ISO 国际标准是国际标准化组织（International Organization for Standardization 简称 ISO）颁布的标准。ISO 成立于 1947 年，是世界上最大的国际标准化机构，目前已有成员国 100 多个，任务是制订国际标准，协调世界范围内的的标准化工作，促进标准的开发及有关活动，在全球实现交流和合作，它负责除电工领域外的一切国际标准化工作。ISO 的所有标准每隔 5 年将重新审定一次，使用时应注意利用最新版本。ISO 的出版物有：

1）ISO Memento《ISO 年刊》；

2）ISO Bulletin《ISO 通报》；

3）ISO NEWS《ISO 新闻》；

4）General Information on ISO Member Bodies《ISO 成员团体综合情报》；

5）Application of ISO Standards in National Standards《ISO 标准在各国国标中的应用》；

6）Information on ISO Technical Committees《ISO 技术委员会情报》。

② ISO 标准的识别

国际标准化组织制定的正式标准和标准草案，其标准号均由代号、序号及制定年份三部分组成。

【正式标准】：

1）国际标准 ISO + 序号 + 制定或修订年份。凡 1972 年以后发布的国际标准，均以 ISO 作代号，如 ISO 6507/1 – 1982。

2）推荐国际标准 ISO/R + 序号 + 制定或修订年份。凡 1972 年以前发布而至今修订工作尚未结束的标准，均以 ISO/R 为代号，如 ISO/R –2101 –1971。

3）技术报告 ISO/TR + 序号 + 制定年份。系指该组织制订某项标准的进展情况，其代号为 ISO/TR，如 ISO/TR7470 –1978。

4）技术数据 ISO/DATA + 序号 + 制定年份。这类标准很少，现已全部为 ISO/TR 替代。

【标准草案】：

1）建议草案 ISO/DP + 序号 + 制定年份。指有关技术委员会制定并供自身内部讨论研究的建议草案，如 ISO/DP 8688 –1984。

2）标准草案 ISO/DIS + 序号 + 制定年份。指经中央秘书处登记后发至各个成员国进行酝酿，最后付诸表决的标准草案，如 ISO/DIS7396 –1984。

③ISO 标准的手工检索

1）ISO Catalogue《国际标准目录》

该目录每年出版一次，由每年 2 月出版，报道上一年 12 月底为止的全部现行标准。目录的正文部分是分类目录，其分类号均冠以"TC"字母代号。每条标准的著录项目包括标准号、版次、页数、英文篇名和法文篇名。检索途径有：主题途径检索、标准号途径检索及分类途径检索。

此外，该目录还有中译本，由中国标准出版社翻译出版，其著录项目有标准号和标准名称。

2）ISO Draft international Standards《国际标准草案目录》

该目录主要用于检索标准草案。

④ ISO 标准的网络检索

ISO 的网址为：http：//www.iso.ch ；该主页提供以下主要超链接：ISO 介绍、ISO 各国成员、SO 技术工作、标准和世界贸易、ISO 分类、ISO9000 和 ISO14000、新闻、世界标准服务网络、ISO 服务等。其中 ISO9000 和 ISO14000 分别是质量体系认证标准和环境管理体系的国际标准。ISO 的网站主页如图 8 –16 所示。

从 ISO 主页可以看出，在如图所示的检索框内输入检索词，点击 "Search" 就可以对 ISO 进行相关内容的网络检索。

（2）国际电工标准 IEC 的检索

① IEC 概况

IEC 标准是由国际电工委员会（International Electrotechnical Commission 简称 IEC）统一制定的。IEC 成立于 1906 年，1947 年曾合并于 ISO，目前 IEC 与 ISO 相互独立工作，并列为两大国际性标准化组织。IEC 专门负责研究和制定

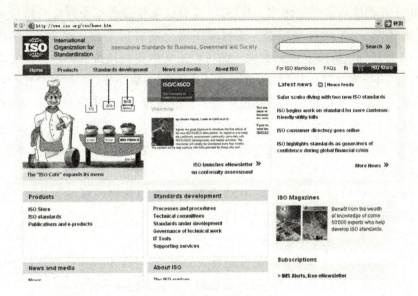

图 8-16 ISO 的网站主页

电工电子技术方面的国际标准，包括综合性基础标准、电工设备标准、电工材料标准、日用电器标准、仪器仪表及工业自动化标准、安全标准等。IEC 设有 79 个技术委员会（TC）和 27 个分委员会（SC）。1975 年以前 IEC 公布的为推荐标准，1975 年以后为 IEC 国际标准。IEC 的有关出版物有：

Report on Acivity《活动报告》

IEC Bulletin《IEC 通报》

IEC Handbook《IEC 手册》

Catalogue of Publications《出版物目录》

② IEC 标准的识别

IEC 标准的结构形式有：

IEC230 - 1966 IEC——标准代号；230——顺序号；1966——年代。

IEC68 - 2 - 1 - 1974 IEC——标准代号；68——顺序号；2 - 1——该标准的第二部分的第一部分；1974——年代。

IEC249 - 1A - 1970 IEC——标准代号；249——顺序号；1——该标准的第一部分；A——补充标准；1970——年代。

③ IEC 标准的手工检索

Catalogue of IEC Publications《国际电工委员会出版物目录》

该目录由国际电工委员会每年年初以英、法对照文本形式编辑出版。报道 IEC 78 个技术委员会（TC）、国际无线电干扰特别委员会（C. I. S. P. R.）、

IEC 电子元器件质量评定体系（IECQ）及 IEC 电气设备安全标准合格检验体系（IECEE）指定的标准目录。该目录正文之前有目录表，按 TC 号顺序排列，TC 号后列出标准名称和页码，即可在正文中找到相应的标准。正文部分是"IEC 出版物序号表"（Numerical List of IEC Publications），按 IEC 出版物序号编排，每条标准均列出 IEC 标准序号、标准名称、所属技术委员会的 TC 号和内容简介。正文后附有主题索引以进行主题检索，主题索引中著录标准号和说明语，利用主题索引，可先查出 IEC 标准号，再利用"IEC 出版物序号表"查出标准的名称和内容。

Catalogue of IEC Publications 1988 年版已由机电部机械标准化研究所出版了《IEC 国际电工标准目录（1988）》中译本。

IEC Yearbook《国际电工委员会年鉴》

该年鉴实际上是 IEC 标准的分类目录，按 TC 号大小顺序排列，每条标准仅著录标准号、制定（修订）年份和标准名称，无内容简介。

④ IEC 标准的网络检索

该网站网址为：http：//www. iec. ch。如图 8 – 17 所示。

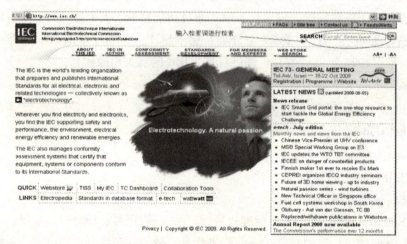

图 8 – 17　IEC 网站主页

该主页主要提供以下超链接：

IEC 内容——一般信息，IEC 成员，重要的 IEC 国际标准；

新闻——新闻工具，新闻出版物的超链接，文件，样板，会议信息；

公共信息——时事通讯，新闻发布，介绍，1999 年的工作（年度报告）；

技术委员会信息中心——提供技术委员会的有关信息；

查询——查询 IEC 数据库；

顾客服务中心——服务中心，标准及文件订购；

IEC Web 存储——IEC 目录的检索、订购和下载；

常见问题与反馈等。

从 ISO 主页可以看出，在如上图所示的检索框内输入检索词，点击"Search"就可以对 ISO 进行相关内容的网络检索。

（3）美国国家标准（ANSI）及其检索

① ANSI 概况

美国国家标准中有一小部分是美国国家标准学会（American National Standards Institute，简称 ANSI）制定的，大部分是该学会各专业标准中选择的对全国具有重要经济意义的标准，这些标准经 ANSI 各专业委员会审核后提升为国家标准，并给以 ANSI 代号和分类号。标准号的形式是：ANSI—分类号—序号—年代。共有标准 1 万多件。

② ANSI 的手工检索

检索工具为 ANSI Catalogue《美国国家标准目录（年刊）》，每年年初以英文版本形式出版，每隔两个月出一次目录补充本。该目录由三部分组成：

1）主题索引，列出有关标准，均按产品名称字母顺序排列，其后列出美国国家标准号；

2）分类索引，为 ANSI 制定的标准的分类索引；

3）序号索引，为经 ANSI 采用的各专业标准的序号索引。

此外，ANSI Catalogue 已有中译本，由科学技术文献出版社出版。该中译本是参考 1977 年版美国国家标准原文目录及馆藏资料编译而成的。

③ ANSI 的光盘检索——《美国标准光盘数据库》

通过世界标准索引光盘（Worldwide Standards Index）可以获取美国主要标准组织的重要文摘数据，并可买到录入 CD‒ROM 的全文本标准文件。该服务每 60 天更新一次，其服务信息来自美国的 60 多个主要的标准组织。

④ ANSI 的联机检索——Standard & Specifications《标准与规格》数据库

该数据库由美国国家标准协会提供，在 DIALOG 系统中运行，其覆盖时间范围从 1950 年到现在。数据库类型为书目型，每月更新一次，报道美国政府收藏的目录和工业标准、规格等。

⑤ ANSI 的网络检索

该网站的网址为：http：//www. ansi. org/。如图 8‒18 所示。

图 8 – 18　ANSI 网站主页

提供美国国家标准系统网络、查询、索引、数据库、新闻、服务等超链接。

（4）英国标准（BS）及其检索

① BS 概况

英国标准是英国标准学会（British Standards Institution，简称 BSI）制定的，标准的编号方法是 BS——序号——年代，现有标准 11000 多件。英国国家标准不分类，标准目录按专业出版，共分 40 种专业目录。

② BS 的手工检索

检索工具为 BSI Catalogue《英国标准学会出版物目录》，该目录由三部分组成：

1）标准序号目录，按标准号顺序编排（除航天专业标准按专业分类外），其著录项目有标准号、制定（修订）年份、标准名称、内容简介及其对应的 ISO 或 IEC 标准等；

2）主题索引，提供主题检索途径，主题词后注有标准号；

3）ISO 标准和 IEC 标准与 BS 标准的对照表，按 ISO 或 IEC 标准顺序号排列，其后列出相对应的 BS 标准。

BSI Catalogue 已有中译本《英国标准目录（1986）》，由上海市标准情报所编译。

③ BS 的网络检索

该网站的网址为：http：//www. bsi. org. uk/。如图 8 – 19 所示。

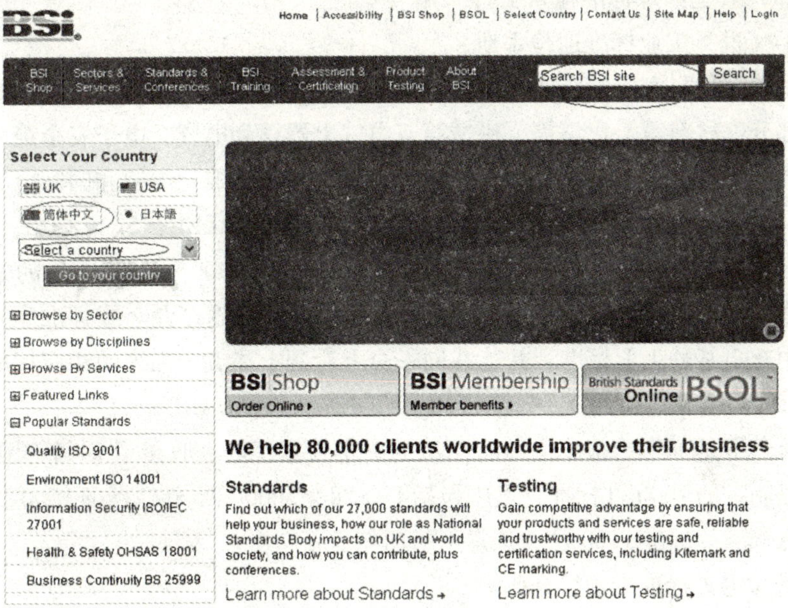

图 8 – 19　BS 网站主页

其主页提供以下主要的超链接：管理系统登记、产品试验和证明、标准、视察服务、训练、检索、商业伙伴、标准目录、英国标准在线等。

（5）日本工业标准（JIS）及其检索

① JIS 概况

日本工业标准（Japenese Industrial Standard，简称 JIS）为国家标准，由日本工业标准调查会（JISC）制定，范围几乎包括日本所有工业领域的标准，还包括药品、化肥、农药、畜产品、水产品及农林产品的标准。标准的编号方法是 JIS—字母类号—数字类号—序号年代，共有标准 8000 多件。

② JIS 的检索

1）《JIS 标准总目录》该目录是日本工业标准的主要检索工具，每年出版一次，报道当年 3 月底以前出版的日本工业标准，包括分类目录和主题索引两部分。分类目录按专业分为 17 个大类，类号用英文大写字母（A，B，C，D，E，F，G，H，K，L，M，P，R，S，T，W，Z）表示，大类下再分小类，用两位数表示。主题索引按日文字母 50 音图顺序排列，其后列出有关标准的全称及 JIS 标准号。

2）《JIS 标准年鉴》年鉴中的主题索引按英文主题词的字母顺序排列，用英文主题词查检 JIS 标准。

（6）其他国外标准检索工具简介

①《世界工业标准速检手册》

由美国材料实验学会（ASTM）科学文献中心（SDC）出版，该手册分为五大部分：材料篇、化学篇、机械篇、电气电器篇和电气、电子安全篇。五大部分涉及美国、英国、德国、法国、日本以及国际标准化组织和国际电工委员会的 ASTM、AGMA、ASME、AWS、ISA、NEMA、IEEE、SAV、UL、VED、UTE 等国家标准和学会标准 53000 个，涉及产品约 1900 种。该手册的索引别具一格，便于对工业标准进行横向比较，用户只要知道产品名或标准序号，便可从中查出某种工业标准，并能在同一页上看到上述五个国家的相应标准。

② ISO KWIC INDEX OF INTERNATIONAL STANDARDS

该索引是 ISO 情报中心编辑出版的一本检索工具，收录了 24 个国际标准化组织制定的 7600 件标准，其中包括 ISO 标准 5000 件，IEC 标准 1500 件和其他特殊领域的标准 1100 件，该索引每两年更新一次。

③《世界标准光盘数据库》

美国 HIS（Information Handling Services）公司推出的世界标准 CD – ROM（只读光盘）数据库收集了世界上近 400 个主要标准组织的标准。90% 以上的常用工业标准配有文摘，多数能提供全文本。该数据库每 60 天更新一次，提供最新发布的最新版本的信息，可用英语、法语、和德语等语种进行查询，也可通过主题、文献号、标准制定组织或关键词查询。

④网上查询国外标准信息的主要网站

1）IEEE Standards（IEEE 标准主页）http：//standards. ieee. org/

2）International Labour Organization（ILO）（国际劳工组织）http：//www. ilo. org/

3）The National Standards System Network（NSSN）（美国国家标准系统网络）http：//www. nssn. org/

4）Standards Council of Canada（SCC）（加拿大标准委员会）http：//www. scc. ca/

5）Standards Australia On – line（Web 上的澳大利亚标准）http：//www. standards. com. au/

6）Standards New Zealand（新西兰标准组织）http：//www. standards. co. nz/

7）National Standards Authority of Ireland（NSAI）（爱尔兰国家标准局）

http：//www. nsai. ie/

8）Standards and Metrology Institute of Republic of Slovenia（SMIS）（斯洛文尼亚共和国标准与计量所）http：//www. usm. mzt. si/

9）Department of Standards Malaysia（DSM）（马来西亚标准和工业研究所）http：//www. sirim. my/

10）Saudi Arabian Standards Organization（SASO）（沙特阿拉伯标准组织）http：//www. saso. org/

⑤ 其他国外标准信息的网上查询

其他网上查询国外标准信息的主要网站如表8－4所示。

表8－4　其他网上查询国外标准信息的主要网站

国际性标准化组织网站	
BIPM 国际计量局	BISFA 国际人造纤维标准局
CAC 食品法规委员会	CCSDS 太空数据系统咨询委员会
CIB 国际建筑结构研究革新委员会	CIE 国际照明委员会
CIMAC 国际燃汽轮机委员会	EIA 世界电气工业协会
FDI 世界口腔联盟	FID 国际信息文档联盟
IAEA 国际原子能机构	IATA 国际航空运输协会
ICAO 国际民航组织	ICC 国际谷物科技协会
ICID 国际水利委员会	ICRP 国际辐射防护委员会
ICRU 国际辐射单位与测量委员会	IDF 国际乳品业联合会
IEC 国际电工委员会	IETF 国际互联网工程师作业规程
IFLA 国际图书馆及馆员联合会	IGU 国际气体联盟
IIR 国际制冷学会	ILO 国际劳工组织
IMO 国际海事组织	ISO 国际标准化组织
ISTA 国际种子测试协会	ITU 国际电讯联盟
IUPAC 国际提纯及化学应用联盟	IWTO 国际毛纺组织
OIE 国际动物流行病学局	OIML 国际法定计量组织
OIV 国际葡萄与葡萄酒局	RILEM 国际材料与结构研究试验所联合会
UIC 国际铁路联合会	UNESCO 联合国教科文组织
WCO 世界关税组织	WHO 国际卫生组织
WIPO 国际知识产权组织	WMO 世界气象组织
WTO 世界贸易组织	
欧洲标准化委员会（CEN）	欧洲电工标准化委员会（CENELEC）
泛美标准化委员会（COPANT）	欧洲电讯标准化协会（ETSI）

国外专业标准站点	
ASTM – 美国材料试验协会	AWS – 美国焊接协会
UL – 美国保险商试验所	IPC – 美国印刷电路学会
DSTAN – 英国国防部标准化局	ASME – 美国机械工程师协会
IEEE – 美国电气电子工程师学会	NFPA – 美国全国防火协会
NTS – 挪威技术标准协会	KGBA – 美国种山羊繁殖协会
JIS F – 日本船舶标准协会	JIS C – 日本工业标准
计算机标准	世界电视标准
其他标准化相关站点	
世界标准查询	世界标准服务网
全球标准资源	标准出版商（IHS）

8.3 专利数字信息检索及其利用

8.3.1 专利的基本知识

（1）专利的含义

专利（Patent）：是指在一定时期内，为防止他人对某人明确提出的新发明的侵犯，政府机关用法律保护某人的发明独占权的一种制度。这种受法律保护的发明就称专利。

专利是一项发明创造。通过向专利局提出专利申请，经审查合格后被授予专利权的简称。有时指取得专利权的发明创造和专利说明书。我国于1985年4月1日开始实施《专利法》。

专利一词有三层含义：

专利权——法律；

受专利法保护的发明创造——专利技术；

专利说明书等专利文献——文献。

这三层含义的核心是受专利法保护的发明，而专利权和专利文献是专利的具体体现。

（2）专利组织和条约

①世界知识产权组织（World Intellectual Property Organization，WIPO）

1967年7月14日在斯德哥尔摩召开的由51个国家参加的会议，为加强各国之间的协调和合作，签订了"建立世界知识产权组织公约"，成立"世界知识产权组织"。

1974 年 12 月，WIPO 成为联合国组织系统的一个专门机构，总部设在日内瓦。现有 175 个国家成为世界知识产权组织成员国，我国于 1980 年 6 月 3 日加入该组织。

②保护工业产权巴黎公约

该公约是保护工业产权最重要的一个国际公约。于 1883 年 3 月 20 日在巴黎签订，到 1992 年 1 月 29 日，已有 103 个国家成为该公约的成员国，我国于 1985 年 3 月 19 日加入该组织。

③专利合作条约（Patent Cooperation Treaty，PCT）

专利合作条约于 1970 年签订，1978 年生效。该条约的签订是朝着国际统一专利制度的目标迈出的重要一步。其基本内容是：规定要求一个发明在几个国家取得保护的"国际"申请问题。在申请人自愿选择的基础上，通过一次国际申请即可获得部分缔约国的专利权。这样的国际申请与分别向每个国家提出的保护申请具有同等效力。我国于 1994 年 1 月 1 日加入该组织。

④专利优先权

优先权是《保护工业产权巴黎公约》规定的一种权利，即在申请专利时，各缔约国要互相承认对方国家国民的优先权。当申请人在一个缔约国提出申请专利时，申请人有权要求将第一次提出申请的日期作为后来再就同一主题申请专利的日期。其主要意义是：申请人有权要求在对其申请进行实质审查时，以第一次提出申请的日期作为判断新颖性和创造性的时间标准，这种权利就是优先权。上述的一定期限，称为优先权期限，上述的第一次提出申请的日期称为优先权日。

我国 1985 年实施的《专利法》，只规定了外国人在中国申请专利，可以享有优先权。1993 年 1 月 1 日开始实施的新《专利法》增加了国内申请人申请专利的优先权。申请人自发明或实用新型在中国第一次提出专利申请之日起 12 个月内，又向专利局就相同主题提出专利申请的，可以享有优先权。

（3）专利的种类

专利根据其技术含量的不同，一般分为：发明专利、实用新型专利、外观设计专利。

①发明专利：是指对产品、方法提出的新方案或对原有产品、方法提出新的改进方案（保护期 20 年）。

②实用新型专利：指对机器、设备、装置、用具等产品的形状、构造或组

合提出新的实用的革新设计，形状、构造的改进一定能引起性能的改进，最终能在生产过程中提高劳动生产率和降低劳动强度等。（保护期 10 年）。

③外观设计专利：指对产品的形状、图案、配色、外包装或其结合作出的既富于美感又适用于工业应用的新颖设计，一般不出版说明书（保护期 10 年）。

何种发明创造能够获得专利法保护，各国专利法的规定不尽相同。绝大多数国家的专利法只保护发明和外观设计，少数国家的专利法还保护实用新型。其中发明专利是专利法保护的主要对象。

不同的专利受法律保护的年限也各不相同，他们的保护期限均自申请日起计算。

（4）专利的特点

①排他性，也称独占性。就是对于同样的发明，只能授予一个专利权，其他人在以后作出了同样的发明，就不能再得到专利权。

②地域性。是指一个国家所确认授予的专利权，仅在该国法律管辖境内有效，对其他国家不发生法律效力。

③时间性。专利权都有一定的期限，法律规定的期间届满之后，专利权便自行失效，它所保护的发明创造也就成了全社会的共同财富，任何人都可以自由使用。

（5）专利授予的条件

一项发明要取得专利权，必须具备"三性"：新颖性、创造性、实用性。

①新颖性。指一项发明必须是前所未有的。还指在申请日以前相同的发明或实用新型在国内外出版物上未公开发表过或未在新闻媒体报道过，在国内未公开使用过，相同的发明或实用新型未曾由他人向专利局提出过申请。

②创造性，也称先进性或非显而易见性。要求申请专利的发明，不仅不是现有技术的一部分，而且也不能同任何一项先有技术相类似。即是指与申请日以前已有的技术相比，该发明有突出的实质性特点和显著的进步，或该实用新型有实质性特点和进步；同时要求在同一条件下可以生产无数相同的产品。

③实用性。指发明或实用新型能在工、农业等各种产业中应用，并产生积极效果。

④授予专利权的外观设计，应当同申请日以前在国内外出版物上公开发表过或者国内公开使用过的外观设计不相同和不相近似，并不得与他人在先前取得的合法权利相冲突。

专利的"三性"是一项技术申请能否成为专利的必要条件。但是，并不是所有符合"三性"的申请都能被批准为专利，还要看申请的技术是否违反了人类社会道德和现代精神文明，如果违反了社会道德和精神文明，即或是符合"三性"，该申请也是不能被批准为专利的。

此外，不是所有的发明都可以取得专利权，各国对授予专利权的领域都有限制。不授予专利权的发明还有：

1）科学发现；

2）智力活动的规则与方法；

3）某些物质发明；

4）动、植物新品种；

5）疾病的诊断和治疗方法等。

（6）中国专利权获得的一般过程

在专利的申请过程中，必须遵守四原则：请求、书面、先申请、优先权等四原则。

一项专利技术的取得，发明申请人应先向中华人民共和国专利局提出申请，再由专利局对申请技术进行公开，然后专利局请专家进行"三性"实质性审查，最后才授予专利。如图 8－20 所示。

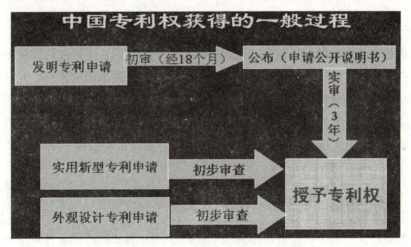

图 8－20 中国专利权获得过程示意图

（7）专利的表示方法

专利号由国别代码（2 位字母）＋年代（2 位数）＋ 顺序号（7 位数字）＋法律状态码（1 位字母）组成。如下所示：

US 91, 0021573 A$_2$（US——美国专利代码；91——表示 91 年授予的专利；0021573——美国专利的顺序号；A——代表专利种类〈A 为发明专利、B

为实用新型专利、C 为外观设计〉）。

CN 98 1 0846357（CN——中国专利代码；98 表示 98 年授予的专利；1 代表专利种类〈中国专利的种类表达方法与别国不同，1 为发明专利、2 为实用新型专利、3 为外观设计〉；0846357—中国专利顺序号）。

表 8 – 5　世界专利的国别（组织）代码

世界专利的国别（组织）代码			
US	美国	CH	瑞士
EP	欧洲专利局	WO	世界知识产权组织
CA	加拿大	KR	韩国
RU	俄罗斯	SU	前苏联
JP	日本	GB	英国
FR	法国	DE	德国

8.3.2　专利文献的基础知识

（1）专利文献的含义

专利文献是实行专利制度的国家及国际性专利组织在审批专利过程中产生的官方文件及其出版物的总称。广义的专利文献，包括申请说明书、专利说明书、专利公报、专利分类表等；从狭义上来说，专利文献指的是申请说明书和专利说明书。在专利文献的各种出版物中，专利说明书出版量最大，世界上年出版量为 100 万～110 万件。目前专利说明书总累积出版量约为 4000 多万件。

（2）专利文献的特点

专利文献无论是形式上还是内容上都具有区别于其他文献类型的特殊之处，主要表现在：

①集技术、法律、经济情报为一体。每一件专利文献都记载着解决一项技术课题的新方案，同时也包含发明所有权和权利要求范围的法律状况。通过查阅专利文献，可以找到购买许可证的对象和地址，也可根据专利的分布情况，分析技术销售的规模、潜在市场行情、发明的经济效益和国际间的竞争范围。

②专利文献技术内容新颖、先进和实用。专利文献报道从生活日用品到尖端科技的一切应用技术和技术科学的内容，反映了国内外首创的最新成果和技术。专利法规定，专利说明书的内容必须具备新颖性、创造性和实用性。新颖

性指该项发明创造从未公开发表过、使用过，也没有被公众所知；创造性指该发明创造比同一领域的技术都要先进，具有独创性，具有实质性特征和显著的进步；实用性则指该发明创造可以转化为生产力并产生良好的效果。

③专利文献内容广泛、完整和详尽。专利文献是人类关于科学技术和应用的发展史的记录，各个时期的新发明、新技术、新工艺和新设备大都反映在专利文献中。因此，专利文献涉及的学科范围十分广泛。内容记录得全面、具体、详细，便于使用者掌握专利的某项技术及细节，并据以实施。

④专利文献出版迅速，数量大。由于大多数国家都采取了先申请制，早期公开和延迟审查制，使得发明人抢先申请专利，尽早公开发明成果。因此，专利文献成为报导新技术最快的一种信息源。据统计，目前世界各国每年出版的专利文献数量达到 100 万件以上，占科技出版物总量的四分之一。

⑤可靠性强，质量高。由于专利文献的撰写要求严格，在阐述发明的准确性方面超过一般科技文章。而且，申请人提交的说明书内容力求符合新颖性、创造性和实用性的要求。另外，由于申请专利需要花费较大的精力和费用，大多数申请人也只会选择最有价值的发明创造去申请专利。因此，专利文献在内容上可靠性强，技术含量高。

⑥专利文献在时间上、地域上和内容上有局限性。专利权有一定的有效期，期限长短各国有不同的规定；专利范围也只限于授予专利权的国家和地区。因此，有效期满或提前失效的专利，以及不是授权国家的专利，均可无偿使用。一项专利一般只解决一个具体问题，专利文献在内容上有局限性。

⑦专利文献形式统一，分类标准化。各国专利说明书基本上都按照国际统一的格式撰写、印刷出版，各著录项目都采用了统一的识别代码，并且都标注上了统一的国际专利分类号。专利文献形式、格式的统一化，为检索和利用专利文献带来方便，并为计算机存储、检索和数据库的建立提供了条件。

世界知识产权组织的研究结果表明，全世界最新的发明创造信息，90% 以上首先都是通过专利文献反映出来的。

（3）专利文献的种类

① 按法律性质分为申请说明书和专利说明书两种。

申请说明书（也称公开说明书）：申请案经一般形式审查后，自申请之日起满 18 个月向公众公开该发明并出版的说明书。对其所公开的技术内容，法律上给予临时性保护（最短 6 个月，最长 7 年）

专利说明书有：通过形式审查、实质性审查批准、公开说明书出版后的说明书。

② 按技术内容分为发明专利说明书、实用新型专利说明书和外观设计文件。

③ 按加工层次分为专利说明书；专利文摘、索引、题录、公报等；专利分类表、分类表索引。

④ 按载体分为印刷型、缩微型、电子型。

（4）专利文献的分类与国际专利分类法

各国都有自己的专利分类法，各自采用的分类原则、分类体系和标识符号都不相同，按各种不同的专利分类表进行检索极为不便。目前，大多数国家都已废弃本国的专利分类表，改用《国际专利分类表》，只有英、美两国仍在采用自己的专利分类表，但在其专利文献上也都同时注有国际专利分类号。

《国际专利分类表》（International Patent Classification，简称 IPC）1968 年正式出版并使用，每五年修订一次，以适应新技术发展的需要。目前已普及至 50 多个国家和专利组织。在使用《国际专利分类表》时，要用与所查专利年代相应的分类表版本。IPC 采用功能（发明的基本作用）和应用（发明的用途）相结合，以功能为主的分类原则。

IPC 采用等级形式，将技术内容按部（Section）、分部（Subsection）、大类（Class）、小类（Subclass）、主组（Main group）、分组（Subgroup）逐级分类，形成完整的分类体系。象

"来源于植物的材料"方面的专利 IPC 号，如图 8 – 21 所示。

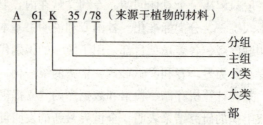

图 8 – 21　IPC 分类表示意图

IPC 将全部科学技术领域分成 8 个部（分别用 A ~ H 中的一个大写英文字母表示）、120 个大类、628 个小类，类目总计为 6.4 万多个。

A 部：人类生活必需（Human Necessities）

B 部：作业、运输（Operations；Transporting）

C 部：化学、冶金（Chemistry and Metallurgy）

D 部：纺织、造纸（Textiles and Paper）

E 部：固定建筑物（Fixed Construction）

F 部：机械工程（Mechanical Engineering）

G 部：物理（Physics）

H 部：电学（Electricity）

为了方便查找 IPC 分类号，每一版的国际专利分类表都配有一本单独出版的《IPC 关键词索引》（Official Catchword Index to the International Patent Classification）。通常，检索者在不熟悉所查技术领域的分类情况下，可以借助《IPC 关键词索引》并结合使用 IPC 分类表，确定分类范围和准确分类号。索引按关键词字顺排列，每个关键词条目后标有 IPC 分类号。

8.3.3 专利数字信息的获取

（1）专利信息的获取途径

手工查找专利信息的途径，最主要的是查阅世界专利索引（WPI、World Patent Index），此外，还有以下途径：

①产品及其样本。有的厂家把专利权标记在产品上，如瑞士产的"罗马表"，就把专利号刻在手表上。

②引用文献。专利文献在引文中仅次于期刊、图书、会议文献，而居第四位。从引用文献的引文中可以查到专利信息。

③期刊。许多国外期刊也把专利文献作为一项固定的报道内容，开辟了专门栏目。

④专门综述专利的书。

⑤检索工具。如美国《化学文摘》、英国《科学文摘》、日本《科学技术文献通报》等。

⑥专利数据库。由于专利数据库的信息量大、查找方便、信息更新及时等许多优点，所以数据库专利信息的检索，已是目前获取专利信息的最好途径。

（2）中国专利文献的获取

【手工检索】：有《中国专利索引》、《中国专利公报》、《专利分类表》等检索工具。具体有：

发明专利、实用新型专利和外观设计专利公报（周刊）；

分类年度索引、申请人·专利权人年度索引（年刊）；

发明专利文摘和实用新型专利文摘；

申请号公开（告）号对照表（1991 – 每年 1 册）。

分类途径：课题学科分类→IPC 查分类号→专利索引查公报卷期号或专利

公报查摘要和序号→索取专利说明书。

　　申请人和专利权人途径：专利索引查专利公报的卷期号及序号→专利公报的摘要→索取专利说明书。

　　专利号途径：申请号、公告号、专利号→专利说明书

　　【计算机检索】：数据库：

　　国家知识产权局《中国专利数据库》（http：//www. sipo. gov. cn/sipo/）

　　《中国失效专利数据库》光盘

　　中国专利信息中心（http：//www. cnpat. com. cn/）

　　中国专利信息网（http：//www. patent. com. cn/）

　　北方技术网（http：//www. ntem. com. cn/sjk/zlsj. htm）

　　《中国专利数据库》检索

　　该系统由中华人民共和国国家知识产权局提供，检索 1985 年以来的专利文献。该系统提供十六个检索入口，分别为申请（专利）号、名称、摘要、申请日、公开（告）号、公开（告）日、分类号、主分类号、申请（专利权）人、发明（设计）人、地址、代理人等。如图 8 - 22 所示。

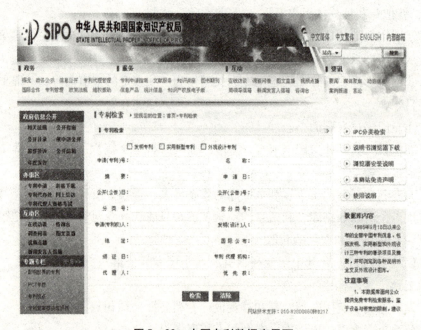

图 8 - 22　中国专利数据库界面

1）《中国专利数据库》基本检索

我们在对数据库进行检索时，可以根据需要选择字段来进行限定。但是，

不同的字段对所输入的检索词的组配要求是不一样的。只要将鼠标移到检索字段输入框，系统会自动显示浮动窗口介绍该字段的输入方式说明，如下举例。

申请号检索字段支持：? 代表单个字符，% 代替多个字符。

【检索示例】：输入完整的申请号，如输入：02144686.5

已知申请号前 5 位为 02144，应该输入：02144%；

已知申请号中间几位为 02144，应该输入：%02144%；

已知申请号不连续的几位为 02 和 468，应该输入：%021%468%；

申请日有年、月、日三部分组成。

【检索示例】：

申请日为 2009 年 8 月 1 日可输入："20090801" 或 "2008.08.01"；

申请日为 2009 年 8 月可输入：："200908" 或 "2008.08"；

检索日期为 2007 年到 2008 年，可输入：2007 to 2008

输入检索条件后，点击 "检索" 按钮就可以得到如图 8－23 所示的题录显示的检索结果。

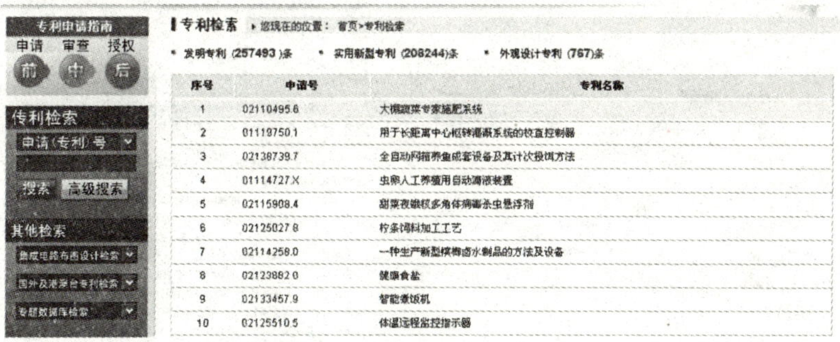

图 8－23　专利检索的题录显示

检索题录的结果中，点击专利名称标题，就可以看到该项专利的摘要等较为详细的信息。如图 8－24 所示。

申请（专利）号：02115068.0

+大 中 小

- 申请公开说明书（12）页
- 审定授权说明书（12）页

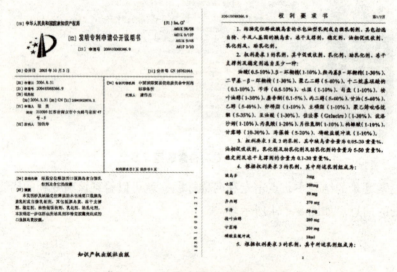

申　请　号：	02115068.0	申　请　日：	2002.04.12
名　　称：	双金属氰化物催化剂及其制法和应用方法		
公开（公告）号：	CN1387946	公开（公告）日：	2003.01.01
主 分 类 号：	B01J27/26	分案原申请号：	
分　类　号：	B01J27/26;B01J31/02C08G65/26;C08G65/30		
颁　证　日：		优　先　权：	
申请（专利权）人：	中国科学院广州化学研究所		
地　　址：	510650广东省广州市天河区五山乐意居		
发 明（设计）人：	陈立班；颜再荣；张敏；杨淑英；余爱芳；吴立传；刘保华	国 际 申 请：	
国 际 公 布：		进入国家日期：	
专利代理机构：	广州科粤专利代理有限责任公司	代　理　人：	余炳和

摘要

本发明涉及一种用于环氧化物开环聚合的高活性双金属氰化物催化剂及其制法和应用方法。该催化剂包含有：(a)含有二价金属和过渡金属的双金属氰化物；(b)2～80wt%的有机硅类大分子螯合剂；(c)0～15wt%的减水剂。其制法包括：(1)配制二价金属卤化物和有机硅类大分子螯合剂的混合溶液；(2)向上述混合溶液中加入过渡金属络氰化物的水溶液；(3)分离沉淀物并洗涤；(4)干燥。该催化剂用于环氧化物开环聚合制备聚醚中，可采用在催化剂存在下，通过连续加入环氧化物和分子量调节剂的混合物的方法。该催化剂活性高，制法简单，原料消耗少，制备聚醚平稳而且容易控制，产品性能优异。

图 8－24　专利文献结果结果中摘要显示界面

要阅读专利全文，可以根据系统提供的专利全文链接阅读。如图8－25所示。

图 8－25　专利文献全文阅读示意图

《中国专利数据库》提供的检索途径共有 8 种，如图 8－26 所示。

1. 日期 { 申请日 / 公开（告）日 / 颁证日 2. 号码 { 申请专利号 / 分类号 / 主分类号 / 公开（告）号

3. 人 { 申请人 / 专利权人 / 发明（设计）人 4. 专利代理 { 人 / 机构

5. 关键词 { 名称 / 摘要

6. 优先权
7. 国际公布
8. 地址

图 8 - 26 《中国专利数据库》检索途径列表图

《中国专利数据库》提供的检索有如下两种检索技术："模糊检索"和
"逻辑运算检索"。"逻辑运算检索"有以下几种运算符：逻辑与"and"；逻辑
或"or"；逻辑非"not"；截词符"？％"。

2）《中国专利数据库》IPC 分类检索

点击《中国专利数据库》检索界面右边"IPC 分类检索"工具条，就可
以进入到 IPC 分类检索界面。如图 8 - 27 所示。

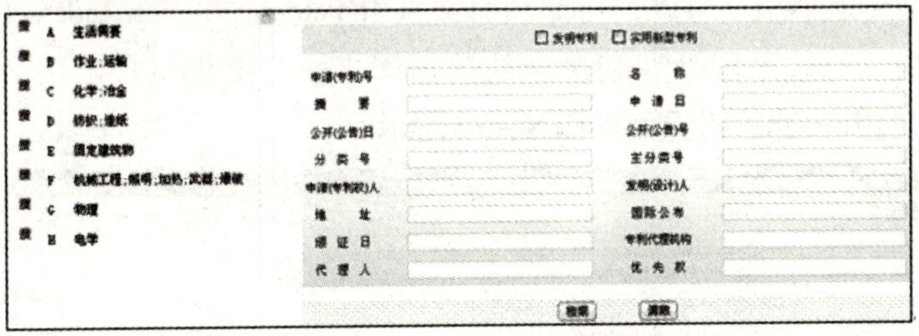

图 8 - 27 IPC 分类检索界面

在使用 IPC 分类号进行检索时，还可以用关键词同时进行检索，如要在
A61 类中查找填充材料方面的专利文献。［主分类号 = A61C％］+［摘要 =
"填充材料"］，如图 8 - 28 所示。

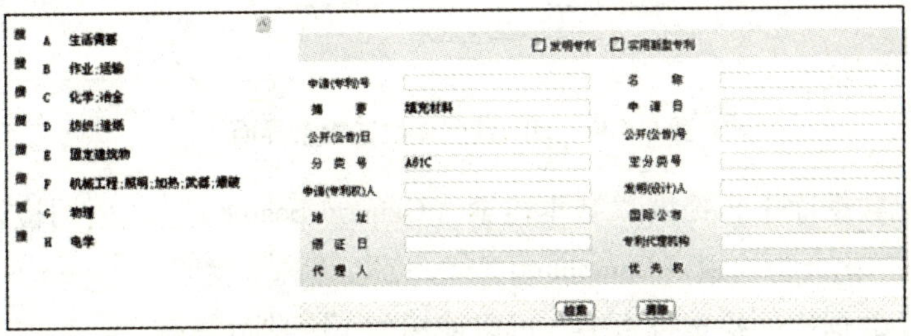

图 8 - 28 IPC + 关键词检索示意图

277

点击“检索”后得到如图 8－29 所示检索结果。

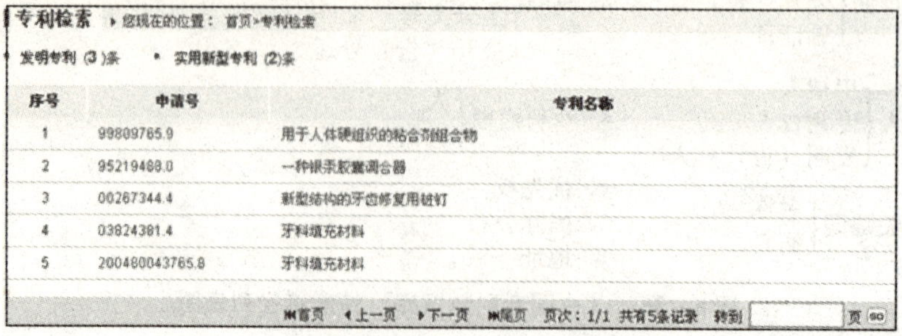
专利检索 ▸您现在的位置：首页>专利检索

发明专利 (3)条 • 实用新型专利 (2)条

序号	申请号	专利名称
1	99809765.9	用于人体硬组织的粘合剂组合物
2	95219488.0	一种银汞胶囊调合器
3	00267344.4	新型结构的牙齿修复用被钉
4	03824381.4	牙科填充材料
5	200480043765.8	牙科填充材料

⏮首页 ◂上一页 ▸下一页 ⏭尾页 页次：1/1 共有5条记录 转到 页 GO

图 8－29　IPC＋关键词检索结果示意图

（3）国外专利数字信息的获取

【手工检索】：有《世界专利索引》等一系列检索工具。

【计算机检索】：数据库《德温特创新索引》

《德温特创新索引》（Derwent Innovations Index，简称 DII），该数据库是将德温特世界专利索引（WPI）与专利引文索引 Patents Citation Index（PCI）加以整合而成。是收录国际专利最全的数据库之一，由德温特出版公司出版。DII 数据库打开快速检索界面如图 8－30 所示。

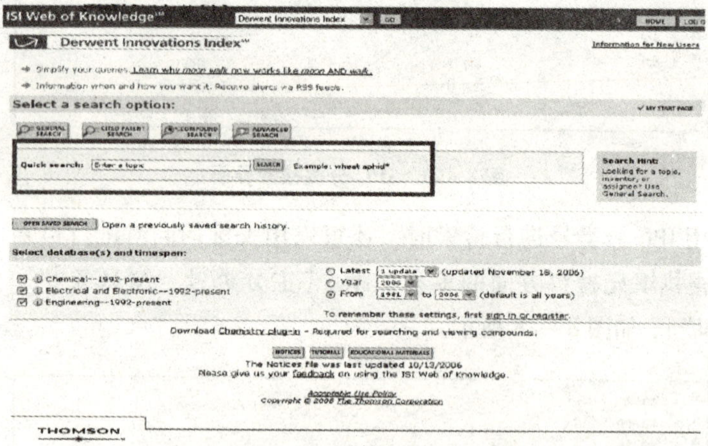

图 8－30　DII 数据库快速检索界面

在 DII 数据库中，提供“基本检索（General Search）”、“引用检索（Cited Search）”、“化合物检索（Compound Search）”、“高级检索（Expert Search）”。

在 DII 数据库的检索技术中，可以使用如下一些运算符：

布尔逻辑运算符：AND、OR、NOT；

通配符：?；

截词符：*；

位置运算符：SENT SAME；

1）DII 数据库的基本检索

在 DII 数据库基本检索中，有主题、专利受让人、发明人、专利号、国际专利分类、德温特分类号、德温特指南号、德温特初始访问号等查询专利信息方法。如图 8 - 31 所示。

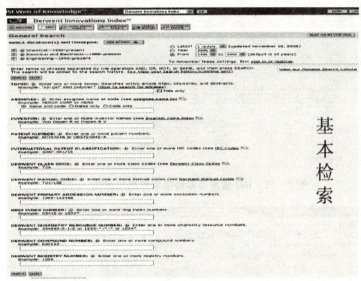

图 8 - 31　DII 数据库基本检索界面

2）DII 数据库的高级检索

在 DII 数据库的检索中，除了基本检索外，还可以使用高级检索来严格的限制检索条件。读者还可以使用字段标识符自由输入检索表达式的检索方法。如表 8 - 6 所示。

表 8 - 6　DII 数据库高级检索字段表示符

TS = Topic	AC = Assignee Code
TI = Title	AE = Assignee Name + Cumber
AU = Inventor	CP = Cited Patent Number
PN = Patent Number	CX = CP + Patent Family
IP = IPC	CA = Cited Assignee
DC = Class Code	CN = Cited Assignee Name
MC = Manual Code	CC = Cited Assignee Code
GA = PAN	CI = Cited Inventor
AN = Assignee Name	CD = Cited PAN

DII 数据库高级检索的界面如图 8 − 32、图 8 − 33 所示。

图 8 − 32 DII 数据库高级检索界面示意图（一）

图 8 − 33 DII 数据库高级检索界面示意图（二）

3）DII 数据库的检索结果

DII 数据库的检索结果有摘要显示和全记录显示两种。如图 8 − 34、图 8 − 35 所示。

（4）其他专利数据库

①中国专利信息中心——中国专利信息检索系统：本系统共提供 11 个检索入口，并允许各个检索条件之间进行复杂的逻辑运算。检索入口分别为申请

号、申请日、公开／公告号、公开／公告日、IPC 分类号、文摘、国／省代码、发明人、申请人、发明名称、申请人地址。可浏览中国专利的公开文本和部分审定文本（tif 文件）。数据库检索地址为：（http：//www.cnpat.com.cn/search/index.asp），主页如图 8-36 所示。

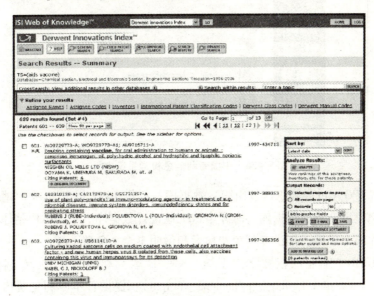

图 8-34　DII 数据库检索结果摘要示意图

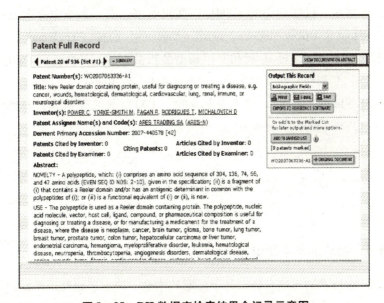

图 8-35　DII 数据库检索结果全记录示意图

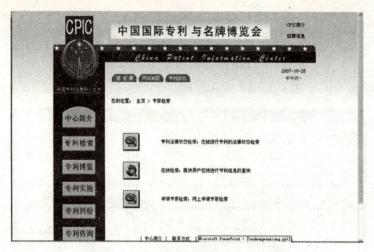

图 8 – 36　中国专利信息检索系统主页

② WIPO（世界知识产权组织）数据库：提供 1997 以来 PCT 申请电子公报、马德里申请商标数据库、海牙申请工业设计数据库、里斯本申请原产地名称数据库四个子库。提供专利免费检索和说明书全文免费下载。

③ IPDL（工业产权数字图书馆）——日本专利局（JPO）专利数据库（http：//www. ipdl. inpit. go. jp/homepg_ e. ipdl）：提供日本专利免费检索及全文下载。1993 年 1 月 1 日后公开的申请，除了提供 BMP 图像格式日文说明书全文外，还增加了机器翻译的 HTML 英文说明书全文。该数据库分发明与实用新型（Patent & Utility Model）、设计（Design）、商标（Trademark）三个子库。技术发明可分别通过 专利和实用新型公报数据库（Patent & Utility Model Gazette DB）、专利和实用新型索引（Patent & Utility Model Concordance）、分类检索（FI/F – term Search）、日本专利文摘（PAJ）等途径检索，并提供了分类号指南（Patent Map Guidance）进行检索。

8.4　会议数字信息检索及其利用

8.4.1　会议的基本知识

随着科学技术的迅速发展，各个国家的学会、协会、研究机构及国际学术组织越来越多，为了加强科学家之间的信息交流，各学术组织每年都定期或不定期地召开学术会议。据美国科学情报所（ISI）统计，全世界每年召开的学术会议约 1 万个，正式发行的各种专业会议文献 5000 多种。因此，会议文献是传递和获取科技信息的一种极为有效的工具。

学术会议按其组织形式和规模区分，一般可分为以下五大类：国际性会议、地区性会议、全国性会议、学会或协会会议、同行业联合会议。

会议文献是指在各种学术会议上宣读的论文、产生的记录及发言、论述、总结等形式的文献，包括会议前参加会议者预先提交的论文文摘、在会议上宣读或散发的论文、会上讨论的问题、交流的经验和情况等经整理编辑加工而成的正式出版物。许多学科中的新发现、新进展、新成就以及所提出的新研究课题和新设想，都是以会议论文的形式向公众首次发布的。

8.4.2　会议文献的类型和检索工具

（1）会议文献的类型

①按出版时间的先后，会议文献有以下三种：

1）会前文献：会前文献一般是指在会议进行之前预先印发给与会代表的论文、论文摘要或论文目录。会前文献具体有四种：会议论文预印本、会议论文摘要、议程和发言提要、会议近期通讯或预告。大约 50% 的会议只出版预印本，会后不再出版会议录，在此情况下，预印本就是唯一的会议资料。

2）会中文献：它包括开幕词、讲演词、闭幕词、讨论记录、会议简报、决议等。

3）会后文献：主要指会议结束后正式发表的会议论文集。会后文献有许多不同的名称：会议录（Proceeding）、会议论文集（Symposium）、学术讨论论文集（Colloquium Papers）、会议论文汇编（Transactions）、会议记录（Records）、会议报告集（Reports）、会议论文集（Papers）、会议出版（Publications）、会议辑要（Digest）等。

②会议文献的出版形式也很多，一般有：

1）图书：多数以其会议名称作为书名，或另加书名，将会议名称作为副书名。一般按会议届次编号，定期或不定期出版。

2）期刊：除图书形式外，相当部分的会后文献以期刊形式发表。它们大都发表在有关学会、协会主办的学术刊物中。有些会议文献作为期刊的副刊或专号出版。

3）科技报告：有部分会议论文被编入科技报告。

4）视听资料：会后文献出版较慢，因此国外有的学术会议直接在开会期间进行录音、录像，会后以视听资料的形式发表。

会议文献具有以下特点：内容新颖，及时性强；学术水平高，专业性强；数量庞大，内容丰富；可靠性高；出版形式多种多样。因此，会议文献在主要的科技信息源中，重要性和利用率仅次于期刊。

（2）检索会议信息的印刷型工具

由于会议文献的种类和形式多种多样，因此，所利用的检索工具也有所不同。一般有以下种类：

【报道会议录的刊物】：

①《已出版的会议录指南》（Directory of Published Proceedings）

②《在版会议录》（Proceedings in Print）

【会议论文】：

①《会议论文索引》（Conference Paper Index）

②《科技会议录索引》（Index to Scientific & Technical Proceedings）

③《中国学术会议文献通报》

【一般文摘刊物】

①《化学文摘》（Chemical Abstracts）

②《工程索引》（Engineering Index）

③《科学文摘》（Science Abstracts）

④《数学评论》（Mathematical Reviews）

⑤《生物学文摘/评论、报告、会议》（Biological Abstracts/Reports、Reviews、Meetings）

【专门学协会】：

①《美国自动化工程师协会出版物目录》（SAE Publication Catalog）

②《美国机械工程师协会技术论文目录》（ASME Technical Papers Catalog）

【预报学术会议】：

①世界会议（简称 WM）

②《科学会议》

③《国际学术会议一览》

④《国际科技会议和国际展览会预报》

8.4.3　会议信息的获取

（1）会议信息的手工检索

读者若要了解各种出版物上收录了哪些会议论文，需要利用如下检索工具。

① 《中国学术会议文献通报》

《中国学术会议文献通报》由中国科技信息研究所、中国农业大学主办，科技文献出版社出版。1982 年创刊，原名为《国内学术会议文献通报》，季刊，1984 年起改为双月刊，1986 年起又改为月刊，1987 年改为现名。每期以题录、简介或文摘形式报道该所收藏的国内学术会议论文。它是报道我国各类专业学术会议论文的一种检索刊物，内容涉及数理科学和化学、医药卫生、农业科学、工业技术、交通运输、航天航空、环境科学及管理科学。会议信息来自全国重点学会举办的各种专业会议。正文按《中国图书馆图书分类法》（第二版）分类编排。1990 年起，将期末主题索引改为年度主题索引，在每年度的最后一期中报道。《中国学术会议文献通报》可通过分类和主题途径检索。

目前，《中国学术会议文献通报》已建成数据库，可通过中国科技信息研究所的联机系统进行检索。

《中国学术会议文献通报》每年第一、二期后还附有该年度各学会学术会议预报。

② 《会议论文索引》

《会议论文索引》（简称 CPI）1973 年由美国数据快报公司创刊，原名为《近期会议预报》（Current Programs），1978 年改为现名，月刊。1981 年改由美国坎布里奇科学文摘公司（Cambridge Scientific Abstracts Co.）编辑出版。从 1987 年起改为双月刊。另出版年度索引。本索引每年报道约 72000 篇会议论文（不管出版与否），及时提供有关科学、技术和医学方面的最新研究进展信息，是目前检索会议文献最常用的检索工具之一。

CPI 现刊本包括分类类目表（Citation Section）、会议地址表（Conference Location）、正文和索引几部分。

分类类目表共由 17 个大类组成，另有一个专题类目。每期 CPI 中列出了本期收录会议文献所属学科类目及其起始页码。本期没有会议的类目从略。分类类目表如下所示：

1）航天科学与工程（Aerospace Science and Engineering）

2）动植物学（Animal and Plant Science）

3）生物化学（Biochemistry）

4）生物学总论（Biology General）

5）化学与化学工程（Chemistry and Chemical Engineering）

6）土木与机械工程（Civil and Mechanical Engineering）

7）临床医学（Clinical Medicine）

8）电子工程（Electronics Engineering）

9）实验医学（Experimental Medicine）

10）一般工程技术（General Engineering and Technology）

11）地球科学（Geoscience）

12）材料科学与工程（Materials Science and Engineering）

13）数学与计算机科学（Mathematics and Computer Science）

14）边缘科学（Multidisciplinary）

15）药物学（Pharmacology）

16）物理学与天文学（Physics and Astronomy）

17）核与动力工程（Nuclear and Power Engineering）

18）专题（Special Categories）

会议地址表按照学科主题列出了本期报道的类目名称。在每个类目名称下列出归属该类的会议名称、召开地点、召开日期以及在本期刊出的页码等信息。当某一跨学科的会议可分属若干类目时，则该会议的名称在有关类目下重复刊出。

【正文编排与著录】

CPI 的正文为题录形式，按分类类目的字顺编排。使用的登记号延用《世界会议》中的会议登记号。

正文的著录格式如图 8 - 37 所示。

Experimental medicine①

9920093:②　44th Annual Meeting of the Health Physics Society③

27 Jun-1 Jul 1999④

Philadelphia, PA (USA)⑤

Sponsor: Health Physics Society⑥

ORDERING INFORMATION: Lippincott Williams and Wilkins, 351 West Camden Street, Baltimore, MD 21201, USA; phone: 800-638-3030; fax:301-824-7390; URL:www.lww.com, Abstracts available. Price $73.⑦

99-068555. ANSI/HPS N13.53 TENORM standard - Update of development activities. *Dehmel, J.-C.* (S Cohen & Associates); Paper No. WAM-E2.

99-68556.⑧ Environmental radiation protection standards for DOE facilities.⑨ *Wallo, A., III; Peterson, H. T., Jr.* (US Dep. Energy, Washington, DC, USA);⑩ Paper No. WAM-E3.⑪

99-068557. US Departmemt of Energy's Amendment to title 10 code of Federal Regulations Part 835. *Rabovsky, J.L.; O'Connell, P.V.; Foulke, J.D.* (US Dep. Energy, Washington, DC, USA); Paper No. WAM-E4.

图 8 - 37　《世界会议》正文著录格式示意图

说明：

①类目名称；②会议登记号；③会议名称；④会议日期；⑤会议地点；⑥主办机构；⑦订购信息；⑧论文题录号；⑨论文题目；⑩论文著者姓名和地址；论文编号。

【索引】

1）著者索引（Author Index）：所有著者均参加排序。

Peterson，H. T.，Jr. ① 99 – 068463，99 – 068556②

Wallo，A.，III①，99 – 068463，99 – 068556②

说明：①著者；②顺序号。

2）主题索引（subject Index）：实为关键词索引。该索引从论文篇名中抽取具有实质性意义的关键词编制而成。平均每篇论文篇名抽取的关键词为 5个。当篇名中某一关键词列于首位作为检索入口时，篇名中的其它词就成为说明语和修饰语排在后面，并保留其原有的语法关系。每条款目限排一行，如排不下，就舍去一部分。

Radiation① protection standards for DOE facilities② 99 – 068556③

说明：

①用作标目的关键词；②篇名中的其它关键词及非关键词；③题录号。

CPI 的年度索引中除了主题索引和著者索引外，还有会议日期索引（Index by Date of Meeting）、会议地址索引（Index by Conference Location）、主题分类索引（Index by Major Subject Classifications）三种索引。

③《科技会议录索引》

《科技会议录索引》（简称 ISTP）由美国科学情报研究所（Institute for Scientific Information，简称 ISI）编辑出版，1978 年创刊，月刊。ISTP 是报道近期已出版的会议录的权威性刊物，除了反映会议录的出版情况外，还报道了会议录中收录会议论文的题录。该刊收录的会议录是已出版的。

ISTP 报道的学科几乎包括了科学与工程方面的各个领域。据统计，1998年 ISTP 全年报道的会议录有 4853 个，会议论文 207100 篇，涉及的学科范畴160 个，收录了世界上已出版的一半左右的会议录，大约75% ~90% 的重要会议文献出现在 ISTP 中。包括了世界上已出版的重要会议录中的绝大多数。所报道的大多数会议论文是第一次出现，并且是完整的论文，而不仅仅是文摘。

ISTP 有月刊本和年度累积本。月刊本每期由正文部分（会议录目录 Content for Proceeding）和索引部分组成。正文部分报道以图书或期刊形式出版的会议录，按会议录登记号顺序排列；索引部分共有 6 种索引。每期刊载的顺序依次为：类目索引、会议录目次（正文）、作者/编辑者索引、会议主办单位索引、会议地址索引、轮排主题索引、团体机构索引。

④《国外科技新书简报》

《国外科技新书简报》，中国图书进出口公司出版，报道以图书形式出版的科技会议信息。

其他会议论文的检索工具：

专业学会、协会的出版物索引：国外许多专业学会或协会每年都要组织召开一定数量的学术会议，并把在这些会议上发表的论文刊载在它们的出版物上。例如，美国电气电子工程师学会（IEEE）每年大约要举办 150 个会议，其会议论文通过单行本、论文集、学会会刊等多种形式发表，并编有相应的索引供检索使用。

（2）会议数字信息的计算机检索

①《万方数据会议论文全文数据库》

由中国科学技术信息研究所、万方数据集团公司开发建立的一个国内大型的学术会议文献全文数据库，主要收录 1998 年以来国家级学会、协会、研究会组织召开的全国性的各种学术会议论文，每年涉及 1000 余个重要的学术会议，范围涵盖自然科学、工程技术、农林、医学等多个领域，内容包括：数据库名、文献题名、文献类型、馆藏信息、馆藏号、分类号、作者、出版地、出版单位、出版日期、会议信息、会议名称、主办单位、会议地点、会议时间、会议届次、母体文献、卷期、主题词、文摘、馆藏单位等，总计约 117 万篇会议信息，是读者了解国内学术会议动态、科学技术水平、进行科学研究必不可少的工具。

会议论文全文数据库有两个版本：中文版、英文版。中文版所收会议论文内容是中文；英文版主要收录在中国召开的国际会议的论文，论文内容多为西文。

在数据库系统首页中点击导航条中的"会议论文"链接，进入会议论文首页。系统提供了"简单检索"和"高级检索"。如图 8－38 所示。

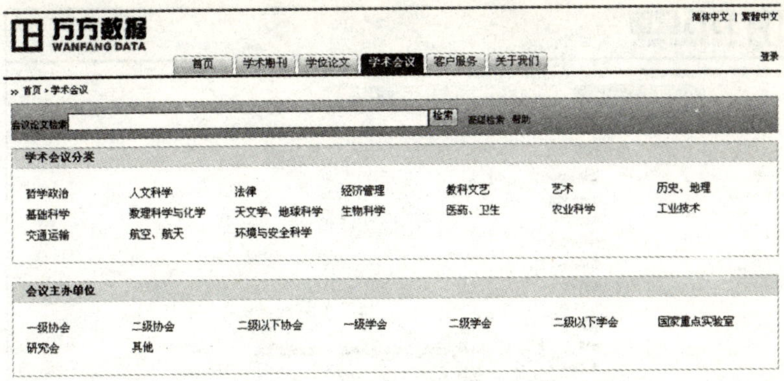

图 8-38　万方数据库学术会议检索界面

1）会议论文简单检索

在输入框输入检索表达式，点击"检索"按钮系统自动检索文献。首页和检索结果等页面的输入框默认接受的检索语言为布尔逻辑语言。如果想要在输入框中输入布尔逻辑检索式查询，需要在输入布尔逻辑检索语句之前先输入字段代码：//前缀。在检索词前面加上检索字段，可以检索在检索字段中出现检索词的论文。

如：激光 纳米　含义：检索任意字段中包含"激光"或"纳米"的记录。

Date：1998—2003　含义：检索日期 1998 年 1 月到 2003 年 12 月的记录。"－"前后分别代表限定的年度上下限，上限和下限可以省略一个，代表没有上限或下限，但"－"不可省略。

Title："电子逻辑电路"含义：检索论文标题字段中包含"电子逻辑电路"的记录。

2）会议论文高级检索

高级检索是一种比简单检索要复杂一些的检索方式。高级检索的功能是在指定的范围内，通过增加检索条件满足用户更加复杂的要求，检索到满意的信息。如图 8-39 所示。

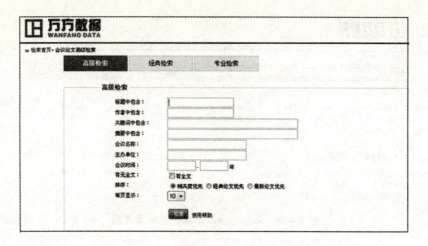

图 8-39　万方数据库学术会议高级检索界面

从图 8-38 中可以看出，万方数据库的高级检索区域列出了标题、作者、会议名称、主办单位、关键词、摘要等检索信息供读者选择，填写的检索信息越详细检索得到的结果就会越准确；通过选择年份，使其在限定的年份范围内检索；还可以选择经典论文优先、最新论文优先和相关度优先三种排序方式；可以选择在检索结果页面每页显示的文章条数等限制条件。当所有的检索信息都填写完毕后，点击"检索"按钮，即可执行检索。

3）会议论文经典检索

经典高级检索提供了标题、作者、会议名称、主办单位、中图分类等五组检索条件，这些检索条件是"并且"的关系。如图8-40所示。

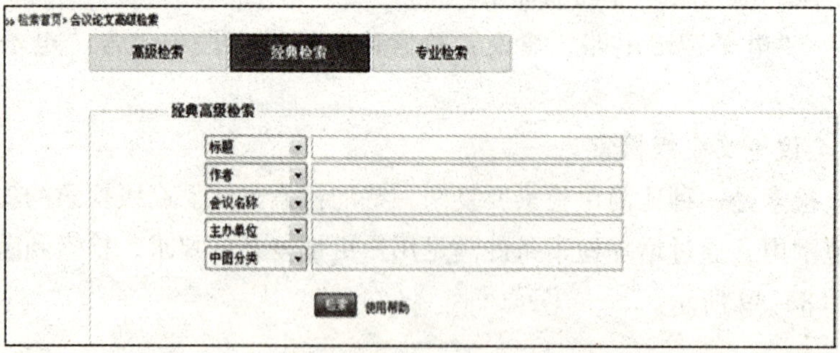

图 8-40　万方数据库学术会议经典检索界面

在检索时，点击检索项的下拉列表，选择按哪一个字段（如：标题、关键词、作者等）来检索；再在检索表达式框中直接输入检索式；当所有的检索信息都填写完毕后，点击"检索"按钮，即可执行检索。

4）会议论文专业检索

专业检索比高级检索功能更强大，但需要检索人员根据系统的检索语法编制检索式进行检索。适用于熟练掌握布尔逻辑检索语言的专业检索人员。如图8-41 所示。

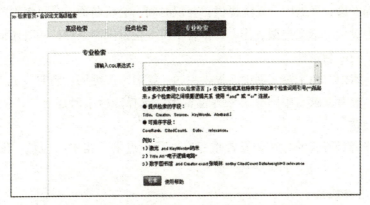

图 8-41 万方数据库学术会议专业检索界面

读者在检索表达式框中直接输入布尔逻辑检索式，点击"检索"按钮，即可执行检索。

《万方数据会议论文全文数据库》的全文获取方法，与学术论文的全文获取方法一样，详情参见 4.3.2。

②《中国重要会议论文全文数据库》

《中国重要会议论文全文数据库》是中国知网《中国知识资源总库》的一个子库。收录我国 2000 年以来中国科协及国家二级以上学会、协会、高等院校、科研院所、学术机构等单位的论文集，政府举办重要学术会议、高校重要学术会议、在国内召开的国际会议上发表的文献。至 2009 年 8 月 10 日，累积会议论文全文文献 113 万篇。如图 8-42 所示。

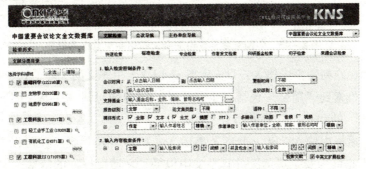

图 8-42 中国重要会议论文全文数据库首页

从《中国重要会议论文全文数据库》首页可以看出，数据库默认的检索为"标准检索"。此外数据库系统还提供"快速检索、专业检索、作者发文检索、科研基金检索、句子检索、来源会议检索"等。

1）标准检索

在标准检索界面中，系统提供：会议时间、会议名称、会议级别、支持基金、报告级别、论文类型、作者、作者单位等检索限制条件；同时还提供媒体形式等扩展限制条件。

在检索内容两个输入框中，提供主题、篇名、关键词、摘要、全文、论文集名称、参考文献、中图分类号等检索字段选择。检索时还有"中英文扩展检索"复选。

当读者对所有的检索信息都填写完毕后，点击"检索"按钮，即可执行检索。

2）专业检索

专业检索用于图书情报专业人员查新、信息分析等工作，使用逻辑运算符和关键词构造检索式进行跨库检索。

在读者进行跨库专业检索时，数据库支持对"SU＝主题，TI＝题名，KY＝关键词，AB＝摘要，FT＝全文，AU＝作者，FI＝第一责任人，AF＝机构，JN＝中文刊名&英文刊名，RF＝引文，YE＝年，FU＝基金，CLC＝中图分类号，SN＝ISSN，CN＝统一刊号，IB＝ISBN，CF＝被引频次"等检索项的检索。如图8－43所示。

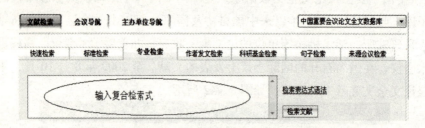

图8－43　中国重要会议论文全文数据库专业检索界面

比如：在检索框中输入：TI＝生态 and KY＝生态文明 and（AU％陈＋王）
就可以检索到"篇名"包括"生态"并且关键词包括"生态文明"并且作者为"陈"姓和"王"姓的所有文章；

在检索框中输入：SU＝北京＊奥运 and FT＝环境保护　就可以检索到主题包括"北京"及"奥运"并且全文中包括"环境保护"的信息；

在检索框中输入：SU＝（经济发展＋可持续发展）＊转变－泡沫　就可

检索"经济发展"或"可持续发展"有关"转变"的信息，并且可以去除与"泡沫"有关的部分内容。

3）作者发文检索

在系统提供的"作者发文检索"中，有三个检索词输入框。可以同时用"作者姓名、第一作者姓名、作者单位"来进行精确的检索限制。如图8-44所示。

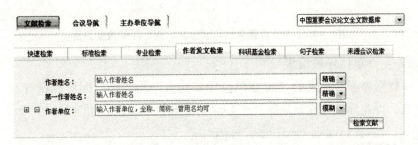

图8-44　中国重要会议论文全文数据库作者发文检索界面

4）来源会议检索

在系统提供的"来源会议检索"检索中，有三个检索词输入框。可以同时用"会议时间、会议名称、主办单位"来进行精确的检索限制。如图8-45所示。

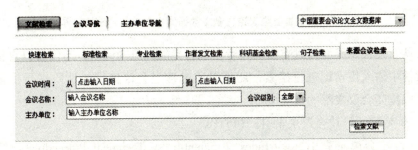

图8-45　中国重要会议论文全文数据库来源会议检索界面

5）会议导航检索

在数据库系统提供的"会议导航检索"检索中，又设置有"学术导航、行业导航和党政导航"三种会议导航检索途径。如图8-46所示。

其中：学术导航分为"基础科学、工程科技 AB、社会科学、信息科技等10个辑"；行业导航分为"农林、制造、建筑、金融等13个专辑"；党政导航分为"党建、思想理论、行管、外交、法律、军事等6个专辑"。读者在进行导航浏览的同时，还可以直接在检索框中输检索词进行检索。

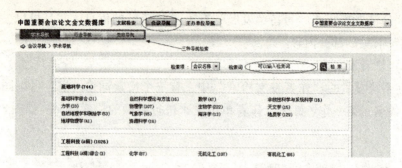

图8-46 中国重要会议论文全文数据库导航检索界面

6）主办单位导航检索

在数据库系统提供的"主办单位导航检索"检索中，同样也设置有"学术导航、行业导航和党政导航"三种会议导航检索途径。如图8-47所示。

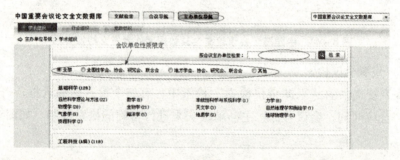

图8-47 中国重要会议论文全文数据库主办单位导航检索界面

从上述检索界面可以看出，读者在进行导航浏览的同时，不仅可以直接在检索框中输入检索词进行检索，还可以通过选定会议单位的性质进行检索限定，以提高会议文献的查准率。

③美国《科技会议录索引》（ISTP）

《科技会议录索引》（Index to Scientific & Technical Proceedings，简称ISTP）创刊于1978年，由美国科学情报研究所编辑出版。为世界著名四大检索工具（SCI、Ei、CA、ISTP）之一，收录自1990年以来每年近10,000个国际科技学术会议所出版的共计190多万篇会议论文。每年约增加220,000个会议记录，数据每周更新；内容涵盖学科包括：农业、环境科学、生物化学、分子生物学、生物技术、医学、工程、计算机科学、化学和物理。该索引收录生命科学、物理与化学科学、农业、生物和环境科学、工程技术和应用科学等学科的会议文献和IEEE、SPIE、ACM等协会出版的会议录包括一般性会议、座谈会、研究会、讨论会、发表会等。其中工程技术与应用科学类文献约占 35%。

ISTP 收录论文的多少与科技人员参加的重要国际学术会议多少或提交、发表论文的多少有关。ISTP 收录我国会议文献的数目占我国科技人员在国外举办的国际会议上发表的论文总数的 64.44%。

读者在进入 ISTP 数据库之前,得先登陆"ISI Web of Knowledge"数据库界面,然后选择 ISTP 数据库进入。如图 8-48 所示。

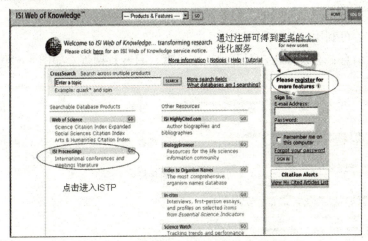

图 8-48　ISI Web of Knowledge 数据库界面

读者进入 ISTP 数据库后,选择与待查会议文献相关的数据库,进行年代等扩展检索限制。输入检索词,点击"Search"即可完成数据库的快速检索。如图 8-49 所示。

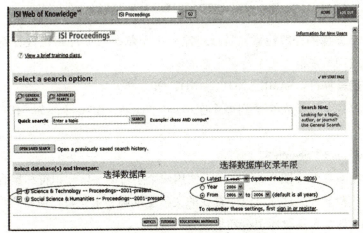

图 8-49　ISTP 数据库快速检索(初始)界面

ISTP 除了快速检索外,还提供了一般检索和高级检索。

1）General Search

在 ISTP 的一般检索中，提供主题、作者、团体作者、来源文献、地址、会议信息等字段检索。其中：

主题检索：自动检索标题、摘要和关键词字段；

作者：先输入姓，然后输入空格，再输入不超过 5 位的名字母；

团体作者：应输入可能的各种写法；

来源文献：先查询刊的全名，或者利用通配符；

地址：可利用地址缩写词；

会议信息：会议标题、召开地、主办者、召开日期等。如图 8－50 所示。

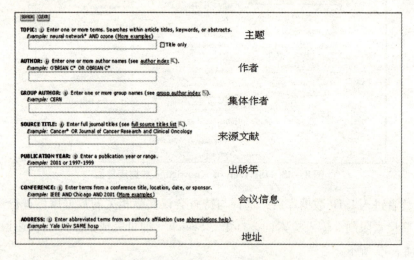

图 8－50　ISTP 数据库一般检索界面

ISTP 数据库的一般检索，是通过输入由布尔逻辑算符和位置算符所连接的关键词或词组来检索某个特定主题的信息。

布尔逻辑算符：SAME、NOT、AND、OR

通配符：＊—代表 0 个到多个字母；？—代表一个字母；$—代表 0 或 1 个字母。

2）Advanced Search

高级检索页面（图 8－51）允许使用两个字符的字段标识符和集合号创建一个复杂的检索式，这样可以使查找的文献更准确、更完备。但需要读者检索技术熟练，并掌握字段标识符和集合号。

例：战略并购的动态匹配研究 TS =（merger OR acquisition OR consolidation）AND TI = fit

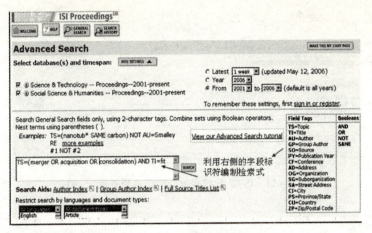

图 8-51 ISTP 数据库高级检索界面

3）组合检索

组合检索如图 8-52 是一种常用的快捷检索方式，效果和高级检索相当。它将前面的检索结果集合通过复选框中的 AND 和 OR 逻辑算符组合起来，得到一个新的检索式。通过组合检索后，可以使查找的文献更准确、更完备。

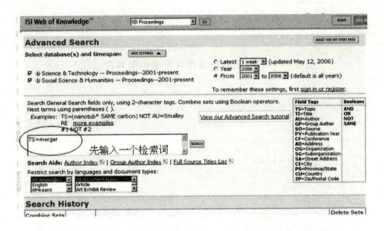

图 8-52 ISTP 数据库组合检索界面

例如：查找"战略并购的动态匹配研究"方面的文献，可用如下组合检索式：

TS =（merger OR acquisition OR consolidation）AND TI = fit

在检索词输入框输入检索词后，点击"search"按钮就可以得到如图 8-53、图 8-54、图 8-55 所示的检索结果。

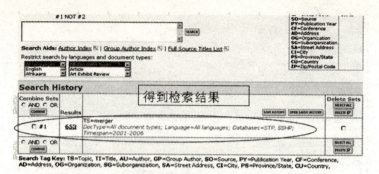

图 8 – 53 ISTP 数据库组合检索结果界面（一）

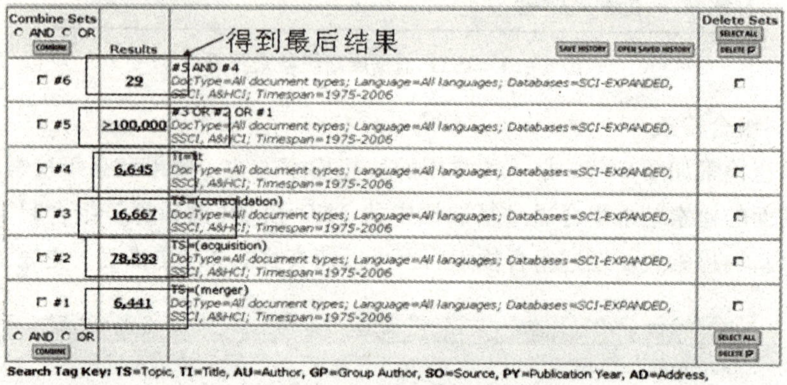

图 8 – 54 ISTP 数据库组合检索结果界面（二）

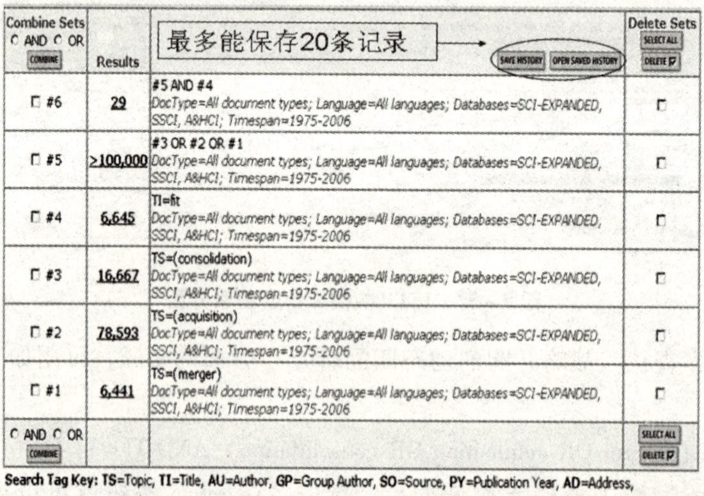

图 8 – 55 ISTP 数据库组合检索结果界面（三）

4）结果处理

在前面所讲的几种检索方法中，得到检索记录后，选择需要的记录，就可以对标记的记录进行"格式化打印、存盘、发送 E – mail、将记录直接输出到信息管理软件中"等输出操作。如图8 – 56 所示。

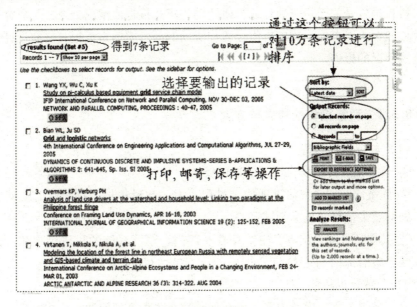

图 8 – 56　ISTP 数据库检索结果输出操作界面

④国际科技会议录数据库（ISI Proceedings）

ISI Proceedings 汇集了世界上最著名的会议、座谈、研究会和专题讨论会的会议录资料，其资料来源包括专著、期刊、报告、增刊及预印本。它收录全球的会议录论文，并不仅限于英文资料。

ISI Proceedings 收录 1990 年以来 60000 多个会议的 200 多万篇科技会议论文。每年大约更新 225000 条记录，ISI 只收录首次发表的会议录，其中 66%来源于以专著形式发表的会议录文献，34% 来源于发表在期刊上的会议录文献。

ISI Proceedings 数据库的使用方法在第五章已经进行了详细介绍，具体内容参见 5.3。

8.5 科技报告检索及其利用

科技报告是关于科研项目或科研活动的正式报告或情况记录，是研究、设计单位或个人以书面形式向提供经费和资助的部门或组织汇报其研究设计或项目进展情况的报告。

8.5.1 科技报告的特点与分类

（1）科技报告的特点

① 科技报告传播研究成果的速度较快。

② 注重详细记录科研进展的全过程。大多数科技报告都与政府的研究活动、国防及尖端科学技术领域育关。

③ 其撰写者或提出者，主要是政府部门、军队系统的科研机构和一部分由军队、政府部门与之签订合同或给予津贴的私人公司、大学等，即所谓"合同户"或资助机构。

④科技报告所报道的内客一般必须经过有关主管部门的审直与鉴定，因此具有较好的成熟性、可靠性和新颖性，是一种非常重要的学术信息资源。

（2）科技报告的分类

① 科技报告的出版形式

报告（Report），一般公开出版，内容较详尽，是科研成果的技术总结；

札记（Notes），内容不太完善，是编写报告的素材，也是科技人员编写的专业技术文件；

备忘录（Memorandum），内部使用，限制发行。包括原始试验报告，有数据及一些保密文献等，供行业内部少数人沟通信息使用；

论文（Paper），指准备在学术会议或期刊上发表的报告，常以单篇形式发表；

译文（Translations），译自国外有参考价值的文献。

② 按研究度进度划分的科技报告

初期报告（primary Report），研究单位在进行某研究项目的一个计划性报告；

进展报告（Progress Report），报道某项研究或某研究机构的工作进展情况；

中间报告（Interim Report），报道某项研究课题某一阶段的工作小结以及对下一阶段的建议等；

最终报告（Final Report），科研工作完成后所写的报告。

③ 科技报告的保密性

保密报告（Classifical），按内容分成绝密、机密和秘密三个级别，只供少数有关人员参阅。

非保密报告（Unclassifical），分为非密限制报告和非密公开报告。

解密报告（Declassfical），保密报告经一定期限，经审查解密后，成为对外公开发行的文献。

8.5.2　国内外著名的几种科技报告

（1）国内的科技报告—《科学技术研究成果公报》

在我国，科枝报告主要是以科技成果公报或科技成果研究报告的形式进行传播交流。自 20 世纪 60 年代始，国家科委（现国家科技部）就开始根据调查情况定期发布科技成果公报和出版研究成果公告，由国家科技部所属的中国科技信息研究所出版，名称为《科学技术研究成果公报》。这就是代表我国科技成果的科技报告。

（2）国外的科技报告

①美国政府系统的 PB 报告

第二次世界大战之后，美国从德、日、意战败国获得大批战时科技资料，其中有战时技术档案、战败国的专利、标准和技术刊物等。为了系统整理并利用这些资料，美国政府于 1945 年 6 月成立美国商务部出版局来负责整理和公布这些资料。

PB 报告内容偏重民用工程，如土木建筑、城市规划、环境保护等。其编号采用"PB – 年代 – 序号"的形式。

② AD 报告：是原美国武装部队技术情报局收集、整理和出版的国防部所属的军事研究机构与合同单位的科技报告。其含义为入藏文献（Accessioned Document）登记号。其编号采用"AD – 密级 – 流水号"

③ NASA 报告：NASA 报告名称来源于美国国家航空宇航局（National Aeronautics & Space Administration）的首字母缩写。NASA 专设科技信息处从事科技报告的收集、出版工作。每年的报道量约 6000 件，NASA 报告中还有

NASA 的专利文献、学位论文和专著，也有外国的文献和译文。内容侧重在航空、空间科学技术领域，同时广泛涉及许多基础学科。

其编号采用："NASA – 报告出版类型 – 顺序号"

④ DOE 报告：DOE 报告名称来源于美国能源部（Department of Energy）的首字母缩写。DOE1977 年改组扩建为"能源部"。其文献主要来自能源部所属的技术中心、实验室、管理处及信息中心，另外也有一些国外的能源部门。DOE 报告的内容已由核能扩大到整个能源领域，核与非核文献约各占一半。

8.5.3 科技报告的检索

（1）《国家科技成果库》

《国家科技成果库》是 CNKI 中国知网系统数据库中的一个，它收录了 1978 年以来所有正式登记的中国科技成果，按行业、成果级别、学科领域分类。每条成果信息包含成果概括、立项情况、评价情况、知识产权状况及成果应用情况、成果完成单位情况、成果完成人情况、单位信息等成果基本信息。成果的内容来源于中国化工信息中心，相关的文献、专利、标准等信息来源于 CNKI 各大数据库。可以通过成果名称、成果完成人、成果完成单位、关键词、课题来源、成果入库时间、成果水平等检索项进行检索。如图 8 – 57 所示。

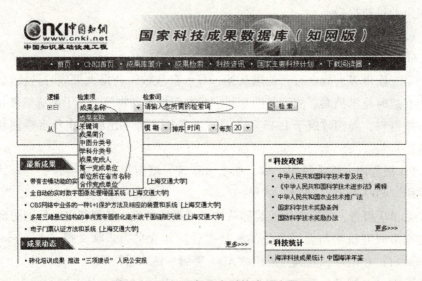

图 8 – 57　知网版国家科技成果库界面

CNKI – 《国家科技成果数据库》与通常的科技成果库相比，每条成果的知网节集成了与该成果相关的最新文献、专利、标准等信息，可以完整地展现该成果产生的背景、最新发展动态、相关领域的发展趋势，可以浏览成果完成人与完成单位更多的论述以及在各种出版物上发表的信息。其报道的科技成果按照《中国图书资料分类法》（第四版）进行中图分类和按照按 GB/T13745《学科分类与代码》进行学科分类，读者查找十分方便。

②《中国科技成果库》

《中国科技成果库》是万方数据资源系统的一个子库。主要收录了国内的科技成果及国家级科技计划项目。内容由《中国科技成果数据库》等十几个数据库组成，收录的科技成果总记录约 50 万项，内容涉及自然科学的各个学科领域。在万方数据资源主页上方检索的文献类型中选择"成果"，可以进行《中国科技成果库》的快速检索。其界面如图 8－58 所示。

图 8－58 中国科技成果库快速检索界面

1）科技成果简单检索

第一步：在输入框输入检索表达式，点击"检索"，系统自动检索文献。首页和检索结果等页面的输入框默认接受的检索语言为布尔逻辑语言。如果想要在输入框中输入布尔逻辑检索式查询，需要在输入布尔逻辑检索语句之前先输入字段代码：//前缀。在检索词前面加上检索字段，可以检索在检索字段中出现检索词的科技成果报告。

第二步：在检索词前面加上检索字段，可以检索在字段中出现检索词的科技成果。如图 8－59 所示。

2）科技成果高级检索

高级检索是一种比简单检索要复杂一些的检索方式。高级检索的功能是在指定的范围内，通过增加检索条件满足用户更加复杂的要求，检索到满意的信息。

第一步：在科技成果的高级检索区域列出了成果名称、完成单位、关键词、摘要、所在地区、成果类别、行业、成果水平等检索字段供您选择，读者根据需要填写的检索信息越详细检索得到的结果就会越准确。

第二步：通过选择公布时间、鉴定时间的年份，使系统在限定的年份范围

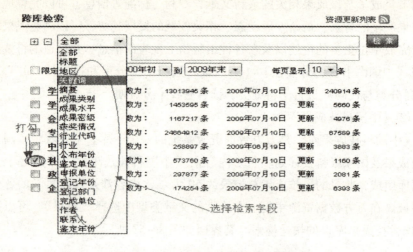

图 8-59　中国科技成果库简单检索界面

内检索。

第三步：检索信息都填写完毕后，点击"检索"按钮，即可执行检索。如图 8-60 所示。

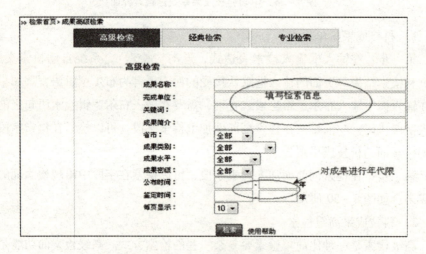

图 8-60　科技成果高级检索界面

《中国科技成果库》的经典检索和专业检索的检索方法，与会议论文检索中介绍的经典检索和专业检索的方法基本一样，可以作为此处的参考。

③美国《政府报告及索引》（Government Reports Announcements & Index 简称 GRA&I），是检索美国科技报告的主要工具，1946 年创刊，现由美国商务部国家技术情报服务局（NTIS）编辑出版，其以文摘的形式报道美国的四大

报告，侧重于 PB 和 AD 报告，GRA&I 分为现期期刊和年度索引两部分。GRA&I 现期期刊为半月刊，每期报道 2500 多件，全部 24 期报道科技报告 6 万多件。

④GrayLIT Network （http：//graylit. osti. gov/）

GrayLIT Network 是由美国能源部（DOE）联合美国国防科技信息中心（DTIC）、美国航空总署（NASA）、美国环保总局（EPA）提供的科技报告数据库。如图 8 - 61 所示。

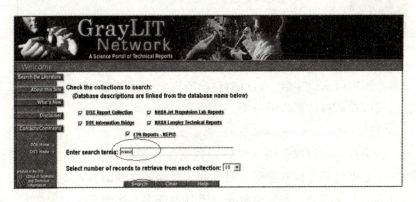

图 8 - 61　GrayLIT Network 数据库主页

从下图可以看出，GrayLIT Network 由以下五个数据库组成：

Defense Technical Information Center （DTIC） Report Collection 提供解密文件，超过 42000 篇全文报告，内容涉及国防研究和基础科学。

DOE Information Bridge Report Collection 能够检索到并可获得美国能源部（Department of Energy） 提供的研究与发展报告全文超过 **65000** 篇报告，内容涉及物理、化学、材料、生物、环境科学及能源。

EPA—National Environmental Publications Internet Site （NEPIS） 超过 9000 篇报告，内容涉及水质、废水、生态问题、湿地等。

NASA Jet Propulsion Lab （JPL） Technical Reports 超过 11000 篇报告，内容涉及推进系统、外太空进展、机器人等。

NASA Langley Technical Reports 超过 2500 篇报告，内容涉及航天、太空科学等。

读者在进行检索时，先选定数据库，然后在检索框输入检索词，点击"Search" 即可进行检索操作，并得到检索结果。如图 8 - 62 所示。

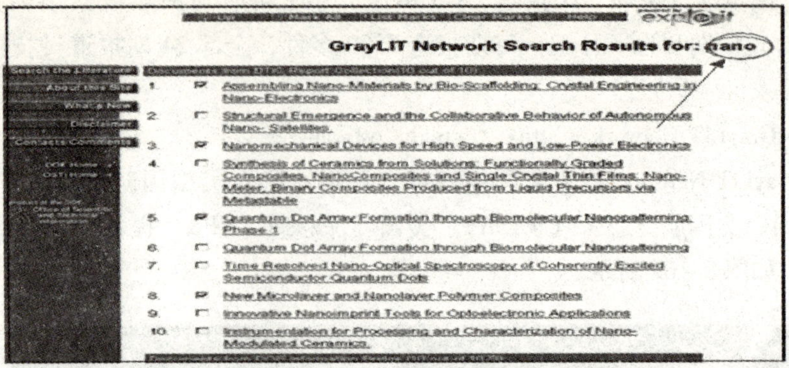

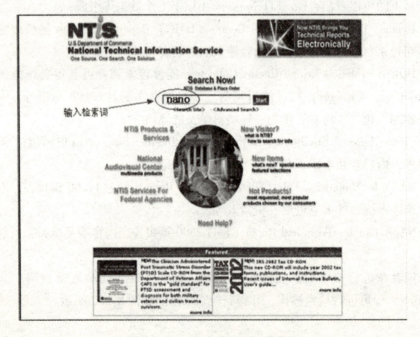

图 8 - 62　GrayLIT Network 数据库检索结果界面

　　读者在浏览检索结果后，可以对自己所需要的科技报告进行标记，最后仔细阅读后可以获取科技报告的全文。

　　⑤ NTIS（http：//www. ntis. gov）

　　美国国家技术情报服务局（NTIS）数据库报道的科技报告主要是美国的四大报告，另外包括美国农业部、教育部、环保局、健康与人类服务部、住房与城市部等的科技报告；同时也收录世界其他许多发达国家，如加拿大、前苏联、日本、德国和欧洲各国以及一些国际组织的报告。如图 8 - 63 所示。

图 8 - 63　NTIS 数据库检索界面

读者在检索输入框内输入检索词，点击"Search Now"按钮，即可得到相关的检索结果。如图 8 - 64 所示。

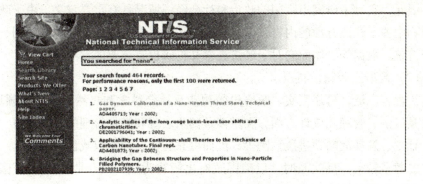

图 8 - 64　NTIS 数据库检索结果界面

读者在浏览检索结果后，可以对自己所需要的文献进行仔细阅读后，点击报告标题名称，可以获取科技报告的详细信息和全文。

8.6　政府出版物检索及其利用

政府出版物被认为重要的信息源之一，它经历了一个长期的形成过程。现代社会的政府出版物，相当多的一部分内容都和经济问题的宏观和微观管理有关，如经济法规、政府经济报告、经济政策、议会有关经济听证文件等等。但全世界各个国家，由于社会历史、政治制度和文化传统存在较大差异，因而各国的政府出版物在内容范围、数量、质量以及体裁类型上都有较大不同。世界上公开出版发行数量最多、内容最丰富的政府出版物当数美国政府的出版物。美国联邦政府各部、司、局每年都要编制和发行成千上万种出版物。

8.6.1　政府出版物的含义及特点

（1）政府出版物含义

政府出版物（Government Publication）是指各国政府及其所属部门发表的各种文献的总称。又称"官方文件"或"官方出版物"。1962 年美国政府又规定：政府出版物这一名称表示"由政府出资或根据法律需要作为一个单独文献出版的情报资料"。联合国教科文组织对其下的定义是："根据国家机关的命令，并由国家负担经费而出版的一切记录、图书、刊物等，均称政府出版物"。政府出版物反映政府的活动和观点，许多是政府在决策过程中产生的文献。因此，它对于研究出版国的政治和社会经济情况具有重要意义。由于政府出版物中关于经济方面的内容较多，如有些国家议会关于经济政策的辩词、国民经济统计数据等，因而它对于经济教学和科研也有重要的参考价值。

（2）政府出版物的特点

①内容广泛，可靠真实。政府出版物涉及社会科学和自然科学许多领域，尤其是经济、管理和统计方面；文献涉及国家宏观和微观管理的有关政策、方针、计划、发展战略、进展预测等，因而可靠真实，具有权威性。

②数量较大，反映及时。以美国政府出版物为例，每年收录在《美国政府出版物每月目录》（Monthly catalog of US·government publications）中的文献达 3 万种以上，而且不是美国政府出版物的全部，不包括法案、专利和保密资料等。由于政府出版物反映官方的意志，因此出版非常迅速、及时，而且广为流传。

③出版形式与载体多样。政府出版物常见的有报告、通报、文件汇编、会议录、统计数据、地图集、官员名录、政府工作手册、政府机关指南等。它们除了以传统的印刷型的图书、连续出版物、小册子形式出现外，还以各种载体的非书资料如缩微制品、电影录像、磁带、光盘等形式出版。

④价格低廉，重复较大。政府出版物纯属工作性文献，不为赢利，不计成本，有些甚至免费供应像，所以搜集成本较低。有些文献在列入政府出版物前，由有关机构出版过，因而重复现象较多，选择时要多加注意。

8.6.2　政府出版物文献信息的类型

政府出版物文献信息按性质一般可分为两大类型：

（1）行政类政府出版物（包括立法、司法出版物）。这类文献主要有国家人民代表大会、议会或国会的会议公报、议案和决议、听证和辩词记录、法律和法令、解密的法院文档、司法文件、规章制度、各项政策、条例规定、调查和统计资料等。这类政府出版物往往涉及政治、经济和法律等方面，如各级政府工作报告、各级财政部门的国民经济预算和决算等。

（2）科学技术类政府出版物。这类文献主要是由政府出版的有关科技发展政策文件、科技研究报告、专利文献、标准文献、地质水文和航空航海线图以及解密的科技档案等。

许多国家设立出版发行政府出版物的专门机构，如美国政府出版局（Government Printing Office）、英国的皇家出版局（HMSO）等。中国的政府出版物大部分是由政府有关部门编辑，并由指定出版社出版。

8.6.3 中国政府出版物及其检索书目

随着改革经济的发展，我国政府出版物越来越多，如《中华人民共和国物价公报》、《中国对外经济贸易白皮书》、《中华人民共和国税收法规公告》等。据 2007 年国务院公报统计，仅 2007 年国务院有关部门发布的的规章规定条例等就有 103 件。中国政府出版物书目系统有：

（1）《中华人民共和国国务院公报》，旬刊，国务院办公厅编辑出版，创办于 1955 年。公报集中刊载我国人大常委会通过的法律和有关法律问题的决定；国家主席令和任免名单；中国同外国缔结的条约、协定及我国政府发表的声明、公报等重要外交文件；国务院发布的行政法规和决议、决定、命令等文件；国务院各部门发布的重要行政规章和文件；国务院批准的有关机构调整、行政区划变动和人事任免的决定；国务院领导同志批准登载的其他重要文件等。每年末期是中英文分类编排的目录索引。

（2）《中华人民共和国全国人民代表大会常务委员会公报》，双月刊，人大常委会办公厅编辑出版，创办于 1957 年。公报主要刊登全国人民代表大会及其常务委员会通过的法律、决定、决议、人事任免以及国务院、中央军事委员会、最高人民法院、最高人民检察院的工作报告和我国同外国缔结的条约、协定及检查法律实施情况的报告等。每年末期中英文法律分类编排的目录索引。

（3）《中华人民共和国最高人民法院公报》，双月刊，最高人民法院主办，创办于 1984 年。公报主要刊登国家颁布的重要法律，最高人民法院公布的正式文件、司法解释和最高人民法院审判委员会讨论通过的各类典型案例等。

（4）《中华人民共和国最高人民检察院公报》，双月刊，最高人民检察院主办，创办于 1990 年。公报主要刊登国家颁布的有关法律、决定和立法解释；最高人民检察院有关具体应用法律问题的批复、解答等司法解释文件；最高人民检察院制定并需要公开公布的通知、决定等重要文件；检察机关查办的有影响的重大典型案件等。

（5）《中华人民共和国法律法规及司法解释分类汇编》，人大法制工作委员会研究室编审，中国民主法制出版社 2000 年出版。全书汇集了中华人民共和国成立至 2000 年期间，全国人大及其常委会公布的法律、国务院发布或批准发布的行政法规和法规性文件、国务院各部门发布的部门规章以及最高人民法院、最高人民检察院发布的司法解释、条文释义，近 5000 万字。具有全面性、科学性、权威性、实用性。按宪法及宪法相关性、民法商法、行政法、经济法、社会法、刑法、诉讼法分类编排。

（6）《中国法律年鉴》，中国法律年鉴社于 1987 年创办，以后逐年出版。内容包括特载，国家立法、司法、监察，国家法律，国家行政法规，国务院各部门的规章和地方政府规章，统计资料，法制建设大事记等。按栏目检索查找。

另外还有《中华人民共和国投资法规文件汇编》，地震出版社 2001 年出版；《中华人民共和国经济合同法大全》，人民出版社 1995 年出版；《中华人民共和国证券法实务全书》，中国言实出版社 1999 年出版；《中华人民共和国会计法实务全书》，中国言实出版社 1999 年出版；《中华人民共和国保险法实务全书》，企业管理出版社 1995 年出版；《中华人民共和国银行法全书》，中国金融出版社 1995 年出版等。

8.6.4　外国政府出版物及其检索书目

国外许多国家非常重视政府出版物文献信息的出版和发行。美国政府出版物数量多、内容广，其在科学技术、经济管理等各方面的优势使它的政府出版物具有很高的价值。英国政府出版物分为议会出版物和非议会出版物。其中以下院文件、报告、议案、会议记录、特设委员会（如财政支出委员会、科学技术委员会、国有化工业委员会等）的报告尤为重要，具有较高的文献价值。美、英两国政府出版物书目系统有：

（1）《美国政府出版物每月目录》，GPO 出版，月刊，每期报道 2000 多种文献。按发行机构的代号编排。每一条目有顺序号、国会图书馆和杜威分类号、OCLC 标识号、库存号、国会图书馆主题词和卡片号等。编有著者、题名、主题词索引，并通过 DIALOG（文档号 66）供联机检索；

（2）《美国国会文献索引》，GIS 以活页形式出版。内容分两部分：①文摘部分，以文摘形式报道国会各委员会证词、参众两院文件、报告等文献；②索引部分，包括主题索引、著者索引、题名索引、法律名称索引等，并注明文摘号。还可以通过 DIALOG 进行联机检索；

（3）《美国政府参考源主题指南》，收录美国政府出版的书目、名录、手册、统计资料等各类型工具书 1300 种；此外，还有《美国政府出版物目录》（USGPC），《政府报告通报与索引》（GRAI），《美国政府期刊索引》（IUS-GP），《国会参议院委员会证词索引》（ICCHP），《美国统计索引》（ASI）等。

（4）《英国政府出版物指南》（AGBGP）。

（5）《英国政府出版物：主题和著者索引》（BGP：ITCA）。

（6）《议会辩论记录》（PD）。

（7）《英国议会文件》（BPP）。

（8）《英国官方统计指南》（GOS）等。

第九章

信息的知识创新

信息分析加工是根据特定的需要，对信息进行定向选择和科学分析处理的一类研究活动，是信息研究与相关科研工作的结合。因此，信息分析加工就其性质来说，既属于研究性的信息工作，又属于信息性的研究工作。信息分析处理的过程是对信息有目的的深度加工的过程。从抽象意义上说，这种对信息进行深度加工的过程，是为了实现以下目的：对浩如烟海的高度离散状态的无序信息进行搜集和整序，从中筛选和提炼出对所拟解决的问题有参考作用的信息。从所研究的有关客观事物的点滴的、局部的、不完整的信息，推断出能认识该事物的整体状况及其发展变化规律的信息。根据已经掌握的所研究的客观事物的过去和现在的信息，推演出能预测其未来发展状况的信息。

9.1　信息获取与加工

信息获取与加工是信息分析研究与利用的基础，因此在进行信息分析研究与利用之前，首先要获取前人已有的研究信息，以及本人在科学实验中积累的信息，然后进行加工整理。

9.1.1　信息获取

（1）信息获取的方式

①日常搜集：根据研究与利用需要，经常性地搜集有关信息资料。

②突击搜集：限期完成的某研究课题要求在短期内完成信息搜集任务。

③个人搜集：研究人员根据个人分工的研究课题进行日常或突击性的信息集。

④公共搜集：研究人员或专职信息工作人员为集体或用户的需要所进行的日常或突击性的信息搜集。

（2）信息获取的方法

①利用信息检索。通过对研究课题涉及的学科范围、主题词、机构人物、文献类型、语种、出版年代、地域、时代背景的分析，选择对口的检索工具、检索系统和参考工具书，查找与研究课题内容相关的文献信息，再通过查得的信息线索去获取原始信息资料。

②利用科学实验、考察。将在实验时观察到的事物发生变化全部过程的细节现象、客观条件、测量的数据，以及科学实验和考察时所用的仪器设备等详细记录下来。

③进行实地考察、调查研究：

● 深入企业、事业单位了解实际情况；

● 召开有关人员的座谈会；

● 参加有关专业会议或现场技术交流会议；

● 参观专业展览会；

● 利用信函向有关单位或专家调查；

● 通过信息交换小组或信息网络搜集信息。

（3）信息获取的注意事项

①搜集的信息要新、准、全，要从最新书刊、报纸、权威检索系统中的最新内容、政府机构中的最新文件、党政要人的最新讲话，以及国内外知名专家的最新学术报告和著作中搜集信息，这些信息内容相对新颖、准确、全面。

②要善于捕捉。

● 要从大量信息中随时随地捕捉有用的素材；

● 要善于看棱角、抓苗头，捕捉点滴的信息；

● 要善于从一般的信息中找出重要信息；

● 要善于将其他学科中的科技信息移植或嫁接到本学科中；

● 要善于随时记下听到看到的新信息、新知识；

● 要善于捕捉自己思维中瞬息即逝的思路、想法和念头，并使认识继续发展、深化、升华，发生质变和飞跃。

③要随记随议——对第一次接触到的新知识、新情况、新数据所产生的联想要即时归纳在搜集的信息条款下，这些联想议论会对今后全面研究问题有所启发。

④记载要单元化、规范化——一篇原始文献中往往包括许多内容，为了分

类保存和使用方便，摘记素材时不应以原始文献为单元，而应以内容的主题为单元进行摘记。

（4）信息获取的形式

信息搜集可采用卡片、活页、稿纸、笔记、原文剪贴、原文复制以及摄像、录音或磁盘数字化记录等形式。这些形式各有所长，使用中因人、因题、因内容而异，以具体需要而定。对于一般人来说，采用卡片、活页和笔记较为方便和经济，必要时采用复印或剪贴。随着网络的普及，对网络中与自己搜集项目相关的信息可采用磁盘记录的方式下载下来。磁盘数字化信息容量大，存储方便，且便于加工整理，因而它已成为现代科研工作者、信息工作者对信息搜集处理的一种十分重要的方式。

9.1.2 信息加工

搜集到的信息资料，必须进行加工整理，才能成为便于使用的系统化信息资料。其工作步骤如下：

（1）初步分类与筛选

初步分类就是按专题需要设计的类目予以集中，使内容相同或相近的信息资料集中在一起，把内容不同的信息资料按类目分开。在划分的过程中要对每份资料进行粗略的浏览，将价值不大的资料剔除出去，将有用的资料按类集中以便阅读整理。

（2）阅读与鉴别

① 阅读

经过初步分类与筛选之后，要对信息资料进行阅读。阅读的目的主要是了解信息资料的内容，进一步决定信息资料的取舍，正式确定它们的分类。信息资料的阅读一般采取粗读、通读和精读三种方式。粗读主要是看题目、目录、作者、摘要、正文大小标题、结论等，对全文则采取跳跃式的有选择地阅读部分段落。经初读选出的信息资料应全篇通读。通读的目的是全面掌握其内容，并分析和摘录出资料的重点。摘录要达到只看文摘不看原文即可了解文章的主要内容。经通读选出的重点文章，还要进行精读。精读就是反复阅读，准确掌握文章的论点、论据和结论，随时可以复述其内容的程度，这样才便于进行思考、推理和论证。精读时还要善于对比分析发现问题，提出问题，为开展研究奠定基础。

② 鉴别

在阅读信息资料的过程中要进行鉴别。通过鉴别，判断其可靠性、先进性与适用性。

【可靠性判断】

信息资料的可靠性主要表现在资料的真实性、准确性。一般从资料的内容和外部形式进行考察。

从内容进行考察是看文章逻辑推理是否严谨，是否有精确的实验数据为依据；内容的阐述是否清楚，是否达到一定深度与广度；所持的论点与结论是否有充分的理论与实践作依据。对于技术文献，还要看它的技术内容是否详细、具体，是处于试验探索阶段，还是生产应用阶段。一般来说立论科学、论据充分、数据精确、阐述完整、技术成熟的文献，可靠性较大，参考价值也较大。

从文献的外部形式进行判断就是从文献的作者、出版单位、来源、类型等方面来判断。一般来说，由著名专家撰写、著名出版社出版、官方与专业机构人员提供的文献可靠性较大。

【先进性判断】

先进性是指在科学技术上是否有某种创新或突破，也可以从内容和形式两方面来进行考察。

从内容考察即文献内容是否在原有知识的基础上提出了新的观点、假说、理论与事实。在原有技术的基础上是否提出了新方案、新工艺、新设备、新措施。对原有技术和经验是否在新领域中进行了应用，并取得了新的成就。从形式方面考察，就是从信息资料的来源、发表的时间、经济效益、社会反映等方面考察。通常技术先进的国家发表的、世界著名期刊互相转载的、经济效益好的、社会评论反映好的文献资料要先进些。

【适用性判断】

适用性是指文献资料对用户适合的程度与范围，也要从两方面进行考察。

从内容考察是看文献资料中介绍的理论、方法和技术，是否适合中国国情，是否适合用户的需要；是适合近期的需要，还是远期的需要等。凡能适合研究需要的资料，就具有适用性。

从适用范围考察，看文献资料是否只适用于某一方面，还是适用于多个方面；是适用于特定条件的局部，还是适用于整体；是适用于少数有关人员，还是适用于较多人员；是适用于一般水平，还是适用于高水平；是适用于科技发展较先进的地区，还是适用于比较落后的地区。总之，对科学文献的适用性要作具体分析，要根据研究课题的目的、要求，成果应用的时间、地点、条件来进行判断。凡适合研究需要的文献，就是有参考价值的文献。

（3）信息资料的序化

搜集到的各种信息资料，经浏览筛选、阅读鉴别以后，还要作进一步的序化。序化分为两个方面：一是对资料进行外形加工整理，二是对资料内容进行加工整理。

对信息资料的外形整理，包括著录、分类、组织目录、建立信息资料档案等工作。

著录就是将搜集到的信息资料，按一定的格式和要求，对每件信息资料作出记载。著录的项目与顺序是：资料题目、编著者（包括地址）、资料信息出处（图书为出版地、出版者、出版时间、起止页数、书号等；期刊为出版物名称，年代、月份、卷数、期数、所在页码），最后是资料内容提要。在款目上还应写上分类号、主题词及索取号。

信息资料内容提要的详略应有所不同。对内容切题，参考价值较大、质量较高的资料，可以作较详细的摘要。对只有一定参考价值的文献资料，作一简介即可。对虽与课题内容有关，但质量和参考价值都很一般，且题目就能反映主题内容的资料可以不作摘要，而只著录题录部分。

专题信息资料的分类，可根据专题的学科内容或所涉及的主题，自拟类目进行分类。但一般采用通用的信息资料分类表进行分类。分类时一定要保持前后一致，标准统一，并将分类号或类目名称分别记在著录款目和资料上。著录与分类工作可以结合对信息资料的阅读与鉴别一起进行。

经过加工整理的信息资料，最后要集中起来，按一定顺序存放，才便于保管和使用。按信息资料的登记号顺序，或分类号顺序存放都可以。但信息资料的登记或分类号应与目录款目和信息资料上的记录完全一致，才便于存取原文。

对信息资料内容的加工整理是指对有关信息资料的论点进行归纳，对内容加以提炼，对数据加以汇总，对图表进行概括综合、分析比较，使之系统化、条理化，从而进行深入地鉴别、判断。所以，对信息资料内容的整理过程，也是开展研究的过程。通过综合概括、分析比较，可以进一步发现内部联系和规律。结合创造性的思维进行新的探索，这就是科学研究。

9.2　信息知识创新研究的加工步骤与方法

信息分析研究，根据不同的划分标准有各种类型。按影响的范围分：有战略信息研究和战术信息研究；按成果表现形式分：有综述类、评论类和预测类；按内容分则有：科学技术信息研究、技术经济信息研究、管理信息研究、数据信息研究和专题信息研究等。

9.2.1 信息知识创新研究的加工步骤

信息研究加工虽有多种类型，但它们的工作过程基本相同，大致由研究选题、制定计划、搜集信息资料、整理鉴别信息资料、分析研究信息资料、撰写分析研究成果等6个步骤。

（1）选题

选题是信息研究加工的第一步，也是有决定意义的第一步。选题恰当与否直接关系到信息研究加工的价值与效果。

信息研究加工课题的来源主要有3个方面：一是领导部门提出的研究课题；二是社会需要的研究课题，如经济贸易、设备引进、技术方案、工程论证、新产品开发以及其他社会所需要的信息研究课题；三是自选课题，如情报部门与情报研究人员在实际工作、深入调查、查阅信息资料等活动中自行选到的课题。

在选题工作中应注意以下一些问题：

①要根据国家的科学技术、经济建设、环境保护、社会发展等方面的方针政策和需要来选择研究课题。

②要从社会的急需与课题的应用性出发来选择研究课题。

③要结合本单位的具体条件和实际可能性考虑，不宜选择力所不能及的课题。

④要掌握好时机，要选择那些领导和群众都很关注而又无人研究，或普遍忽略而又较容易产生好的效果的选题。

⑤要在未解或解之不深的学术领域或交叉边缘学科领域中选题，可将信息分析研究与科学研究有机地结合起来，所出的研究成果水平较高。

⑥课题选出后应请熟悉业务的专家加以审议，然后再确定课题。

（2）制定研究计划

课题确定以后，就要制定研究计划。计划一般包括以下内容：课题名称、研究目的、详细的调研提纲、信息资料搜集方案、预计的成果形式、工作进度、时间、实施步骤、人员组织与分工、整个研究工作所需的条件（包括经费设备）等。

（3）信息搜集

信息搜集工作的好坏、资料的完整与否在很大程度上决定信息研究成果的质量。信息的搜集应根据研究课题的内容、性质，确定其查找信息的类型、时间范围以及实地调查的对象。信息的获得主要是靠文献调查和实地调查这两条渠道。文献调查要善于运用检索工具以获取充分的文献线索，同时要特别注意查阅核心期刊，采用普遍查阅和重点查阅相结合的方法，以保证"骨干"资料的完整。对国内外相关课题的分析研究资料更要注意搜集，以便更好地利用前人已有的成果。实地调查包括现场调查、实物调查、信函调查等方式。其方法主要是直接到有关单位参观、考察、座谈、访问、参加有关会议，收集、参考甚至解析实物样品，发函给有关单位询问情况和索取资料等。为了保证文献信息资料数据的系统性、完整性和及时性，应尽量利用国际联机检查系统和互联网查检全面有关信息资料，特别好的下载下来以便日后作进一步处理。

（4）信息的鉴别与整理

对搜集到的信息，要进行筛选与鉴别。鉴别的方法一般是从可靠性、先进性、实用性、新颖性和信息的深度、广度等方面来评价所搜集信息的质量和有用程度。第一，对质量低劣、内容不可靠、不符合需要以及重复的资料予以剔除。第二对信息资料进行阅读和摘抄，将有关研究课题的理论方法、数据、论点等分别摘抄或记录在卡片上。第三，对资料进行整理。主要是数据汇总、论点归纳、情况综合、图表编制等工作。对于不同的观点或互相矛盾的信息以及有差别的数据均应加以标注，以便分析研究时参考。

（5）信息的分析研究

信息的分析研究是信息分析处理的中心环节。这里的分析是指对经过初步整理的素材进行深入细致的审查、推敲和判断，并提炼出可以给人以启发的知识、理论、方法、观点或经验。研究则是运用逻辑方法、系统方法以及数学方法等，对各种素材进行分析，把从中得到的新知识、新信息加以全面概括与综合，得出可能的、必须的结论，并提出建议或方案等，以回答进行该项信息分析研究课题所要解决的主要问题。

（6）撰写分析研究报告

研究报告是信息分析研究成果的主要表现形式，一般有综述、述评、专题报告以及数据手册等。研究报告撰写的好坏直接关系到研究成果的质量和价值，以及成果的交流与利用。因此报告的内容要全面、深入、准确地反映研究的结果。报告的语言要精炼、生动，才能达到简明扼要、易读、易懂、便于交流和利用的目的。信息分析研究过程是一个互相联系的整体过程，各个步骤往往有交叉，不宜截然分开进行，前面做得不够的地方，后面要加以补充。

9.2.2 信息知识创新研究的加工方法

信息的创新研究加工是一项综合性很强的科学工作。它的内容既有自然科学，又有社会科学，并与决策学、预测学、管理学、系统工程等边缘学科互相联系与交叉。信息研究加工的这些特点决定了它所用的方法多数是从自然科学和社会科学以及某些边缘学科的研究方法中直接援引或借鉴过来的。所以，信息研究加工的方法具有通用性和多样性。常用的方法可以分为3大类，即逻辑思维方法、数理方法和超逻辑想象法。

逻辑思维方法就是根据已知情况，借助于分析、综合、归纳、演绎等一系列逻辑手段来评价优劣，推知未来，并作出判断和结论。

数理方法就是运用数理统计、应用数学和其他一切借助于数学计算和处理等方法来进行信息分析研究的方法。随着预测技术和计算机的应用，一些比较复杂的数学模型方法也开始引入信息分析研究，这对信息分析研究工作的创新和发展有着巨大的推动作用。

超逻辑想象法，就是借助于人在思维过程中的想象力，作出不合逻辑或者超出正常逻辑判断的思维方法。这种方法对于活跃思路、开阔视野、打破框框、引起认识上的突变具有独特作用。

三类方法各有所长：逻辑思维方法长于推理，数理方法长于定量描述，超逻辑想象法长于创新。它们之间交叉应用或配合使用可以相互完善，相互补充。

以上3种类型各自包括多种具体方法，现将常用方法简要介绍如下：

（1）比较法

比较是分析、综合、推理研究的基础，因此，比较法是信息分析研究中最基本和最常用的方法。比较法的研究对象非常广泛，常用于：

①国家公认的能力、水平、技术发展特点的比较；

②学科或专业知识与技术发展的历史和现状的比较；

③同一时期各种设备、工艺的比较；

④以产品为中心的全面技术经济指标的比较；

⑤市场需求的比较；

⑥科研、生产或工程方案的比较等等。

总之，通过比较可总结经验教训，对比出水平和速度，找到问题的关键和薄弱环节，确立发展方向，寻求最佳决策，探索解决问题的办法，求得高速、高效发展，赶超世界先进水平的战略战术。

比较，一般有数据比较、图表比较和描述比较3种。

数据比较：是对技术产品的各项特性参数、各项技术经济指标、各工业部门的投资构成和企业的生产规模等数据进行时间、空间和程度上的比较和计算，得出差额或相对比率，以掌握国内外、地区内外技术产品的各种差距。

图表比较：是用图表显示技术经济指标间、技术产品特性参数间的统计关系，其特点是通俗易懂、一目了然、形象化，给人以鲜明、概括的深刻印象。

描述比较：是用文字和必要的数字进行描述的比较方法。描述比较常用在研究的对象较为抽象，公用数字不易表达，或用少数指标难以反映，或为了要增强比较的说服力。它说理清楚，逻辑性强。

（2）相关法

相关法是利用事物之间内在的或现象上的联系，从一种或几种已知事物判断未知事物的方法。

相关法按事物之间联系的方式，可分为因果相关、伴随相关等几种。因果相关是利用已知事物和未知事物具有的因果关系来研究事物的方法。如石油价格涨落之因，可以推测石油产品价格涨落之果。伴随相关是利用已知事物和未知事物相伴出现的特点来研究事物的方法。如根据现在信息高速公路的建设和发展，预测科技信息的全球性共享的发展。相关法具有以下几个特点：

①间接、迂回、侧面。相关法是一种由此及彼的研究方法。它研究甲事物，但直接面对的是乙事物，然后通过甲、乙事物之间的联系，从乙事物出发，采用迂回的、侧面的方式去接近甲事物，最后认识甲事物。

②层次性。相关法具有由表及里的研究特点。研究事物是由表及里、由原因追踪到结果、由现象追溯到本质，从而对事物的认识发生从感性到理性的深化与飞跃。

③依靠研究者的丰富经验和渊博的知识。相关性是事物间普遍存在着的一种特性，如何将相关的事物巧妙地在一起联想，产生新的构思，在很大程度上要依靠研究者的丰富经验和渊博的知识，以及逻辑思维能力。应用相关法必须对各种相关事物进行细心观察，大量累积相关的资料，分析研究其所有的内在和外在的相关因素，才能总结出规律性的东西来。

相关法的应用非常广泛。它适用于军事技术、专利及其他高难技术和战略、战术研究。广义的相关既可用于定性分析，也可用于定量研究。定性分析即以上所讲的逻辑相关，定量研究即所谓数量相关分析。

（3）综合法

综合法是把众多与某科学发展有关的片面、分散的素材进行归纳整理，把各个部分、方面和各种因素联系起来进行综合考虑，从错综复杂的现象中，探索各因素间的相互关系，统观事物发展全貌和全过程，从而获得新的知识、新的结论的一种逻辑方法，也称综合归纳法。

综合又分纵向综合和横向综合。纵向综合着眼于事物的历史与过程，横向综合着眼于事物的因素与关系。综合有深有浅：将情况、数据、观点进行归纳和整理的一种逻辑思维加工的方法称为初级综合（或简单综合）；把个别的、分散的、局部的情况、数据、观点等进行综合分析研究，从中提炼出新的认识、新的概念或新的结论的一种逻辑思维加工方法，称为高级综合（或提炼综合）。

（4）专家调查法

专家调查法也称特尔菲法，是美国兰德公司首先采用的方法。该法的基本步骤是：根据课题的内容和性质选择答询者，答询者就是课题领域内有造诣的专家和相关学科的专家，然后将调查内容和要求设计成调查表分别寄送，由专家作出书面回答。组织者在收齐专家的答复后，对各种意见进行归纳、整理，在此基础上进一步提出问题，再一次匿名分送专家征询意见，如此反馈多次直到可以作出判断为止。这种方法的特点是：

研究结论是由一批专家各自充分思考，在不受特定因素影响、自由发表和反复修改意见的基础上形成的，可以较好地保证结论的客观性和正确性。特尔菲法的应用范围很广，主要用于预测研究，但也可以用于技术评价、产品评价等。由于此法本质上是建立在有关专家根据其知识和经验，并对研究对象进行判断的基础上，因此特别适合于信息资料和数据较少情况下的预测，以及其他方法难以进行的评价和预测。

（5）数学法

数学法是将两个或两个以上有某种函数关系的信息资料数据用数学公式进行研究的方法。这种方法可以对事物作定量描述，把事物间的数量关系高度抽象成各种曲线和模型，由此得出事物发展的规律。用数学方法进行信息分析研究，必须根据研究对象的特点和目的，采用相应的数学方法。在信息分析研究中利用数学方法最多的范畴是技术经济、管理决策和科技预测。用于信息分析研究的数学法是多种多样的，如众多的文献计量法、回归分析法、时间序列分析预测法、聚类分析法、趋势外推法、模型模拟法、最优化法、层次分析法等等。

（6）否定法

否定法是一种专门用逻辑想像来推翻形式逻辑分析或数理计算所得结论的方法。它以否定形式的逻辑推理，另辟途径、别开生面的想象与创造为特征。否定法受辩证法指导，而不受形式逻辑约束。这种变换一个角度分析问题的方法，在许多情况下往往是十分必要的。

9.3　信息知识创新成果的撰写

9.3.1　信息研究创新成果类型和表现形式

根据信息研究加工的任务以及使用对象，信息研究创新成果有以下几种类型和表现形式：

（1）综述性研究报告

综述性研究报告是对某一课题相关的大量信息资料进行归纳、整理、分析、综合而形成的一种研究报告。它浓缩了大量原始文献的有关内容，使之集中化、系统化，以便掌握该课题的内容、现状和发展趋势。这类报告是对某学科或某课题研究成果全面系统的总结。属于这一类型的报告有"学科总结"、"年度进展"、"专题总结"和"综述"等。其特点是信息资料完整、归纳客观、综合叙述，基本上没有研究人员的评论、意见和建议。

（2）述评性研究报告

述评性报告是对某一学科、某一专业、某一课题有关方面的各种情况、数据、观点、方法进行综合叙述，并在对比、分析的基础上提出评价和建议的一种信息研究报告。它具有综述报告的基本特征，但又要对各方面的研究情况进行分析、对比，并提出作者自己的见解。其具体表现形式有"述评"、"评论"、"考察报告"、"专题报告"、"水平调查"等。

（3）预测性研究报告

预测性研究报告是根据与课题有关的大量科学数据、现状调查、文献分析，运用严密的逻辑方法和科学的想像力，借助某种模型或计算工具，对课题的发展前景及可能产生的影响，进行分析、研究、推理、判断，作出预测的一种研究报告。属于这一类型的有"预测"、"展望"和"趋势"等。

（4）数据性报告

数据性报告是以研究课题的各种数据和统计资料为主要对象，经过分析、鉴定、归纳、整理、运算而成。这类成果以资料和数据的全面、综合、完善、准确为特点，有利于了解有关课题的基本情况、水平和动向，以及国内外、行业之间、单位、部门之间的差距等。

（5）学术论文

学术论文是信息经过搜集、整理、分析、研究之后所形成的又一成果形式。具体地讲，它是某一学术课题在理论性、实验性或观测性方面新的科学研究成果、创新见解和知识的科学记录，或是将某种已知理论和技术应用于实际所取得的新进展的科学总结，或对国内外某一方面科技研究工作所作的评论。

（6）其他创新成果

信息分析研究还可以出其他创新性成果。如在全面搜集、整理、分析和信息浓缩的基础上，编撰类书、手册、字典、辞典、年鉴、百科全书、名录，或专题文献通报，或组建各种信息系统等。

9.3.2　科学技术报告和论文的撰写

（1）科学技术报告和论文的格式

1987 年，我国国家标准局颁布了《科学技术报告、学位论文和学术论文的编写格式》（GB7713 - 87），对一般学术论文和学位论文的编写格式作了具体明确的规定，并从 1988 年 1 月 1 日起开始实行。

国标 GB7713 - 87 规定 [1]：学术论文的构成包括三个部分：前置部分包括题名、作者姓名、摘要、关键词；主体部分包括引言、正文、结论、致谢（必要时）、参考文献表；附录部分（必要时）附上论文的补充项目，按附录 A、附录 B 等排列。

国标 GB7713 - 87 规定 [2]：学术论文的章、条、款、项，采用阿拉伯数字分级编号。

科学技术报告和论文的一般组成格式可以形象的表示如下。

前置部分 ｛ 题名
作者、工作单位及通讯地址
摘要
关键词

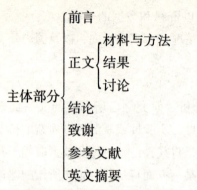

① 题名

题名是论文和科学技术报告主题思想的概括。题名要确切表达论文的特定内容，恰如其分地反映研究的范围和深度、水平及价值，使读者一目了然，产生强烈的吸引力，引起读者的兴趣。文章的题名一定要与内容吻合，充分反映文章内容的主题思想，具体、新颖、有创意。题名要简短精炼，一般控制在20个字以内。

② 作者

论文和科学技术报告作者，既表示对作者的尊重及对其应有的贡献和荣誉的承认，又表示文责自负和文献标引的一个重要项目。一般署名写在题目下方，在括号内注明作者工作单位的全称。学位论文作者的署名惯例是学生名列前，导师名列后。

③ 摘要

摘要又称内容摘要、内容提要、提要或文摘，是论文的必要附加部分，是对论文内容不加注释和评论的高度概括、十分精炼的简短陈述。摘要必须置于作者之后，正文之前。摘要虽然简短，但它应包含正文的主要内容。语言要高度浓缩，准确、完整，能简练地介绍论文和报告研究的目的、方法、结果和结论。中文摘要一般为200~300字，外文摘要应在250个实词以内，特殊情况下字数可略多一些。

④ 关键词

关键词是从论文和报告中选取出来的，能表示全文主题内容的词或术语，用于表达论文的要素特征。为了用词规范化，尽可能选用专业主题词表中提供的词。一般选3~8个关键词。

⑤ 前言

前言又称引言、绪论或序，作为论文的开端，不能独立成篇。其作用主要是回答"为什么研究"这个问题，一般应简要说明研究的背景、目的、理由、范围、有关领域内前人的工作、水平、问题和知识空白；研究的理论基础、研究设想、意义、方法和实验设计、过程、结果等。使读者能够了解论文的主要内容和观点，感受论文的参考价值和通读全文的必要性。言简意赅，但不要与摘要雷同，以 200 ~ 300 字为宜。

⑥ 正文

正文是论文和报告的主体部分，应占主要篇幅。正文可分为若干节。内容包括：信息综合、数据分析、模型构建、分析与论证、结果与建议、实验装置、仪表设备、材料、实验方法、实验过程和结果、计算方法和编程原理、数据及图表等。并且，正文中应对实验结果进行讨论分析，并揭示出更加真实的规律性和事物的本质性。讨论的内容包括：用已有的理论解释和证明实验结果，对同自己预期不一致的结果要作出合乎逻辑的解释，并将自己的实验结果及解释，同别人的实验结果及解释相比较，弄清哪些部分是相同的，哪些是不同的。

⑦ 结论

结论是论文和报告正文的逻辑发展，是最终的、总体的结果。写结论应深入推敲，结论一定要准确、完整、明确、精炼。在得不出明确的结论时，可经过必要的讨论，提出自己初步的看法、意见和尚待研究的问题。结论的内容应包括：简述由分析、实验或讨论所得出的最后结果，说明结论适应的范围，说明研究成果的意义，并指出自己对公认的旧假说、理论或原理做了哪些改进，以及对该项研究工作发展的展望。

⑧致谢

感谢在课题研究中给予人力、物力、资金、技术指导，提供文献资料等帮助和作出过贡献的单位和个人，名字按贡献大小排列。

⑨参考文献

论文、报告所引用和参考的全部或主要的文献依文中出现的先后次序排列，也可以作者名的字顺序排列。参考文献的著录格式必须符合国家标准《GB/T 7714 - 2005 文后参考文献著录规则》的要求。

⑩附录

附录也是论文内容的组成部分，是正文的补充。主要内容有：实验测得的重要原始数据、有代表性的计算实例、重要的公式推导、计算框图、主要设备的技术性能、建议阅读的参考文献题录以及不便于写入正文的有重要参考价值的材料等。

（2）创新性科学技术报告和论文的写作步骤

科学技术报告和论文的写作步骤主要包括材料收集、全文构思、拟写提纲、撰写初稿、修改定稿等。

① 材料收集

材料收集是课题研究和撰写论文的基础。学术研究必须建立在对前人研究成果的继承和最新科学技术的吸收基础之上。在每一项学术研究中，必须通过搜集到的材料，了解课题已有的成果及目前状况，只有这样，才能避免重复他人研究的课题，才能把学术研究放到一个新的起点上，在继承他人已有成果的基础上发展创新。学术论文是科研成果的记录，它的写作同样要有充足的材料，材料是写作论文的物质保障。所以说，搜集材料是课题研究和撰写论文的基础。

材料收集，应从两个方面入手：一是亲自进行调查和研究工作，把观察到的现象与测量到的数据详细记录下来；二是通过信息检索获取与研究课题有关的各种资料。

通过调查研究能够获取写作的第一手材料。在实施调查研究的过程中，应掌握社会调查的方法与技术，如调查内容的设计，是否具有合理性、针对性，调查对象的选择是否具有代表性、准确性，调查过程是否具有及时性、连续性。掌握这些调查研究的方法与技术，才能获取真实、可靠的材料，高质量的学术论文才有保障。

通过信息检索来收集材料应有明确的目的，充分利用信息检索理论与实践的知识与技能，准确选择检索途径、检索方法，有效利用检索工具，选择最有代表性的材料。具体地说，在信息搜集过程中，主要应搜集以下三方面的资料：有关该课题研究的最新资料；该课题已有的研究成果资料；与课题相关的其他资料。

② 全文构思

全文构思包括：选定主题，拟定结构、层次和段落。

【选定主题】主题是论文和科学技术报告所需表达的中心思想，是全文思想内容的高度概括和集中表现。一篇论文或科学技术报告的材料取舍、结构安排、论点、论证、结论等都要服务于主题。

论文或科学技术报告主题应根据作者自己的科技成果或信息分析研究成果以及搜集的相关文献资料，经过反复思考、分析比较、提炼、推敲，从中找出内在的联系及规律而形成。主题应具有鲜明、集中、深刻、新颖、科学、有创意的特点。它贯穿于论文和报告的始终，并应用充分的例证、数据、结果及引用文献对主题进行明确、突出地论证和表达。

【拟定结构、层次和段落】论文和科学技术报告的结构是形成文章的框架，是论文和科学技术报告内在逻辑的体现。论文和科学技术报告的分段、分行、分句，形成文章的外部轮廓。结构的本质在于体现作者的写作思路和事物客观规律，即按照科学的逻辑规律对论文和科学技术报告的内容进行科学合理的组织安排；结构可分成若干部分，这样才层次分明、步步深入、逼近主题，最后得出令人满意的结论。如：文章论点从什么地方说起才能最切题、最有吸引力；阐析、推理或反驳等论证的实质问题如何穿插、展开，才能全面、准确、简明、精辟地说明问题，而且最有说服力；文章各部分论述，用什么方式和语言最为适宜和最为圆满有力。

论文和科学技术报告结构中起重要作用的是层次。层次划分要按主题需要把材料分门别类，按轻重缓急、主次，有序地表达，而且前后呼应。

论文和科学技术报告要分成若干段落，每一段落表达一个完整的意思。虽然在形式上是相对独立的最小单元，但段落之间有着非常密切的逻辑关系。段落能体现作者思想发展中的间歇，又可使读者易于理解论文和科学技术报告的层次和各段的中心意思，从而理解全文的思想发展和完整的主题思想。

一篇好的文章各个部分之所以能够层次清楚、段落分明，使用恰当标题和序号十分重要。论文和科学技术报告之间的标题可以分几级，序号亦分等级。一般规定等级层次不超过三级，如下所示。

1 第一级标题

1.1 第二级标题

1.1.1 第三级标题

1.1.2 第三级标题

1.2 第二级标题

2 第一级标题

2.1 第二级标题

2.1.1 第三级标题

2.1.2 第三级标题

2.2 第二级标题

③ 拟写提纲

论文和科学技术报告提纲是作者对文章内容和结构作的初步轮廓安排。按照文章主题思想和逻辑规律，作者经过反复思考，由略到详，并进行多次补充、取舍、增删和调整，逐步修改写出提纲。提纲是文章的蓝图，是寻找文章最佳组织、形式和思维过程。有了提纲，作者的主题构思才具体化、条理化，行文有了依据，才能顺利地进入下一步起草工作。

④撰写初稿

撰写初稿，要紧紧围绕主题，按提纲的编排撰写。写初稿要纵观全局，如何开头，提出论点，展开讨论，恰如其分地使用论据、论证。层次之间如何衔接，段落之间如何前后呼应，如何得出结论，如何结尾等，都要周密思考，胸有成竹，并力争篇幅简短，段落、层次清晰，重点突出，论点明确，论据、论证充分而恰当，结论切题，语言流畅、简练，逻辑性强。

⑤修改定稿

论文和科学技术报告经过多次修改，最后方能定稿。修改文稿应严肃认真，不厌其烦，精益求精，去掉那些冗长累赘或重复的部分，删去那些可有可无的叙述。修改过程中，还可请他人批评指正。经过多次修改，使文章达到论点明确，论据确凿，论证有力，逻辑性强，结构紧凑，词语搭配得当，语义清楚，文字简练流畅，文采出众，使读者易读、易理解、易吸收。

修改工作包括：篇幅压缩、内容修改、结构修改、段落修改、句子修改、文字和标点符号修改、图表修改，以及引文、参考文献、疏误等检查核实。

在多次修改过程中，前几次修改着重进行结构、内容、篇幅的修改，使必须表达的思想内容充分表达，将不要的内容全部删去，反复核阅保留的内容，作必要的调整或增补，使其顺序、层次、段落的安排恰到好处。最后一、二次的修改则应着重于文体、文字方面修改，使论文的叙述、分析、综合、判断、推理、结论等有条不紊，顺理成章，语言精确、简练、清晰、平实、通顺流畅，直至符合要求为止。

9.3.3 调查报告撰写格式和要求

（1）调查报告的概念

调查报告是对某项工作、某个事件、某个问题，经过深入细致的调查后，将调查中收集到的材料加以系统整理，分析研究，以书面形式向组织和领导汇报调查情况的一种文书。

（2）调查报告的特点

①写实性。调查报告是在占有大量现实和历史资料的基础上，用叙述性的语言实事求是地反映某一客观事物。充分了解实情和全面掌握真实可靠的素材是写好调查报告的基础。

②针对性。调查报告一般有比较明确的意向，相关的调查取证都是针对和

围绕某一综合性或是专题性问题展开的。所以，调查报告反映的问题集中而有深度。

③逻辑性。调查报告离不开确凿的事实，但又不是材料的机械堆砌，而是对核实无误的数据和事实进行严密的逻辑论证，探明事物发展变化的原因，预测事物发展变化的趋势，提示本质性和规律性的东西，得出科学的结论。

（2）调研报告的分类

① 情况调查报告。是比较系统地反映本地区、本单位基本情况的一种调查报告。这种调查报告的作用是为了弄清情况，供决策者使用。

② 典型经验调查报告。是通过分析典型事例，总结工作中出现的新经验，从而指导和推动某方面工作的一种调查报告。

③问题调查报告。是针对某一方面的问题，进行专项调查，澄清事实真相，判明问题的原因和性质，确定造成的危害，并提出解决问题的途径和建议，为问题的最后处理提供依据，也为其他有关方面提供参考和借鉴的一种调查报告。

（3）调研报告的写法

调查报告一般由标题和正文两部分组成。

①标题。标题就是调查报告的题目，由报告内容来决定，标题是画龙点睛之笔。它必须准确揭示调查报告的主题思想，做到题文相符；高度概括，具有较强的吸引力。一般说来，标题有两种写法：

一种是规范化的标题格式，即"发文主题"加"文种"，基本格式为"××关于××××的调查报告"、"关于××××的调查报告"、"××××调查"等。

另一种是自由式标题，包括陈述式、提问式和正副题结合使用三种。陈述式如《武汉科技大学 2008 年硕士毕业生就业情况调查》；提问式如《为什么大学毕业生择业倾向沿海和京沪等地区》；正副标题结合式，正题陈述调查报告的主要结论或提出中心问题，副题标明调查的对象、范围、问题，这实际上类似于"发文主题"加"文种"的规范格式，如《高校发展重在学科建设——武汉科技大学学科建设实践思考》等。作为公文，最好用规范化的标题格式或自由式中正副题结合式标题。

②正文。正文是调查报告的主要部分。正文部分必须准确阐明全部有关论据，包括问题的提出，引出结论，论证的全部过程，分析研究问题的方法等。正文一般分引言、主体论述、结尾三部分。

【引言】：引言即调查报告的开头，"万事开头难"，好的开头，既可使分析报告顺利展开，又能吸引读者。开头的形式有这样几种：

第一种是开门见山，揭示主题。写明调查的起因或目的、时间和地点、对象或范围、经过与方法，以及人员组成等调查本身的情况，从中引出中心问题或基本结论来；

第二种是交代情况，逐层分析。写明调查对象的历史背景、大致发展经过、现实状况、主要成绩、突出问题等基本情况，进而提出中心问题或主要观点来；

第三种是开门见山，直接概括出调查的结果，如肯定做法、指出问题、提示影响、说明中心内容等。前言起到画龙点睛的作用，要精练概括，直切主题；

第四种是提出问题，引入正题。用这种方式提出人们所关注的问题，引导读者进入正题。

引言部分的写作方式很多，可根据现实情况适当选择，但不管怎样，引言部分必须围绕这样几个问题来写：1）为什么进行调查；2）怎样进行调查；3）调查的结论如何。

【主体论述】：主体论述部分是调查报告的核心部分，这部分详述调查研究的基本情况、做法、经验，以及分析调查研究所得材料中得出的各种具体认识、观点和基本结论。它决定着整个调查报告质量的高低和作用的大小。

主体论述部分的重点：1）通过调查了解到的事实，分析说明被调查对象的发生、发展和变化过程；2）调查的结果及存在的问题；3）提出具体的意见和建议。

主体论述部分的内容：1）基本情况部分。基本情况部分要真实地反映客观事实，对调查资料、背景资料作客观的介绍说明；或者是提出问题，其目的是要分析问题；2）分析部分。这是调查报告的主要部分，在这一阶段，要对资料进行质和量的分析，通过分析，了解情况，说明问题和解决问题。分析一般有三类情况：第一类成因分析；第二类利弊分析；第三类发展规律或趋势分析。

【结尾】：结尾部分是调查报告的结束语。结尾的写法也比较多，一般有三种形式：1）概括全文。综合说明调查报告的主要观点，深化文章的主题。2）形成结论。在对真实资料进行深入细致的科学分析的基础上，得出报告结论。3）提出看法和建议。通过分析，形成对事物的看法，在此基础上，提出建议或可行性方案。

【附件】：附件是对正文报告的补充或更详尽的说明，包括数据汇总表及原始资料、背景材料和必要的工作技术报告。例如，在调查报告里，可以把相应的问卷选一部分作为调查报告的附件。

9.3.4　工作报告撰写格式和要求

（1）工作报告的概念

工作报告适用于向上级机关汇报工作、反映情况、提出意见或者建议，答复上级机关的询问。工作报告属上行文，一般产生于事后和事情过程中。

（2）工作报告的种类

综合性报告。是将全面工作或一个阶段许多方面的工作综合起来写成的报告。它在内容上具有综合性、广泛性，写作难度较大，要求较高。

专题性报告。是针对某项工作、某一问题、某一事件或某一活动写成的报告，在内容上具有专一性。

回复报告。是根据上级机关或领导人的查询、提问作出的报告。

（3）工作报告的写作格式

① 综合性工作报告的写法

【标题】：事由加文种，如《关于 2007 年上半年工作情况的报告》；

报告单位、事由加文种，如《武汉科技大学教务处关于 2008 年度工作情况的报告》。

【正文】：报告的正文是整个报告的核心部分，必须把握三点：

第一：开头，概括说明全文主旨，开门见山，起名立意。将一定时间内各方面工作的总情况，如依据、目的，对整个工作的估计、评价等作概述，以点明主旨。

第二：主体，内容要丰富充实。作为正文的核心，将工作的主要情况、主要做法，取得的经验、效果等，分段加以表述，要以数据和材料说话，内容力求既翔实又概括。

第三：结尾，要具体切实。写工作上存在的问题，提出下步工作具体意见。最后可写"请审阅"或"特此报告"等语作结。

② 专题性工作报告的写法

【标题】：事由加文种组成，如《关于招商工作有关政策的报告》。

有的报告标题也可标明发文机关，标题要明显反映报告专题事由，突出其专一性。

【正文】：可采用"三段式"结构法。以反映情况为主的专题工作报告主要写情况、存在的问题、今后的打算和意见；以总结经验为主的专题工作报告主要写情况、经验，有的还可略写不足之处和改进措施；因工作失误向上级写的检查报告主要写错误的事实、产生错误的主客观原因、造成错误的责任、处理意见及改进措施等。结尾通常以"请审核"、"请审示"等语作结。

③ 回复性工作报告的写法

【标题】：与前两种报告大体相同。

【正文】：根据上级机关或领导的查询、提问，有针对性作出报告，要突出专一性、时效性。

（4）工作报告的写作要求

①写综合报告应注意抓住重点，突出主要矛盾和矛盾的主要方面。在此基础上列出若干观点，分层次阐述。说明观点的材料要详略得当，以观点统领材料。

②专题报告，要一事一报，体现其专一性，切忌在同一专题报告中反映几件各不相干的事项和问题。

③切忌将报告提出的建议或意见当作请示，要求上级指示或批准。

9.4　知识创新中专利申请文件的撰写

专利制度为现代市场经济的运作提供了重要的规则。按照这一规则，谁拥有专利，谁就拥有市场主动权，而拥有专利的关键不但在于专利的申请，更在于专利权的获得和专利权的有效性。只有在申请阶段保证专利申请文件的质量，才可能保证专利权的获得及其有效性，从而进一步保证市场运作的收益。

9.4.1　专利申请文件简述

申请人（发明人）一项发明创造要获得专利保护，必须按专利法的规定，向专利局递交专利申请文件。在中国，根据中国专利法第 26 条第 1 款的规定，申请发明或者实用新型专利的，应当提交请求书、说明书及其摘要和权利要求书，必要时还要有说明书附图；申请外观设计专利，应提交请求书、外观设计图片和照片，必要时还要有外观设计简要说明。

请求书是由申请人向专利局提出的、要求对发明创造授予专利权的书面请求，是专利局特别规定的表格化文件。

说明书是具体阐明发明创造内容的文件，它详细具体地叙述发明的实施细节，指出实现该发明的最佳方案。通过说明书，专利申请人才能把发明创造公之于世，并在这些技术内容公开的基础上确定要求保护的技术范围。

权利要求书是专利申请人根据其发明创造的技术内容，要求法律保护范围的法律文件，具有直接的法律作用，是专利申请文件的核心部分。

说明书摘要是对一发明或者实用新型技术特征的简述，是说明书的浓缩。

附图是指发明的原理图或结构示意图，是对发明创造的实质内容的解释。对发明专利申请而言，附图不是必须的，但对于实用型说明书来说，附图是不可缺少的组成部分。附图一般不反映比例尺寸，有一定的保守性。

9.4.2 专利申请文件撰写规范

专利申请文件的撰写质量，对一项专利权的取得和保护的影响表现在多个方面，对一项专利权能否形成，专利权人能否获得有效的合法、最大化的法律保护，起着关键的作用。我国的专利法及其实施细则均对专利申请文件的撰写规范提出了详尽的要求。

专利申请文件撰写的必须遵循以下基本原则：

专利申请文件的撰写不同于纯技术文件，尤其是权利要求书和说明书是发明和实用新型专利申请中最重要的两个部分，它们的撰写是一项法律性、技术性很强的工作。专利申请文件的撰写兼具法律性和技术性，其撰写的好坏将会直接影响到发明创造能否获得专利授权以及专利申请在专利局的审批速度。

为提高专利申请文件的质量，加快专利审批进度，使发明创造得到较好的保护，撰写专利申请文件需要遵循的基本原则包括：

（1）严密性：避免不必要、不恰当的用语，或者不严肃的口语化用语，以避免对专利的保护范围造成无谓的限制或损害。

（2）准确性：内容的描述，用语应当清楚、准确、无歧义。

（3）规范性：符合专利法、专利法实施细则以及审查指南的规定。

（4）逻辑性：内容的描述应当保持前后一致，富有逻辑性，不能前后矛盾，模糊不清。

（5）条理性：内容的描述应条理清晰，结构合理。

（6）客观性：在描述技术内容时，保持对技术内容的客观分析，避免在技术内容中加入主观臆断的内容。

9.4.3 专利说明书撰写规范

说明书用来详细说明发明或实用新型的具体内容，主要起着向社会公开发明和实用新型技术内容的作用。此外，根据专利法相关规定，说明书还有一个作用是解释权利要求。如果权利要求中的文字可以有多种解释或对其所表示的技术特征有疑义时，即可用说明书（包括附图）来解释，以确定权力要求的保护法范围。所以，说明书是一个技术性文件，是专利申请文件最重要的一部分，是申请专利的核心文件。同时，说明书也是一个法律性文件，说明书撰写的好与差，将会影响到专利权是否能够获得。

在撰写专利说明书时，需要遵循的原则包括：

（1）再创作：说明书基于技术交底书，是对技术交底书的再创作，专利撰写人员应从专业角度出发对技术交底书内容的描述思路、语言进行充分调整和修改。

① 对技术交底书中提供的技术方案应有所扩展，不能仅依据技术交底书撰写说明书，应将具体实施方式扩展至合理的数目和范围；

② 对技术交底书中描述的现有技术内容以及本发明的内容进行整理和调整，以满足说明书背景技术和具体实施方式部分的要求；

③ 增加或补充部分技术内容，以达到公开充分的要求；

④ 对技术描述的思路进行整理，增加描述的逻辑性和条理性，尤其要突出描述与权利要求相对应的实施方式；

⑤ 修改用语不严谨、不规范之处，消除用语前后不一致和错别字明显的形式性问题。

（2）充分理解：在撰写专利说明书之前，专利撰写人员应当充分理解技术交底书的内容。

① 通过查阅网上资料、书籍或专利文献等资料，熟悉发明内容所涉及的技术的基本知识；

② 充分理解技术交底书中的技术内容，明确现有技术中存在的问题、本发明与现有技术之间的区别性技术特征、本发明所采取的技术方案的要点以及相应的有益效果。

③ 要谨慎删改。充分公开是专利说明书的一个基本要求，原则上不允许对发明人在技术交底书中提供的技术内容进行实质性删除和修改；当必须对发明人提供的实质性技术内容进行实质性删除和修改时，应与发明人进行充分沟

通和讨论，并得到发明人的（书面）确认。

④ 要注重技术语言与法律语言的结合。在撰写专利说明书时，应当以自然语言描述技术方案，尤其是涉及计算机程序的专利申请，应当以自然语言的方式描述计算机程序和流程；对容易产生歧义的用语应当反复推敲，尤其是对作为兼顾技术语言与法律语言严谨性的谓语动词反复推敲；同时还应避免所用的描述用语过于生硬或者刻板。

⑤ 要层次清楚。在撰写具体实施方式时，应当使具体实施方式的逻辑结构、体例层次清楚：根据情况的需要，在撰写具体实施方式时可以采用"金字塔"结构或者"倒金字塔"结构，但整个具体实施方式在结构上应保持一致；在后出现的技术特征或术语，应当在前有所说明，不得突然出现在前未出现的技术特征或术语；同时，前后段落或上下文之间应有良好的承接关系，应避免"东拼西凑"、"东拉西扯"、"前后不一致"、"逻辑结构不清"等情况的出现。

⑥ 要充分公开。对具体实施方式中的技术方案，在描述上应当充分公开，清楚、且具体地说明了整体技术方案的内容；对技术方案中的技术特征，应当尽可能阐述每个技术的特征、用途、工作原理，以及尽可能阐述各技术特征与其它技术特征的连接关系或工作关系等，从局部到整体或从整体到局部，或从抽象到具体地体现出整个技术方案。

⑦ 要适当简要。背景技术中尽量不要引用专利文献或技术文献，以免在申请国外专利时，可能需要翻译该引用文献；背景技术中尽量减少对现有技术的描述，使用语言应当简练，以减少向国外申请专利时的翻译费用；减少对重复的技术特征和技术方案的说明，采用"结合"、"参照"或"前述"等用语简要概括；涉及到具体电路的，如果发明创造不在于电路本身，不要将具体的电路图加入到说明书中，除非有必要，且最好以框图的方式对该电路进行进行描述。

⑧ 实施例与权利要求要相对应。在撰写专利说明书的具体实施方式部分时，尤其注意突出描述与权利要求相对应的实施例，必要时应当说明与相应实施例相对应的有益效果，在描述实施例时可以采取就近处理的原则。

9.4.3 专利权利要求书撰写规范

专利法第五十六条规定："发明或者实用新型专利权的保护范围以其权利要求的内容为准。说明书及其附图可以用于解释权利要求"。由此可知，权利要求书是用于确定发明或实用新型专利保护范围的法律文件。一份专利申请的主题是否属于能够授予专利权的范围，所要求保护的发明创造是否具备了授予专利所必需的新颖性、创造性和实用性，以及日后判定他人实施的行为是否侵犯了专利权，都取决于权利要求书的内容或者其他直接相关内容。因此，权利要求书是技术性和法律性相结合的法律文件，是发明和实用新型文件中最重要的部分，其用词不但要求准确、严谨、符合逻辑，而且需要高度的概括性语言表达方式。

撰写权利要求是一项技术性和法律性很强的工作，在撰写专利权利要求书时，需要遵循的原则包括：

（1）范围合理。撰写独立权利要求时，应当尽量扩大保护范围，但应当保证权利要求所限定的技术方案满足新颖性和创造性为限。

（2）全面覆盖。在满足单一性的情况下，独立权利要求的布局应当严密，应当尽可能覆盖所有可能存在的侵权情况；当发明中的方法或者产品中有可能单独被商业利用时，要采取相应的权利要求予以保护。

（3）逐步删除。对独立权利要求中必要技术特征的提炼，可以采取逐步删除的方式；独立权利要求应当满足其所限定的技术方案的完整性，且能够实现发明目的；同时删除非必要技术特征。

（4）单一性。在存在多个独立权利要求时，应当注意不同的独立权利要求之间的单一性，在单一性是依靠特定技术特征来保证时，应当确认该特定技术特征是必要技术特征，且是发明点；在多个独立权利要求之间不满足单一性时，建议分案。

（5）连接关系。在撰写产品权利要求时，在写明产品组成部分的同时，应当写明产品组成部分之间的连接关系，产品组成部分之间的连接关系包括各部分之间的硬连接关系，或者根据信号或者数据处理流向产生的逻辑连接关系。

（6）层层递减。从属权利要求是对独立权利要求中技术特征的进一步限定，或者是对独立权利要求所限定的技术特征的进一步补充；从属权利要求应当与专利说明书中的具体实施方式相对应，其布局可以采取层层递减的原则；应特别注意，独立权利要求的保护范围非常大或较大时，从属权利要求应逐步缩小其保护范围，而不应立即限定在一个或多个非常小或较小的保护范围，尤其在撰写实用新型专利申请文件时。

由于专利申请文件的撰写质量直接影响一项专利权能否形成、专利权人能否获得有效的合法、最大化的法律保护，因此，专利撰写人应当努力减少专利申请文件的撰写损失，最大限度地保护申请人的利益。

9.5 知识创新研究课题报告的撰写

课题报告是研究人员对项目从申请到结题的整个研究过程中，向上级部门或主管机构提供的一种技术文书，有课题申请报告、课题开题报告、课题研究报告和课题结题报告四种。

9.5.1 课题申请报告撰写

课题申请报告是指项目（课题）研究者，为了获得某项技术研究而向上级主管部门或机构提交的有关该项目研究的详细规范说明材料。

（1）项目（课题）的选题

为了使项目能顺利的被批准通过，所以研究课题的选题十分重要。除了应该考虑项目来源以外，还要考虑研究者水平和各种条件等因素。

① 搞清项目（课题）的来源

课题的来源有国家级（国家自然科学基金、社会科学基金）、省部级、校级等多种。级别越高的课题，其要求的技术水平越高，申请难度也越大。

② 选题的三原则

科学性（要有理论基础和事实依据，必须符合科学原理；预期结果要合理；研究方法要正确严谨）；可行性；创新性。

③ 选题的一般过程

1）明确方向——发现问题；

2）浓缩范围——经验分析；

3）提示焦点——形成课题。

④ 选题的注意事项

1）选题宜小不宜大

2）选题应结合实际，选题要有新意。

3）选题要考虑研究者的优势，与自身工作相结合，与研究者的能力相适应。

（2）课题的申报

课题申报，也就是设计研究方案，包括如何进行课题研究的具体设想、进行课题研究的工作框架、以及进行研究的基本思路。课题申报是保证研究顺利进行的必要措施、研究具体化的中心环节、研究成果质量的重要保证；有利于协作研究、有利于上级部门检查和研究者的自我检查。上级部门下发的研究课题一般都附有课题申报表。

① 课题申报表（课题研究方案）组成

1）课题的表述与界定：课题的名称或题目必须明确表述所要研究的问题，要体现研究对象、研究问题、研究方法。

2）研究的背景、目的、意义：

【研究背景】：研究的依据、受什么启发而研究。

【研究目的、意义】：为什么要进行研究、研究的价值是什么、解决什么问题，包括理论意义、实践意义；外在目标（目的）、内在目标（目的）。

【研究综述】：本课题研究的历史与现状。

【研究的特色或突破点】：问题新、方法新、角度新、效果好。

3）研究范围：对研究对象的总体范围的界定；对研究对象的模糊概念进行界定；对关键概念的界定。

4）研究内容：课题申请报告重要的部分，如果提不出具体的研究内容，就无法研究。

5）研究方法：注意多种方法的使用；方法要写详细些；不能滥用方法。一般有以下几种研究方法：

行动研究，实验研究，个案研究，调查研究，文献研究。

6）研究对象：具有代表性和典型性，使研究结果具有普遍的指导意义。

7）研究程序（步骤）：研究的每一阶段的工作任务和要求。

第一阶段（准备阶段）：收集资料、开题。

第二阶段（实施阶段）：根据项目安排进度表，对课题进行具体的研究。

第三阶段（总结阶段）：项目完成后，进行总结报告的撰写和实验评介等。

8）预期成果的形式：论文、研究报告、著作等。

9）研究成员（及负责人、分工）：任务分工要落实到具体的每一个人。

10）经费预算及其他所需条件。

② 填写课题申报表的注意事项

1）认识填写申报表。填写好课题申请表是课题申请成功的一半，所以要认真仔细的填写，决不能应付。

2）申请表必须一式几份，并且自己要留一份正式的申请表以备后用，最好还要在自己的电脑中保留一份。

3）申请报告的核心是研究的目的、意义、研究步骤、研究内容和方法等内容。

9.5.2　课题开题报告撰写

当课题申请或自己提出的问题得到上级主管部门的批准、赢得社会认可后，就要把课题的研究方案设计好，即撰写科研课题的开题报告。

科研课题开题报告（研究设计）就是课题研究方案的设计、规划和制定。换言之，就是当课题方向确定之后，课题负责人在调查研究的基础上撰写的报请上级批准的研究计划。

（1）开题报告的基本内容及其顺序

课题研究的目的与意义；国内外研究概况；课题拟研究解决的主要问题；课题论文拟撰写的主要内容（提纲）；课题研究计划及进度；其他。

其中的核心内容是"课题拟研究解决的主要问题"，在撰写开题报告时可以先写这一部分，以此为基础撰写其他部分。

（2）课题拟研究解决的问题

明确提出课题所要解决的具体学术问题，也就是课题拟定的创新点。

明确指出国内外文献就这一问题已经提出的观点、结论、解决方法、阶段性成果……

评述上述文献研究成果的不足。

提出你的课题研究准备论证的观点或解决方法，简述初步理由。

你的观点或方法是需要通过课题研究所要论证的核心内容，论证它是课题研究的目的和任务，因而并不是定论，研究中可能被推翻，也可能得不出任何结果。开题报告的目的就是要请专家帮助判断你所提出的问题是否值得研究，你准备论证的观点方法是否能够被研究所验证。

课题拟研究解决的问题一般提出 3 个或 4 个，可以是一个大问题下的几个子问题，也可以是几个并行的相关问题。

（3）国内外研究现状

只简单评述与课题拟研究解决的问题密切相关的前沿文献，其他相关文献评述则在文献综述中评述。基于"论文拟研究解决的问题"提出，允许有部分内容重复。

（4）课题研究的目的与意义

简述课题所要研究问题的基本概念和背景。

简单明了地指出课题所要研究解决的具体问题。

简述课题研究在学术上的推进或作用。

简述"论文拟研究解决的问题"提出，允许有所重复。

（5）课题研究主要内容

初步提出整个课题论文的写作大纲或内容结构。由此更能理解"论文拟研究解决的问题"不同于论文主要内容，而是论文的目的与核心。

9.5.3　课题研究报告知识创新成果的撰写

在课题的申请报告和课题的开题报告中，将各个部分的有关内容作了详细的介绍。下面所列为课题研究报告的格式及要求。

（1）封面

① 课题名称

② 单位

③ 课题组成员

④ 日期

（2）正文

①题目

② 单位和署名

③ 摘要：用简炼的语言介绍本研究课题内容，一般在300字左右。

④ 前言：

1）本课题的来源

2）研究的目的和意义

3）当前社会对该课题的研究状况，包括国外、国内、省市区内对该课题或有关内容研究的状况，如深度、广度、已取得的成果或存在的问题，有何问题还没有研究或有待于进一步研究等。

4）本课题研究的有关背景、研究基础、研究的理论依据。本课题在什么背景下进行研究、现状如何；已做了哪些前期研究，取得了哪些和本课题有关的初步成果；本课题是在什么平台上进行研究的；本课题研究的主要理论依据和思路等。

5）本课题研究成果将产生的作用和价值。

（3）研究方法及步骤

1）本研究的主要指导思想、依据和研究原则；

2）本研究要达到的预期目标；

3）研究的主要内容和重点；

4）研究的主要方法：研究过程采用什么方法、用此方法研究了什么内容、达到了什么目标、得出什么结论；

5）研究进程和研究工作的实施：写出研究过程中各阶段的研究内容、研究思路及实施情况；

6）在研究过程中涉及到调查和实验，要特别写出以下内容：

【调查研究】

调查的目的、任务、时间、地点、对象、范围；

调查方法要说明是普查还是非普查（如：重点调查、典型调查、抽样调查、随机等）

调查方式是座谈会、访问，还是问卷或测试；

调查问卷要说明问卷来源、编制依据、发放方式、问卷有效数量和数据处理的方法；

对于测试要说明测试量表的来源、编制依据、测试依据、对象和方法、评分标准和有效性的保证等。

【实验研究】

实验目的、内容、方法和思路；

实验的假设和理论依据；

实验的条件、时间、数量、结果及适用范围；

实验的具体步骤等。

（4）研究的主要结果和产生的效果

① 对调查或实验数据（可用图、表的形式）的分析和初步结论；

② 在调查或实验过程中产生的其他效果。

（5）研究的主要成果与形成的理性认识

① 对现状研究的理性分析；

② 要提出有效的措施、可操作的对策和方法；

③ 写明研究过程中形成的新理论、新观点、新见解、新认识和新方法等。

（6）问题和讨论

① 应该研究由于其他原因而未进行研究的问题；

② 已经进行研究但由于条件限制未得出结论；

③ 与课题有关但未列入本课题研究的重要问题；

④ 需和同行商榷的问题等。

（7）参考文献、引文注释等。

9.5.4　创新课题结题报告的撰写

① 题目：清楚、准确地呈现研究的主要问题，有时可加副标题。

② 前言（有时用"问题的提出"）：表明研究的目的；说明选题的依据、课题价值与意义；目前国内外研究成果、现状、问题、趋势；研究所要解决的主要问题及理论框架。字数不宜多，表述要具体、清楚。

③ 方法：对方法进行说明，主要考虑对课题进行界定；研究目标；研究程序、步骤；所使用的方法及其说明（实验法还需要解释假说）。

④ 具体操作

⑤ 结果

呈现方式：用文字或图表、数据、案例来分析；用逻辑或统计的方式来呈现结果（结果一定是自身或成员获取的；要定量与定性结合；资料翔实、文字简明）。

⑥ 讨论：

结果是否与目标一致？为什么一致或不一致？

对结果进行理论上的分析和论证；

找出优劣、得失，进行讨论；

提出有待深入的问题进行讨论。

⑦ 参考文献及附录。

参考文献

[1] 金晓祥：《网络信息利用与创新》，光明日报出版社 2009 年版。

[2] 舒炎祥、方胜华：《数字文献检索》，科学出版社 2010 年版。

[3] 何晓萍：《数字文献信息检索与利用》，机械工业出版社 2010 年版。

[4] 焦玉英、符绍宏、何绍华：《信息检索》，武汉大学出版社 2008 年版。

[5] 侯戎非：《信息检索与查询》，合肥工业大学出版社 2009 年版。

[6] 叶继元：《信息检索导论》，电子工业出版社 2009 年版。

[7] 潘燕桃：《信息检索通用教程》，高等教育出版社 2009 年版。

[8] 程娟：《信息检索》，中国水利水电出版社 2009 年版。

[9] 戴建陆、张岚：《信息检索》，中国电力出版社 2009 年版。

[10] 谢德体等：《信息检索与分析利用》，清华大学出版社 2009 年版。

[11] 卢小宾：《信息检索》，科学出版社 2009 年版。

[12] 鄢百其：《国际联机情报检索》，华中理工大学出版社 1988 年版。

[13] 鄢百其主编：《科技、经济情报检索与利用》，大连海运学院出版社 1992 年版。

[14] 金晓祥：《英、美〈金属文摘〉》，中国纺织大学出版社 1996 年版。

[15] 鄢百其：《计算机信息检索》，中国纺织大学出版社 1996 年版。

[16] 鄢百其、金晓祥等：《"中文科技期刊数据库"系统浅析》，载《情报杂志》，2002 年第 1 期。

[17] 鄢百其、金晓祥：《中文期刊全文数据库检索方法与技巧》，载《大学图书情报学刊》，2004 年第 2 期。

[18] 饶安平：《科技信息检索》，四川科学技术出版社 2008 年版。

[19] 袁润等：《理工科信息检索与利用教程》，江苏大学出版社 2008 年版。

[20] 袁津生、赵传刚等：《21 世纪高等学校精品教材搜索引擎与信息检索教程》，中国水利水电出版社 2008 年版。

[21] 吴志德、瞿其春、费业昆：《信息检索的理论与实践》，中国电力出版社 2008 年版。

[22] 赵丹群：《现代信息检索原理、技术与方法》，北京大学出版社 2008 年版。

[23] 顾文佳：《信息检索与利用》，经济科学出版社 2001 年版。

[24] 陈英：《科技信息检索》，科学出版社 2001 年版。

[25] 张杏忠：《科技信息检索》，国防工业出版社 2001 年版。

[26] 焦玉英：《信息检索进展》，科学出版社 2003 年版。

[27] 金晓祥：《浅谈国际标准书号 ISBN 与正规出版物》，载《江汉大学学报》，2008 年第 4 期。

[28] 国际 ISBN 机构，http：//www. isbn-international. org.

[29] 中国 ISBN 信息网，http：//www. chinaisbn. org. cn/main/.

[30] 国际标准书号系统：《ISBN 用户手册》，国际版之第五版。

[31] 鄢百其、金晓祥等：《新时期的知识基础设施建设》，图书馆，2004 年。

[32] 鄢百其、林凌、金晓祥：《网络信息检索技巧及析疑》，载《武汉科技大学学报》，2008 年第 2 期。

[33] 百度，http：//www. baidu. com/search/.

[34] 百度高级搜索和个性设置，http：//www. baidu. com/gaoji/advanced. html.

[35] 谷歌，http：//www. google. cn.

[36] Google 帮助中心，http：//www. google. cn/support/hl = zh_ CN.

[37] 中国雅虎，http：//www. yahoo. cn/.

[38] MSNthhp：//messenger. tive. cn.

[39] 钟云萍、高健婕：《信息检索应用技术》，北京理工大学出版社 2006 年版。

[40] 读秀学术搜索，http：//edu. duxiu. com/.

[41] 李玲：《信息检索与网络应用》，广西民族出版社 2005 年版。

[42] 王放虎、李凯：《信息检索与利用》，教育科学出版社 2007 年版。

[43] 中国知网，http：//www. cnki. org. cn/.

[44] 维普信息资源系统，http：//vip. hbdlib. cn/index. asp.

[45] 叶鹰：《信息检索：理论与方法》，高等教育出版社 2004 年版。

[46] 教材编写组：《信息检索利用技术》，四川大学出版社 2008 年版。

[47] 中国人民大学书报资料中心，http：//ipub. zlzx. org/.

[48] 万方数据知识服务平台，http：//ln. wanfangdata. com. cn/.

[49] 中华人民共和国知识产权局，http：//www. sipo. gov. cn/sipo2008/.

[50] 柴雅凌主编：《网络文献检索》，天津大学出版社 2004 年版。

[51] 戎文慧、王颖、李娜：《特种文献检索教学的思考》，载《中华医学图书情报杂志》，2006 年第 4 期。

[52] 姚荣余：《美国＜化学文摘＞查阅法》，化学工业出版社 2004 年版。

[53] 邹雪明、宫力平：《Wire Press 全文数据库系统》。